Creativity and Giftedness

창의성과 영재성

Donald J. Treffinger 편저 · 김정휘 · 이정규 · 이민희 공역

학지사

번역집필위원회

위 원 장 송인섭
부위원장 이신동   업무총괄 이정규

번역집필진(가나다 順)
강갑원, 강영심, 강현석, 고진영, 김미숙, 김정휘, 김정희, 김혜숙, 문은
식, 박명순, 박은영, 박창언, 박춘성, 성은현, 성희진, 송영명, 송의열, 송
인섭, 유효현, 이경화, 이민희, 이신동, 이정규, 이행은, 임 웅, 전명남,
전미란, 정정희, 최병연, 최지영, 최호성, 한기순, 한순미, 황윤세

Creativity and Giftedness
by Donald J. Treffinger

Korean Translation Copyright © 2008 by Hakjisa Publisher
This translation is arranged with Corwin Press, Inc.,
A Sage Publications Company

Copyright © 2004 by National Association for Gifted Children
All rights reserved.

영재교육필독시리즈 번역을 통한 새로운 지평을 열며

한국영재교육학회 회장 송인섭

한국에서 영재교육에 대한 관심의 역사와 뿌리는 수십여 년에 걸쳐 많은 영재교육학자들과 다양한 영역의 학자들이 이론적 대화와 논쟁을 통해 발전시키고 이를 교육 현장에 접목시키려는 노력에서 찾을 수 있다. 학문의 수월성 추구라는 측면과 한 인간이 가진 학습력의 다양성에 적절성을 제공한다는 의미에서 영재교육은 항상 우리의 관심 안에서 생명력을 키워 왔다. 그런 가운데 1995년 5월 30일 교육개혁안의 발표로 교육에서 영재교육이 차지하는 비중이 점차 강조되고 크게 다루어짐으로써, 영재교육의 새로운 지평을 여는 계기가 되었다. 이에 대한 실천 방안으로 2001년 1월 21일에 공포된 '영재교육진흥법'은 영재교육을 이론과 실제에서 구체적으로 한국사회에 정착하게 만든 중요한 전환점으로 기억된다.

> 이 법은 교육기본법 제12조, 제19조 규정에 따라 재능이 뛰어난 사람을 조기에 발굴하여 타고난 잠재력을 개발할 수 있도록 능력과 소질에 맞는 교육을 실시함으로써 개인의 자아실현을 도모하고 국가사회발전에 기여함을 목적으로 한다(영재교육진흥법 제1조 목적).

'영재교육진흥법 제1조 목적'을 보면, 이제 한국에서도 영재교육을 구체적으로 시행하려는 의도를 엿볼 수 있다. 자아실현을 통한 개인의 성장을 도모함과 국가사회발전에 기여함을 목적으로 설정한 점은 영재교육의 기본 전제와 차이가 없다. 이제 국가적인 차원에서 영재교육의 가능성이 열린 것이다.

그러나 영재교육은 이상과 의지만으로 되는 것이 아니고 합리적이고 타당한 실제가 있어야만 한다. 따라서 앞으로 단순히 법적인 차원에서의 목적 제시가 아닌, 한 개인이 자아실현을 이루고 그 자아실현을 통하여 한국사회에 봉사하는 영재를 교육하는 실제가 이루어지는 구체적인 노력이 필요하다.

이를 계기로 영재의 판별, 독립적인 영재교육과정의 개발, 정규 공교육과정 내에 영재교육의 실제적인 도입, 영재교육을 활성화하기 위한 다양한 영재교육기관의 설립, 그리고 영재교육을 위한 전문 연구소 또는 대학 부설 영재교육센터의 설치와 운영의 문제 등이 현실화되면서, 영재교육은 교육현장에서 중요한 부분을 차지하게 되었다.

영재교육은 통합학문적인 특성과 종합적인 사고속에서 이론과 실제가 연계될 때만이 신뢰성과 타당성을 갖출 수 있다는 특성이 있어 다양한 분야 전공 학자들이 이 문제에 대하여 큰 관심을 가질 필요가 있다. 교육학 자체가 이론과 실제의 조화를 요구하듯이, 영재교육에 대한 접근도 다양하고 종합적인 사고가 요구된다는 것을 우리는 잘 인식하고 있다. 영재교육은 영재교육에 대한 철학과 인간에 대한 가정으로부터 출발하여 인간의 특성에 대한 합리적이고 충분한 근거 위에서 논의해야 할 것이다. 이러한 이유로 현재 한국의 영재교육은 인문, 사회, 과학 분야를 망라하는 다양한 학자들의 손을 거쳐 점차적으로 이론과 실제라는 측면에서 발전하는 과정에 있다고 볼 수 있다.

이러한 발전과정의 하나로, 2002년 영재교육에 관심 있는 학자들이 뜻을 모아 현재의 '한국영재교육학회'를 창립하였다. 창립 이후에 각종 학술대회 개최, 세미나 실시, 그리고 매월 영재교육에 대한 콜로키움 등의 다양한 모임의 진행을 통하여 영재교육에 대한 문제를 토론하고 연구하며 현장에 적용하려는 노력을 지속하고 이를 『영재와 영재교육』이라는 학술지로 출판하고 있다. 특히, 영재교육학회의 콜로키움은 전국에서 20~30명 내외의 학자가 매월 1회씩 만나 영재교육과 관련된 논문 및 다양한 주제에 대해 토론하고 있다. 이를 통하여 영재에 관한 우리의 사고를 발전시킬 뿐만 아니라, 한국 사회에 어떻게 영재교육을 정착시킬 것인가의 문제를 가지고 논의하여 왔다. 이러한 노력으로 본 학회의 연구결과를 공표하는 학술지인 『영재와 영재교육』이 한국학술진흥재단의 등재후보학술지로 인정받았다.

이에 더하여 본 학회는 2006년도에 콜로키움의 주제를 미국영재교육학회에서 펴낸 지난 50년간의 영재교육의 연구결과물인 『영재교육필독시리즈(essential readings in gifted education, 2004)』를 선택하여 연구하였다. 매월 콜로키움을 통해 본 시리즈를 공부하고 논의하면서, 쉽지 않은 작업이지만 한국 영재교육의 발전을 위하여 시리즈를 번역하기로 합의하였다. 본서는 한국의 영재교육 상황을 설명하기 위하여 한국의 영재교육을 '특별호'로 첨가시켰으며 이 작업은 송인섭과 한기순이 하였다. 본 번역 작업은 1년 반의 기간이 소요되었으며, 공사다망한 가운데 번역 작업에 자발적으로 참여한 영재교육학자들은 강갑원, 강영심, 강현석, 고진영, 김미숙, 김정휘, 김정희, 김혜숙, 문은식, 박명순, 박은영, 박창언, 박춘성, 성은현, 성희진, 송의열, 송영명, 유효현, 이경화, 이민희, 이신동, 이정규, 이행은, 임웅, 전명남, 전미란, 정정희, 최병연, 최지영, 최호성, 한순미, 황윤세다.

물론 공동 작업은 쉽지 않은 일이었다. 그러나 많은 연구자들이 바쁜 와중에도 본 시리즈를 번역하는 일에 시간을 집중 할애함으로써 기간 내에 완성하였다는 점은 우리 모두로 하여금 학문적 성취감을 갖게 하기에 충분하였다. '번역은 제2의 창조'라는 말이 있듯이 새로운 지식 창출은 쉽지 않은 작업이었으나, 번역자들은 정기적인 회의를 통해 용어를 통일하였으며 내용의 일관성과 상호 검증과정을 통해 가능한 한 원저자의 의도를 반영하도록 노력하였다. 마지막으로 번역자들은 전체 회의를 통해 시리즈의 용어 통일을 위한 활동을 하면서, 시리즈 출판 후의 작업으로 '영재교육용어사전(가칭)'을 편찬하기로 합의하는 등 뜨거운 관심과 학문적 노력으로 본 시리즈의 번역물이 세상에 그 탄생을 알리게 되었다.

본 시리즈에 대해서는 원문의 편저자가 자세히 제시하였듯이, 영재교육에서 다루어야 할 대부분의 문제를 다루고 있다. 영재성의 정의, 판별, 교육과정, 영재의 정서적인 문제, 그리고 영재교육의 공공정책에 이르기까지 다양한 영역을 다루고 있다는 측면을 보더라도 본 시리즈가 갖는 학문적 포괄성과 깊이를 충분히 이해할 수 있다. 나아가 결론 부분에서 '영재교육이 지속적으로 성장하기 위해서는 새로운 목소리가 들려야 하고 새로운 참여자가 있어야 할 것이며 위대한 기회가 우리 분야에 활용될 것'이라는 주장은 영재교육의 미래에 대한 도전의 가치를 시사하고 있다.

본 시리즈에 포함된 주옥같은 논문들은 영재교육 분야의 『Gifted Child Quarterly』 같은 중요한 저널에서 가장 많이 인용된 논문들로, 엄선되어 소개된 것이 특징이다. 본 시리즈가 영재교육의 역사와 현재 영재교육에 대한 논의를 통해 영재를 위한 최상의 교육적 경험들을 찾는 것처럼, 한국의 영재교육 연구자에게도 바람직한 정보를 제공할 것이다. 또한 본 번역진들은 영재교육필독시리즈가 영재교육을 공부하는 학도들의 관심을 불러일으킬 만한 논문들로 구성되었다는 점을 확인할 수 있었다. 다소 그 대답을 찾지 못한 영역을 기술한 학자들은 도입 부분에서 아직 남아 있는 질문들을 이해하는 데 출발점이 될 수 있을 것이다. 우리는 그러한 대답들을 여전히 찾고 있으며, 현재 계속되는 발전적인 질문을 하기 위해 좀 더 나은 준비를 할 필요가 있다. 이번 시리즈의 독창적인 논문들은 우리가 어떤 이슈들을 해결하는 데 도움을 주면서 쉽게 답이 나오지 않는 다른 의문들도 강조한다. 결국 이 논문들은 끊임없이 제기되는 의문에 대하여 새롭게 도전하도록 도와준다고 볼 수 있다.

영재교육과 관련하여 그 성격과 내용, 방법, 교사연수, 교육과정 개발, 국가의 지원 문제 등에 대한 연구가 부족한 시점에서, 본 시리즈의 출판으로 많은 문제가 나름대로 정리되고 한국의 영재교육에 새로운 방향을 제시하기를 바라는 마음이 깊다. 영재교육에 관심 있는 영재 학도들의 토론의 출발점이 되는 번역서의 역할을 기대한다. 작업에 참여한 역자들은 영재교육 문제를 이론적·실제적으로 생각하고 논의하는 과정에서 마침내 본 시리즈를 한국 사회에 내놓게 되었다.

창의성과 영재성

한편, 이 시리즈의 출판은 좀 더 큰 다른 결실로 나아가기 위한 과정이라고 볼 수 있다. 우리는 영재교육의 순기능을 극대화하는 방향을 모색하는 연구를 계속하고자 한다. 또한 영재교육에 관한 논의를 한국적 상황에 적용할 수 있는 한국적 영재교육을 생각하고자 한다. 교육과 연구를 병행함으로써 이론 발전을 통하여 현장에서의 영재교육 활동과 접목하여 발전시켜 나갈 것이다. 지금까지의 영재교육은 이론적·실제적 측면보다는 무작위적인 활동을 통한 교육으로 많은 시간을 소모하고 있는 듯하다. 이 시리즈의 논문에서 대답되고 제기된 문제들은 우리가 영재교육 분야에서 진일보할 수 있도록 도움을 줄 것이다.

우리는 '이 시리즈를 읽는 사람들이 영재교육의 흥미로운 여행에 동참해 주기를 희망한다'는 본 시리즈 소개의 결론에 동의하면서, 한국 사회에서 관심 있는 많은 사람들이 본 시리즈를 통하여 영재교육에 대한 관심과 새로운 도전에 참여하기를 기대한다. 역자들은 이 분야에 관련된 이론 발전을 위해 계속 연구할 것을 약속하고자 한다.

본 작업이 완료되기까지는 학지사의 김진환 사장의 출판에 대한 철학과 기획 시리즈의 사회적 기능을 고려한 적극적 지원의 힘을 얻었다. 뿐만 아니라 학지사의 편집부 직원 모두에게 깊은 감사를 드린다.

2007년 12월
청파골 연구실에서

역자 서문

영국 사학자인 토인비(Toynbee, 1964)는 그의 유명한 저서인『역사의 연구(Study of History)』에서 창의적인 행위가 인류의 삶을 지속할 수 있게 하는 문명의 힘(life-sustaining force of civilization)이라고 간주했다. Rowe(2004)는 창의성은 사회발전의 기본 요건으로서 창의성이 없다면 우리는 곧 조상들이 살았던 과거 수준으로 되돌아가거나 세계 곳곳의 저개발 국가처럼 낙후된 생활 방식으로 퇴보할 것이라고 진단했다.

미국의 위대함은 시기적절하고 건설적인 변화가 예상될 때 주저하지 않고 변화를 환영하고 주도한 창조적인 지도자를 따라서 혁신적인 국가로 성장했다는 데 있다. 지금 미국이 진실로 필요로 하는 것은 창의성이며 이것이 미국의 위대함의 원천이 되었다고 진단했다. 즉, 창의성은 사회를 건설하는 힘을 갖고 있기 때문에 사회를 흔들어 놓는다. 창의성은 고정관념을 벗어나 새로운 것을 건설하기 위해 기존의 질서를 뒤집어 놓는다. 이러한 활동은 사회를 위해 유익한 것이다. 실제로 창의성은 사회의 건강을 위한 핵심이라는 것이다.

어떤 국가든 위기에 처할 수 있음을 경고한 Toynbee는 잠재적인 창의성에 공정한 기회를 주는 것은 사회의 생사가 달려 있는 문제이며, 전체 인구 중에서 뛰어난 창의력을 지닌 극소수의 사람들은 궁극적으로 인류의 자산이기 때문에 이 말은 매우 중요하다고 역설했다.

인간의 실존적 가치로서 창의성의 중요성은 문명과 문화의 발달사에 비추어 볼 때 이미 객관적으로 입증되었다. 창의성의 중요성과 실용성은 학교교육, 영재교육의 범위를 뛰어넘는다는 것을 다음의 설명을 통해서 알 수 있다.

인간 자원의 핵심적 가치인 창의성과 영재성의 발견과 육성, 존중, 이용은 영재교육의 영역 중에서 가장 중요하게 자리매김해야 하는 화두다. 또한 창의력의 중요성에 대한 인식과 함께 뛰어난 창의력을 발휘하는 인물을 어떻게 대접해야 하는가도 관심을 가져야 한다.

미국 하버드 대학교의 Gardner 교수는 『창의성의 해부(creative minds)』에서[1], 창의성이 뛰어난 영재들은 당대의 문화적 · 과학적인 주류 세력에서 다소 떨어진 주변의 국외자(outsider)로서 자신만의 세계를 갖추어 나간다고 했다. 예컨대, 정신분석학의 창의자인 프로이트는 학계가 그의 정신분석 이론을 너무 쉽게 받아들이자 오히려 못 미더워했으며, 아인슈타인은 양자역학의 이론 공식에 대한 저항을 의식하여 평생 동안 은둔 생활을 했다고 한다.

창의적인 영재들은 자신들의 영재성이나 재능, 수월성에 매료되고 몰입되며 종복(servant)된다. 한국의 국가경쟁력이 싱가포르나 홍콩은 물론 중국과 말레이시아에도 뒤졌다는 주장이 나왔다. 이를 극복하기 위해 기업가와 전문가가 주도하는 싱가포르식 '국가경쟁력 강화 위원회'를 만드는 것이 시급하다고 지적되었다. 서울대 조동성 교수는 서울 명동 은행회관에서 열린 한국선진화포럼 월례토론회에서 위에 예상한 내용의 '한국의 국가경쟁력 강화를 위한 정책 어젠다'를 발표했다. 한국선진화포럼은 남덕우 전 국무총리 주재로 각계 원로들과 전문가가 참여해 2005년에 창립한 민간기구다.

조 교수는 "아시아의 네 마리 용 중 맏형격이었던 한국의 국가경쟁력은 2005년 세계 17위에 오른 것이 가장 높았고, 그 외에는 20~40위 사이를 맴돌고 있다."라고 지적했다. 그는 "우리나라는 지난해 기준으로도 스위스 국제 경영개발원(IMD) 국가경쟁력연감에서 세계 38위, 산업정책연구원 국가경쟁력 보고서에서 23위, 세계경제포럼(WEF) 국가경쟁력보고서에서 24위

---

1) 역자 주: 이 책이 국내에서 출판된 바 있다. 임래서 옮김(2004). 열정과 기질. 서울: 북스넛.

에 각각 머물렀다."라고 밝혔다.

조 교수는 "반면 아시아의 네 마리 용 중 싱가포르는 WEF 순위에서 1996~1999년 연속 1위, 홍콩은 1996~1998년에 연속 2위, 대만은 2002년 3위를 했다."라고 하면서 "중국은 지난해 19위, 말레이시아는 2004년 5위로 이들 국가가 우리나라 국가경쟁력을 이미 추월했다."라고 주장했다.

다른 나라에 비해서 열세에 있는 국가경쟁력을 향상, 강화하기 위해서는 창의력 계발과 이용을 화두로 한 국가경쟁력 강화위원회를 기업가와 각계 전문가로 구성할 대책을 추진해야 한다. 따라서 창의력 육성과 계발, 이용은 학교교육과 교육계만의 문제가 아니라는 것을 알 수 있다.

21세기는 지식기반사회(knowledge based society), 지가(知價) 사회, 창의력, 지력이 존중되는 사회가 될 것으로 진단되고 있다. 이와 아울러 창의성이 개인, 사회, 국가 발전과 생존책략으로 등장하여 그 중요성이 부각되고 있다.

'선진국과 지식격차를 줄이는 것이 지식강국, 두뇌강국을 건설하는 지름길이다.' 즉, 지식 · 지력 경영, 창의적 경영이 국가와 기업의 경쟁력을 높이는 방안인 것이다.

매일경제가 '비전 코리아 프로젝트'를 통해 지식강국, 두뇌강국 목표를 달성하기 위해 지식과 지식경영에 대한 중요성을 전파한 지 10년이 지났다. 이 사이 한국 사회는 급속도로 지식기반 사회로 탈바꿈했다.

지식이 빠른 속도로 진화하는 요즘에는 조직과 개인이 갖고 있던 공유단계의 지식(1세대 지식)이 창조와 혁신을 이끄는 2세대 지식으로 발전을 거듭하고 있다. 2세대 지식은 또다시 구글과 마이크로소프트 등 글로벌 기업과 삼성, 포스코 등 국내 주요 기업을 중심으로 조직 비전을 달성하기 위한 3세대 지식으로 급속히 진화하고 있다.

매일경제 지식프로젝트 팀(2007)은 기업과 조직 내 구성원들이 보유하고 있는 지식을 서로 공유하는 공유단계의 1세대 지식을 **공유 지식**, 인터넷과 내부 시스템을 통해 구축된 1세대 지식을 활용해 창조와 혁신을 폭발시키는 2세대 지식을 **창조형 지식**, 창조형 지식을 기업의 비전 달성을 위해 전략적으로 활용해 목표를 성취하는 3세대 지식을 **비전형 지식**이라고 정의하였다.

한국의 핵심 지식브레인들(매일경제와 이화여대 지식혁신연구실, KAIST 지식경영 연구센터, 부즈앨런 & 해밀턴, 지식경영학회 등)은 '지식경영'이라는 이름의 혁신 활동을 1세대 지식 공유형 지식경영(KM), 2세대 창조형 KM, 3세대 비전형 KM 등의 단계로 크게 분류하고 있다.

그중 앞의 두 세대는 '지식경영'의 본질적인 활동 내용이다. 1세대는 '지식 나눠 쓰기'로 상징되는 활동으로 암묵지(개인의 머릿속에 들어 있는 경험적·체험적 지식)와 형식지(문서나 지침서처럼 외부로 표출되어 공유할 수 있는 지식)를 활용해 생산성을 높이기 위한 일련의 경영활동이다.

2세대 '창조형 지식경영'은 기존에 구축된 공유 지식을 활용해 기업이 보유하지 않은 지식을 창조해 내는 단계의 지식경영을 말한다. 최근 각광받고 있는 창조경영과 지식경영이 기존 지식을 기반으로 탄생한 혁신 활동이다. 이 단계에서는 창조와 혁신을 통해 조직의 창의성(creativity)과 성과를 높이는 것이 주된 활동이다. 창조된 지식은 신상품, 신기술, 신프로세스, 신제도, 신문화 창출로 연결돼 기업의 새로운 방법지가 된다.

신기술이나 신상품 개발팀 운영, 전사적인 6시그마, BPM(업무 프로세스 관리), 정보시스템 고도화 등의 활동이 이에 해당된다. 하지만 아직까지는 혁신과 창조의 인식단계에 머물러 있는 것이 현실이다. 3세대 '비전형 지식경영'은 '공유 지식'과 '창조형 지식'을 기반으로 기업의 비전과 목표, 경영 전략을 달성하기 위한 경영활동을 말한다.

1세대에는 지식을 효율적으로 활용하기 위해 시스템 구축과 기업 내부 지식을 활용하는 데 경영의 초점이 맞춰졌다면, 2세대에는 기업을 둘러싸고 있는 이해 관계자, 즉 고객, 협력업체, 정부, 시민단체, 경쟁회사, 협력 기업, 외부 전문가 등을 활용한 지식 창조가 이뤄지고 있다. 이것은 기업의 부(富)를 창조해 주는 혁신적 지식이다.

다음 3세대 지식은 기업의 전략적 목표와 비전을 달성하기 위해 결합되고 특화된 창조적 지식들의 집합체다. 이들 지식은 기업경영 리더십을 만들어 준다. 시장 트렌드와 글로벌 마켓 흐름, 소비자의 기호 변화, 웹 2.0 시대 비즈니스 환경, 금융시장 변화, 경영 리스크 등 기업의 외부환경을 정확히 읽어내 성장과 수익이란 비전을 달성해 내는 '최상위 지식'이다.

시기적으로 볼 때 1998년 즈음에 소수 선각 기업을 중심으로 시작된 제1차 물결, 2001년 즈음에 주요 산업 선도기업들을 중심으로 한 제2차 물결을 거쳐 2004년부터 대부분 대기업과 중견기업들이 제3차 물결 현상을 보이기 시작했다. 그러나 각 시점별 물결을 타고 시작한 많은 기업들이 파도를 성공적으로 넘어서 성과를 향유하는 수준까지 이르지 못하고 지식경영 실패론이나 지식경영 무용론에 시달리고 있는 것이 현실이다.

이에 대해 이화여자대학교 김효근 교수는 현재 지식경영의 특징을 다음 세 가지로 진단하고 있다. 첫째, 지식경영 활동을 '지식경영 시스템' 구축활동 중심으로 추진한 조직들은 구성원의 자발적 참여와 조직문화 변혁을 이끌어 내지 못하고 대부분 실패를 경험했거나 경험하고 있다는 분석이다. 둘째, 김 교수는 "지식경영에 대한 최고 경영층의 인식 차이 때문에 조직 내 다른 혁신활동과 관계 설정이 일반화하지 못한 특징을 보이고 있다."라고 말한다. 예를 들면, 6시그마 활동이나 프로세스 혁신(Process Innovation) 활동과 지식경영 활동을 별개 프로젝트로 보고 있다는 것이다. 셋째, 김 교수는 "지식경영 전담조직이 '저인력 → 저활동 → 저효과 → 저인식 → 저인력'으로 이어지는 일종의 악순환 고리를 형성하고 있다."라고 문제점을 지적하고 있다.

'지식경영'에 성공한 기업의 사례를 보면 반대로 '고인력 → 고활동 → 고효과 → 고인식 → 고인력'으로 이어지는 선순환에 이르고 있는 것으로 볼 때, 최고 경영층(CEO)이 인식하는 '지식경영'의 역할과 범위는 매우 중요한 성과의 결정요인으로 분석되고 있다.

창의성과 영재성의 자질은 지식기반 사회라고 하는 2000년대에 우리 사회가 요구하는 인재상과도 그 코드가 일치한다고 볼 수 있다. 이에 관한 의견을 전상우 특허청장은 다음과 같이 제시했다(2007).

"동서고금을 막론하고 인재가 중요하지 않았던 시절은 없었다. 오죽하면 인사를 만사라 했고, 교육을 백년지대계라고 했겠는가. 그러나 시대에 따라 사회가 요구하는 인재상은 변한다. 과거에는 한 분야에 대해서 깊숙이 알면 그 자체로 대접을 받았다. 연구자는 기술만 알면 되었고, 경영자는 경영만 알면 되었다. 그러나 지금은 연구자는 새로운 상품을 기획하기 이전에 고객과 시장의 반응을 살펴야 하고, 경영자는 미래를 내다보고 연구개발에 과감히 투자하는 안목을 두루 갖춰야 한다."

이처럼 특정 분야에 정통하면서도 그 외의 인접 분야에 대해 폭넓은 지식과 통찰력이 있는 사람을 T자형 인재라고 한다. T자의 세로 방향은 특정 분야의 전문지식과 능력을 의미하고, 수평 방향은 다른 분야에 대한 기본적인 지식과 문제해결 능력 등을 나타낸다.

우리 기업들도 최근 T자형 인재에 대한 갈망이 매우 높다. 어떤 대기업 총수는 계열사 사장단에 'T자형 인재를 모셔라'라는 특명을 내렸다고 한다. 기업이 요구하는 인재상이 이렇다 보니 대학도 최근 서둘러 T자형 인재를 길러 내기 위한 다양한 노력을 하고 있다.

T자형 인재 육성을 위한 이러한 노력들 중 하나가 2006년도부터 시작된 기술경영(MOT) 교육이다. 기술경영 교육은 기술과 경영을 융합해 가르치는 것으로, 전형적인 T자형 인재 육성 교육인 셈이다. 더 나아가 정부는 이공계 융합교육 연구센터를 선정해 이공계 대학생의 인문·사회 분야 교육을 지원하고 있다.

이처럼 학문 간 융합과 교류현상은 지식 재산권 분야에서도 예외가 아니다. 과거에는 과학기술자와 특허담당자의 업무가 확실히 구분되어 있어서 과학기술자가 발명을 완성한 뒤에야 비로소 특허담당자가 특허 업무에 착수했다.

시대가 이처럼 변했는데도 대학들은 여전히 법학 전공자들을 지식재산 인력으로 배출하고 있다. 이런 인재들은 기업이 요구하는 인재가 아니어서 지식재산 인력의 수요와 공급 간에 괴리가 생기는 것은 당연한 일이다.

이제 눈을 돌려 지식재산에 강한 선진국을 살펴보자. 가까운 일본의 경우, 지식재산 인재가 되기 위해서는 법과 기술 그리고 경영학적 지식까지 필요하다고 말한다. 이러한 지식재산 인재상은 비단 일본만의 것이 아니다. 미국과 유럽 기업이 요구하는 지식재산 인재상도 용어만 다를 뿐 그 내막을 들여다보면 일본 기업이 표방하는 지식재산 인재상과 별 차이가 없다.

최근 선진국의 지식재산 인재상은 T자형보다 H자형에 가깝다. H자의 양축은 기술과 법을 상징하고, 수평축은 경영학 분야의 지식을 나타낸다. 이러한 국제 추세에 부응해 특허청은 지난해부터 H자형 지식재산 인재 양성을 위한 전 단계로 이공계 대학과 대학원 과정에 특허강좌 개설을 지원하고 있다고 밝히고 있다(2007). T자형 인재 육성과 등용도 영재교육이 해결해야 할 과제다.

지금까지의 설명을 통해서 영재성과 창의성의 쓰임새와 효용성이 일괄적이고 관념적인 학교교육과 영재교육의 영역을 뛰어넘어 실용적 창의성(practical creativity; PC) 쪽으로 확대, 재생산, 변환되고 있음을 알 수 있다.

강의실, 교수연구실, 교과서, 대학 교재 속에 머물러 있던 창의성이 더 넓은 세계로, 창의성을 필요로 하는 광장으로 진출하고 진화하며 쓰임새를 확대, 재생산하고 있다는 것을 알 수 있다. 또 소수의 창의적인 두뇌, 개인의 발상이 절대적으로 중요하던 시대에서 오늘날엔 집단 창의성(group creativity)이 더 쓸모 있는 시대로 들어선 것이다.

천재, 수재, 영재…. 이들은 처음부터 스스로 빛을 내기도 하지만 진흙 속에 파묻히거나 그늘에 가려 있는 경우도 있다. 이럴 땐 누군가 이들을 알아보고 빛을 발휘할 수 있는 길로 끌어 줘야 한다.

만유인력의 법칙으로 유명한 아이작 뉴턴은 후일 근대과학 발달의 시초가 되었고 그의 업적으로 인류는 급격히 진화하였다. 뉴턴은 산업혁명을 위해서 과학의 문을 열었고 천재 중의 천재라고 평가받는 소년 시절 다니던 학교의 교장 헨리 스토크스가 아니었다면 농장에 파묻혀 지냈을 것이다. 스토크스는 뉴턴의 비범함을 일찌감치 꿰뚫어 보았다. 그는 뉴턴의 모친이 뉴턴에게 농장을 맡기려 하자 한사코 반대하며 뉴턴을 케임브리지 대학에 진학시켰다. 18세의 뉴턴이 케임브리지로 떠나던 날 스토크스는 전교생 앞에서 그를 칭찬하며 작별의 눈물을 흘렸다고 한다.

알베르트 아인슈타인도 비슷한 도움을 받았다. 1916년 그가 일반상대성이론을 발표했을 때 유럽 과학자들은 별로 알아주지 않았다. 제1차세계대전 직후 '독일인의 주장은 일고의 가치가 없다'는 감정론도 앞섰다. 하지만 영국의 물리학자 아서 에딩턴은 그 중요성을 깨닫고 자국 과학자들을 집요하게 설득했다. 그 결과 왕립협회는 '빛은 공간의 만곡을 따라 진행한다'는 아인슈타인의 주장을 확인하기 위해 1918년 서아프리카에 개기일식 관찰단을 파견했다. 이때 아인슈타인은 단장을 맡았고, 결국 왕립협회는 이듬해 아인슈타인의 이론이 옳다고 선언하기에 이르렀다.

가우스·오일러와 함께 하늘이 내린 3대 수학자로 꼽히는 인도의 스리니바사 라마누잔(1997~1920)도 마찬가지다. 그는 어떤 문제도 한 번 보기만 하면 척척 답을 냈다. 그러나 정식교육을 받지 못해서인지 증명하는 데는 서툴렀다. 쓱 봐서 알면 됐지 성가시게 증명할 필요는 없다는 투였다. 그래서 그를 인정하지 않는 학자도 많았다. 이런 그를 영국으로 불러 지원을 아끼지 않은 사람이 있었는데, 바로 수학자 고드프리 하디였다. 하디는 자신이 라마누잔의 발끝에도 못 미친다며 라마누잔의 이론 전파에 힘썼다.

이 사례들은 모두 주위에서 알아보고 도와준 덕에 빛을 발했던 사례들이다. 우리나라의 정부도 영재교육을 통해 그런 노력을 하겠다고 밝혔으나, 인재를 알아 보는 눈이 없으면 성공할 수 없다.

소개한 실례에서 확인할 수 있는 것처럼, 영재성과 창의성이 돋보이는 잠재적인 영재아동과 청소년(학생)을 발견하고 지도하는 선구안을 가진 식견이 있는 수문장(gatekeeper) 교사가 있어야 영재교육은 성공할 수 있다.

위대한 인물이 될 운명을 타고난 천재. 결과 지향적 관점에서 잠재적 영재를 발견하고 육성하는 역할과 책무성에 대해서 교육계는 사명감을 느껴야 할 것이다. 국가, 사회, 문화, 조직 모두 영재의 역할과 공헌을 필요로 한다.

Dudek(1974)은 아동의 창의성에 관해서 다음과 같은 몇 가지 신화를 소개했다.

1. 창의성은 아동들에게서 보편적으로 나타나지만, 성장하면서 쇠퇴한다.
2. 아동의 창의성은 순종(conformity)에 대한 사회적 압력의 결과로 사라진다.
3. 아동들은 태어나면서 창의적인데 이것이 표면화되기 위해서는 창의성 발현에 도움이 되는 적합한 분위기가 필요할 뿐이다. 어린 나이에 측정되는 창의성은 후일 성인이 되었을 때의 수행능력을 예측하지 못한다고 했다. 그러나 뛰어난 창의성을 보여 주고 그것이 강화되고 격려될 때는 어린이의 이런 대응이 성인기까지 계속 발달할 것이라고 가정하는 것이 합당할 것이다. 창의성이란 인지적 능력일 뿐만 아니라 여러 가지 비지적 특성(예컨대, 동기유발, 성격, 자기효능감, 포부 수준, 자존심)에도 크게 영향을 받는다. 예컨대, 창의성이 뛰어난 사람은 수월성을 성취하고자 하는 더 높은 동기를 갖고 있다.

예시한 창의적인 영재들의 경우처럼, 창의성 때문에 문제를 일으켜 적응에서 어려움을 겪었고 동시에 사회에서의 성공적인 적응은 이 창의성을 어떻게 이용했는가에 따라서 성취했다는 실증적인 증거를 발견할 수 있다.

공과대학의 교육은 상상력을 키워 주는 교육이 결여되어 있다는 것이 문제점이라고 하는데, 이 상상력이 바로 창의력의 전제 조건이다.

이 책의 내용이 주제별로 다르지만 독자에게 전하려는 메시지의 함의를 다음과 같이 예시할 수가 있다.

인류는 수준높은 신의 경지(솜씨)로 간주되는 수월성, 예술성에 대하여 천재라는 명칭을 부여했다(Tannenbaum, 1981). 모차르트는 신이 자기에게 준 재능을 최대한으로 발휘하고자 했다. 재능이 영재에게 봉사하는 것 같이 영재들도 자신의 재능에 봉사한다.

창의성과 영재성

영재교육필독 시리즈는 미국의 영재교육계에서 발표된 영재성과 창의성에 관한 여러 관련 전문가와 학자들의 논문을 집대성해서 영재성, 창의성 연구의 현황을 알 수 있도록 편집해 놓은 책이어서 학자와 연구자, 교육자에게 도움이 될 것이다. 영재교육의 다양한 분야의 주제들에 대한 전문가들의 식견을 소개하고 있고, 영재 교육의 과거, 현재, 미래의 동향을 조망할 수 있도록 편저 형식으로 출판한 최신 자료로서, 영재교육 발전에 중요한 기여를 할 것으로 확신한다.

어려운 출판 환경 속에서도 영재교육의 중요성을 공감하고 이 시리즈를 출판, 보급하는 용단을 내리신 학지사 김진환 사장과 편집부 직원 여러분의 수고에 감사드린다.

2007년 12월
옮긴이 일동

목 차

영재교육필독시리즈 소개

Sally M. Reis

영재교육에 대한 지난 50년간의 연구 업적은 과소평가할 수 없을 만큼 수행되었다. 영재교육 분야는 더욱 강력하고 가시적으로 나타나고 있다. 미국의 많은 주의 교육위원회 정책이나 입장은 영재교육에 더욱 많이 지원하는 방향으로 수립되고 있으며, 영재교육에 대한 특별한 요구를 특별 법안으로 지원하고 있다. 영재에 대한 연구 분야의 성장은 일정하지 않았지만, 연구자들은 영재를 교육하는 데 국가 이익에 대한 다양한 관점과 영재교육의 책임에 대하여 논의하였다(Gallagher, 1979; Renzulli, 1980; Tannenbaum, 1983). Gallagher는 역사적인 전통 속에서 영재를 위한 특별 프로그램의 지원과 냉담의 논쟁을 평등주의에서 수반된 신념과 귀족적 엘리트의 싸움으로 묘사하였다. Tannenbaum은 영재에 대한 관심이 최고조였던 두 시점을 1957년 스푸트니크 충격[1] 이후의 5년과 1970년대 후반의 5년이라고 제시하면서, 혜택받지 못한 장애인에 대한 교육에 여론의 집중이 최고조였던 시기의 중간 지점에서 영재교육은 오히려 도태되었다고 하였다. "영재에 대한 관심의 순환적 특징은 미국 교육사에서 특이한 것이다. 그 어떤 특별한 아동집단도 교육자와 아마추어에게 그처럼 강하게 환영받고 또 거부당하는 것을 반복한 적이 없었다."(Tannenbaum, 1983, p. 16) 최근 미국 정부에서 영재

---

1) 역자 주: 옛 소련이 세계 최초로 인공위성인 스푸트니크(1957년 10월 4일 발사)를 발사하자, 과학을 비롯하여 우월주의에 빠져 있던 미국은 이를 'Sputnik Shock' 라 하면서, 교육과 과학을 포함한 모든 분야에서 국가 부흥운동을 대대적으로 전개함.

교육 분야를 주도한 결과, 교육과정의 실험화와 표준화에 대한 우려가 증가하면서 영재교육이 다시 후퇴하는 것으로 나타난 것처럼, Tannenbaum의 말대로 영재교육의 순환적 본질이 어느 정도 맞아떨어지는 것이 우려된다. 영재교육의 태만한 상태에 대한 그의 묘사는 최근의 영재교육 상황을 잘 설명하고 있다. 영재교육에 대한 관심이 최고조였던 1980년대 말에는 영재교육 프로그램이 융성하였고, 초·중등 영재교육 프로그램을 위한 시스템과 15가지 모형이 개발되어 책으로 소개되었다(Renzulli, 1986). 1998년 Jacob Javits의 영재학생 교육법(Gifted and Talented Students Education Act)이 통과된 후 국립영재연구소가 설립되었다. 그리고 12개 프로그램이 '과소대표(underrepresentation)' 집단과 성공적인 실험에 관련된 영역에서 통합적인 지식으로 추가되었다. 그러나 1990년대에는 영재를 위한 프로그램이 축소되거나 삭제되기 시작하였고, 1990년대 후반에는 미국의 절반이 넘는 주가 경기침체와 악화된 예산 압박으로 영재교육을 더욱 축소하였다.

심지어 영재교육의 필요성이 더욱 증가하고 있음에도 불구하고, 제한적 서비스 제공에 대한 우려는 계속 제기되었다. 미국에서 가장 재능이 뛰어난 학생의 교육에 대한 두 번째 연방보고서(Ross, 1933)인 『국가 수월성-발전하는 미국의 재능에 대한 사례(National Excellence: A Case for Developing America's Talent)』는 영재에 대한 관심의 부재를 '심각한 위기(a quiet crisis)'라고 지적하였다. "수년간 영특한 학생의 요구에 단발적인 관심이 있었으나, 영재 중 대부분은 학교에서 자신의 능력 이하의 공부를 하며 지내고 있다. 학교의 신념은 경제적이고 문화적인 배경에서 탁월한 영재보다 모든 학생의 잠재력을 계발해야 한다는 쪽으로 바뀌었다. 따라서 영재는 덜 도전적이고 덜 성취적인 학생이 되었다."(p. 5) 또한 보고서는 미국의 영재가 엄격하지 않은 교육과정에서 별로 읽고 싶지 않은 책을 읽으며, 직업이나 중등교육 졸업 이후를 위한 진로 준비가 다른 많은 선진 국가의 재능이 뛰어난 학생보다 덜 되고 있다는 사실을 지적하였다. 특히 경제적으로 취약하거나 소수집단의 영재는 무시되고, 대부분이 어떠한 개입 없이는 그들의 탁월한 잠재력을 알아차리지 못할 것이라고 보고서는 지적하였다.

　영재교육 분야의 진보를 축하하는 이 기념비적인 영재교육필독시리즈는 학자들이 『Gifted Child Quarterly』와 같은 영재교육 분야의 주요 저널에서 가장 많이 언급한 주옥 같은 논문들을 소개하고 있다. 우리는 영재교육의 과거를 존중하고 현재 우리가 직면한 도전을 인정하며, 영재를 위해 최상의 교육 경험을 찾는 것같이 미래사회를 위한 희망적인 안내문을 제공해 주는 사색적이고 흥미를 불러일으킬 만한 논문으로 영재교육필독시리즈를 구성하였다. 엄격한 검토 후 출판된 영향력 있는 논문들은 영재교육 분야에서 자주 인용되고 중요하게 여겨지기 때문에 선택되었다. 시리즈의 논문들은 우리가 영재교육에 대해 중요한 내용을 배우고 있다는 것을 보여 주고 있다. 우리의 지식은 여러 분야에 걸쳐 확장되고 진보된 것이 무엇인지에 대해 합의를 이끌어 내고 있다. 다소 분리된 영역을 기술한 학자들은 도입 부분에서 아직 남아 있는 질문을 이해하는 데 도움이 된다고 설명하였다. 그러한 대답을 여전히 찾으면서도, 현재 우리는 발전적인 질문을 계속하기 위해 좀 더 나은 준비를 하고 있다. 이번 시리즈의 독창적인 논문들은 어떤 쟁점을 해결하는 데 도움을 주며, 쉽게 답이 나오지 않는 다른 질문도 강조한다. 결국 이 논문은 끊임없이 제기되는 질문에 새롭게 도전하도록 도와준다. 예를 들면, Carol Tomlinson은 영재교육 분야의 상이한 교육과정은 영재교육 분야에서 계속 파생되는 문제라고 하였다.

　초기 영재교육 분야의 문제들은 시간이 지남에 따라 해결되어 점차 체계적 지식의 일부로 포함되었다. 예를 들면, 학교와 가정 모두 높은 잠재력을 지닌 개인의 영재성을 육성하는 데 도움이 될 수 있다는 점과, 학교 내부와 외부의 교육 서비스의 연계는 영재성이 발달할 가장 훌륭한 학창시절을 제공해 줄 수 있다는 것이 널리 인정되고 있다. Linda Brody가 도입부에서 지적한 것처럼, 이미 30년 전에 제기된 집단편성과 속진 문제에 대해 논쟁을 벌이는 것은 현재로서는 불필요하다. 예를 들면, 영재학생들에게 적절한 교육 기회를 제공하기 위해 집단편성, 심화, 속진 모두 필요하다는 사실에 일반적으로 동의하고 있다. 이러한 과거의 논쟁들은 영재교육 분야를 발전시키는 데 도움은 되었으나, 사변적이고 상호 관련되는 작업이 아직 남아 있다. 이번 시리즈는 각 장의 편저자가 배워야 할 것을 모으고, 미래에 대해 흥미를 불러일으키는 질문을 끄집어냈다. 이러한 질문은 영재교육 분야에 고민할 기회를 많이 주고, 다음 세대의 학자들에게 연구할 기회를 충분히 제공한다. 서론에는 이번 시리즈에서 강조하는 내용을 간략하게 소개하고자 한다.

제1권 영재성의 정의와 개념

제1권에서는 Robert Sternberg가 영재성의 정의, 아동기와 청소년기에 보이는 재능의 종류에 대한 독창적인 논문들을 소개하고 있다. 일반적으로 가장 널리 사용되는 영재성의 정의는 교육학자들이 제안한 정의가 담긴 미국 연방법의 정의다. 예를 들면, Marland 보고서(Marland, 1972)는 미국의 많은 주나 학회에서 채택되었다.

주나 지역의 수준에 따라 영재성의 정의에 대한 선택은 주요 정책의 결정 사항이었고 지금도 여전히 그러하다. 정책결정이 종종 실제적 절차나 혹은 영재성 정의나 판별에 관한 연구결과와 무관하거나 부분적으로만 관련이 있다는 점은 흥미롭다. 정책과 실제에서 차이가 발생하는 것은 아마도 많은 변인이 있기 때문일 것이다. 불행하게도, 연방법에 따른 영재성의 정의는 포괄적이지만 모호하여 이 정의로 인해 발생하는 문제들이 해당 분야의 전문가들에 의해 밝혀졌다. 최근 영재 프로그램의 현황에 대한 연방정부 보고서인 『국가 수월성』(Ross, 1993)에서는 신경과학과 인지심리학에서의 새로운 통찰력에 토대를 두고 새로운 연방법에 따른 정의를 제안하고 있다. '천부적으로 타고난다(gifted)'라는 조건은 발달하는 능력보다 성숙을 내포하고 있다. 그 결과 재능 발달을 강조한 새로운 정의인 "현재의 지식과 사고를 반영한다."(p. 26)라고 한 아동에 대한 최근 연구결과와는 논쟁이 되고 있다. 영재에 대한 기술은 다음과 같다.

영재는 일반 아이들과 그들의 나이, 경험 또는 환경과 비교했을 때 뛰어난 탁월한 재능수행을 지니거나 매우 높은 수준의 성취를 할 수 있는 잠재력을 보여 주는 아동이다. 이런 아동은 지적, 창의적 분야, 그리고 예술 분야에서 높은 성취력을 나타내고, 비범한 리더십을 지니며, 특정 학문 영역에서 탁월하다. 그들은 학교에서 일반적으로 제공되지 않는 서비스나 활동을 필요로 한다. 우수한 재능은 모든 문화적 집단, 모든 경제 계층, 그리고 인간 노력의 모든 분야에서 아동기나 청소년기에 나타난다(p. 26).

공정한 판별 시스템은 각 학생의 차이점을 인정하고 다른 조건에서 성장한 학생들에 대해서도 드러나는 재능뿐만 아니라 잠재력을 확인시켜 줄 수 있는 다양하고 복잡한 평가방법을 사용한다. Sternberg는 책의 서두에서, 사람이 나쁜 습관을 가지고 있듯이 학문 분야도 나쁜 습관이 있다는 것을 인정하며, "많은 영재 분야의 나쁜 습관은 영재가 무엇인지에 대한 정확한 개념도 없이 영재성에 관한 연구를 하거나, 더 심한 경우는 아동이 영재인지 아닌지 판별하는 것이다."라고 설명하였다. Sternberg는 영재성과 재능의 본질, 영재성 연구방법, 영재성의 전통적 개념을 확장한다면 얼마나 달성할 수 있을까? 다시 말해, 영재성과 재능 사이에 차이점이 존재하는가? 유용한 평가방법의 타당성은 어떠한가, 그리고 아마도 가장 중요한 것으로 우리가 얼마나 영재성과 재능을 계발할 수 있는지에 대해 의문을 가져 봄으로써 영재성의 정의에 대한 중요 논문에서 주요 주제를 요약할 수 있었다. Sternberg는 논문을 기고한 많은 학자가 폭넓게 동의한 요점을 간결하게 정리하였다. 영재성은 단순히 높은 지능(IQ)보다 더 많은 것을 포함하고, 인지적ㆍ비인지적 요소를 포함하며, 뛰어난 성과를 실현할 잠재력을 계발할 환경이 있어야 하고, 영재성은 한 가지가 아니라고 하였다. 나아가 우리가 영재성을 개념화하는 방법은 재능을 계발할 기회가 있는 사람에게 큰 영향을 미치고, 독자에게 교육자로서의 책임을 상기시켜 준다고 경고하였다. 또한 영재교육 분야에서 가장 비판적 질문 중 하나는 천부적으로 뛰어난 사람은 그들의 지식을 세상에 이롭게 사용하는가, 아니면 해롭게 사용하는가다.

창의성과 영재성

제2권에서는 Renzulli가 영재교육 분야의 연구자가 현재 직면한 가장 비판적인 질문인 어떻게, 언제, 왜 영재를 판별해야 하는지에 대하여 기술하고 있다. 그는 영재성의 개념이 매우 보수적이고 제한된 관점에서 좀 더 융통성 있고 다차원적인 접근까지의 연속된 범위를 따라서 존재한다고 생각한다. 따라서 판별의 첫 단계부터 의문을 가져야 한다. 무엇을 위한 판별인가? 왜 보다 어릴 때 판별해야 하는가? 예를 들어, 미술 프로그램이 재능 있는 예술가를 위해 개발되었다면, 그 결과로써의 판별 시스템은 반드시 미술 영역에서 증명되거나 잠재적인 재능을 가진 아동을 판별할 수 있는 구조여야 한다는 것이다.

Renzulli는 도입 부분에서 판별에 대한 중요한 논문들과 최근의 합의를 요약하였다. 예를 들면, 대부분의 연구자들이 언급하였듯이 지능검사나 다른 인지능력검사들은 대부분 언어적이고 분석적인 기술을 통해 아동의 잠재력의 범위에 대한 정보를 제공한다. 그러나 그것은 우리가 누구를 판별해야 하는지 알아야 할 필요가 있는 모든 정보를 다 설명해 주지는 않는다. 그런데 연구자는 판별 과정에서 인지능력검사를 빼야 한다고 주장하지 않는다. 오히려 대부분의 연구자 (a) 다른 잠재력의 척도들이 판별에 사용되어야 하고, (b) 이러한 척도들은 특별 서비스를 받을 학생을 최종 결정할 때 똑같이 고려해야 하며, (c) 마지막 분석 단계에서 신중한 결정을 내리려면 점수를 매기거나 도구를 사용할 것이 아니라 식견이 있는 전문가의 사려 깊은 판단을 믿어야 한다고 생각한다.

판별에 대한 중요한 논문들의 저자들이 제시한 또 다른 쟁점은 다음과 같다. (a) 수렴적이고 확산적인 사고(Guilford, 1967; Torrance, 1984), (b) 침해주의(entrenchment)와 비침해주의(non-entrenchment)(Sternberg, 1982), (c) 학교 중심의 영재성 대 창의적이고 생산적인 영재성의 차이(Renzuilli, 1982; Renzulli & Delcourt, 1986)다. 학교 중심의 영재성을 정의하는 것은 창의적이고 생산적인 영재성의 잠재력을 가진 아동을 정의하는 것보다 더 쉽다. Renzulli는 영재학생 판별에 대한 발전은 계속되어 왔으며, 특히 지난 25년 동안 인간의 잠재력과 영재성의 개념에 대한 새로운 이론을 고려한 평준화의 문제, 정책, 그리고 실제에 대한 새로운 접근법이 연구되고 있다고 믿는다. 그러나 그는 판별 기법에 대한 끊임없는 연구가 여전히 필요하고, 역사적으로 재능 있는 영재가 다른 이들처럼 항상 측정되지 않는 어떤 특성이 있다는 것을 마음속에 지니는 것이 중요하다고 하였다. 우리는 지금까지 설명하기 어려운 것을 위한 연구를 계속해야 할 필요가 있다. 영재성은 문화적으로나 상황적으로 모든 인간 행동에 고착된다는 것을 깨달아야 하며, 무엇보다 우리가 아직 설명하지 못하는 것의 가치를 매겨야 할 필요가 있다.

제3권 영재교육에서 집단편성과 속진
제4권 영재 교육과정 연구
제5권 영재를 위한 차별화 교육과정

　　제3, 4, 5권에는 영재 프로그램의 교육과정과 집단편성에 대한 쟁점에 대해 설명하였다. 아마도 이 영역에서 가장 유망한 기법의 일부가 영재에게 실시되고 있을 것이다. 집단편성의 다양한 유형은 영재에게 진보된 교육과정에서 다른 영재와 함께 공부할 기회를 주는 것처럼, 집단편성과 교육과정은 서로 상호작용한다. 수업상의 집단편성과 능력별 집단편성에 대해서 일반적으로 알려진 것처럼 학생을 집단편성하는 방법을 다루는 것이 아니라, 가장 큰 차이를 만드는 집단 내에서 무엇이 일어나는지를 다루는 것이다.

　　너무도 많은 학교에서, 영재를 위한 교육과정과 수업이 학교에 있는 동안 약간만 다르게 이루어지며 최소한의 기회를 주고 있다. 때때로 방과 후 심화 프로그램 또는 토요일 프로그램이 종합적인 학교 프로그램을 운영하고 있는 박물관, 과학 센터 또는 현지 대학을 통해 제공된다. 또한 학업적으로 매우 재능 있는 학생은 나라를 불문하고 수업을 지루해하고 비동기적, 비도전적으로 수업에 참여한다. 미국에서 빈번하게 사용된 교육방법인 속진은 종종 교사나 행정관료에 따라 시간적인 문제, 월반에 대한 사회적 영향, 그리고 기타 부분에 대한 염려를 포함한 다양한 이유를 들어 부적절한 방법으로 저지되었다. 속진의 다양한 형태─유치원이나 초등학교를 1년 먼저 들어가는 조숙한 아이, 월반, 대학 조기입학 등─는 대부분의 학교에서 일반적으로 사용하지 않는다.

불행하게도, 대안적인 집단편성 전략은 학교 구조의 개편을 의미한다. 그리고 일정, 재정 문제, 근본적으로 변화를 지연시키는 학교 때문에 교육적 변화를 일으키는 데 어려움이 있어서 아마도 매우 늦게 이루어질 것이다. 이렇게 지연되면서, 영재학생은 그들 연령의 동료보다 훨씬 앞서서 더 빠르게 배울 수 있고 더 복잡한 사물을 살필 수 있는 기본적인 기능과 언어 능력에 기초한 특별한 교육을 받지 못하는 것이다. 뛰어난 학생에게는 적절한 페이스, 풍부하고 도전적인 수업, 일반 학급에서 가르치는 것보다 상당히 다양한 교육과정이 필요하지만, 학업적으로 뛰어난 학생이 학교에서 오히려 종종 뒤처져 있다.

Linda Brody는 교육 목적에 맞게 학생을 집단편성하는 가장 좋은 방법을 소개하였다. 연령에 맞춘 전형적인 교육 프로그램이 그 교육과정을 이미 성취하고 인지능력을 지닌 영재의 욕구를 충족시켜 줄 수 있는가에 대하여 염려하였다. 집단편성에 대한 논문은 첫째, 개인의 학습 욕구를 충족시키는 데 교육과정이 갖추어야 할 융통성의 중요성, 둘째, 교육 집단으로 학생을 선정할 때 융통성 있는 교육자의 필요성, 셋째, 필요하다면 집단을 변경해야 할 필요성을 강조한다. 서론에는 영재를 일반학생과 같이 집단편성시키는 것에 대한 논쟁을 싣고 있다. 그리고 소수의 사람이 다른 학습 욕구를 지닌 학생을 위해 차별화된 교육을 허용하는 도구로 속진학습과 집단편성을 이용하고자 하는 요구에 찬성하지 않는다. 좀 더 진보된 교육 프로그램이 발달된 인지능력과 성취 수준을 다르게 하기 위한 방법으로써 이용될 때, 그러한 방법은 모든 학생에게 적절한 교육의 목표를 달성하도록 도와줄 수 있다.

VanTassel-Baska는 영재를 위한 교육과정의 가치와 타당한 요인을 강조하는 중요한 아이디어와 교육과정의 발달, 영재를 위한 교육과정의 구분, 그러한 교육과정의 연구에 기초한 효과와 관련된 교육법을 설명함으로써 영재교육과정에 대한 중요한 논문을 소개하고 있다. 또한 독자에게 교육과정의 균형에 대하여 Harry Passow의 염려와 불균형이 존재한다고 암시하였다. 연구결과를 보면, 영재의 정의적 발달은 특별한 교육과정을 통해서 일어난다고 암시하기 때문이다. 게다가 교육과정을 내면화하려는 노력은 예술 및 외국어 분야에서는 일어나지 않는다. 교육과정의 균형 있는 적용과 인정을 통해서 우리는 Passow가 생각했던 인문학의 개인 유형을 만들 수 있다. VanTassel-Baska는 균형을 맞추기 위해 교육과정의 선택뿐 아니라 다양한 영재의 사회정서적 발달을 위한 요구를 제시하였다.

Carol Tomlinson은 지난 13년 동안 유일하게 영재교육 분야의 차별에 대한 비판적인 논문을 소개하면서, 최근 논문이 '영재교육 분야에서 파생된 쟁점, 그리고 계속되어 재경험되는 쟁점'이라고 하였다. 그녀는 영재교육에서 중요한 것 중의 하나가 교육과정의 차별화를 다룬 주제라고 하였다. 인류학에서 유추한 대로, Tomlinson은 '통합파(lumpers)'는 문화가 공통적으로 무엇을 공유하는지에 대해 더 큰 관심을 가지는 것에 비해, '분열파(splitters)'는 문화 사이의 차이점에 초점을 맞춘다고 말하였다. 통합파는 혼합 능력 구조 안에서 다양한 집단에게 어떤 공통된 문제와 해결방법이 존재하는지를 질문한다. 반면, 분열파는 혼합 능력 구조 안에서 능력이 높은 학생에게 어떤 일이 일어나는지에 대해 물어본다. Tomlinson의 논문에서 주목할 만한 특징은 일반교육과 영재교육의 교육방법을 잘 설명하면서 두 교육과정의 결합을 제시하고 있다는 것이다.

제6권 문화적으로 다양하고 소외된 영재학생
제7권 장애영재와 특수영재
제8권 사회적 · 정서적 문제, 미성취, 상담

영재 프로그램에 참여하는 아동의 대부분은 우리 사회에서 다수 문화를 대표하는 학생이다. 그러나 경제적으로 어렵고 장애가 있으며 다른 문화적 배경을 지닌 소수의 학생은 영재 프로그램에 실제보다 적게 참여하는데, 이에 대하여 약간의 의혹이 존재한다. 의혹이 드는 첫 번째 이유는 영재의 판별에 사용되는 쓸모없고 부적절한 판별과 선발 절차가 이들의 추천 및 최종 배치를 제한할지도 모른다는 점이다. 이 시리즈에 요약된 연구는 영재 프로그램에서 전통적으로 혜택을 적게 받은 집단에 대해 다음의 몇 가지 요소가 고려된다면 좀 더 많은 영재가 출현할 수 있을 것이라고 지적한다. 고려될 요소란 영재성의 새로운 구인, 문화적이고 상황적인 가변성, 더욱 다양하고 확실한 평가방법 사용, 성취에 기초한 판별, 더욱 풍부하고 다양한 학습기회를 통한 판별의 기회다.

Alexinia Baldwin은 『Gifted Child Quarterly』에서 지난 50년간 영재교육에 대한 대화와 토론을 진행시켜 온 주요 관심사로, 영재 프로그램에서 문화적으로 다양하면서 영재교육의 혜택이 부족했던 집단에 대해 논의하였다. 이에 대한 3개의 주요 주제는 판별과 선발, 프로그래밍, 위원의 임무와 개발이다. 판별과 선발이라는 첫 번째 주제에서, 영재성은 광범위하면서 많은 판별기법을 통해 표현될 수 있다는 것을 확실하게 하기 위한 교육자의 노력은 아킬레스건과 같음을 지적하고 있다. Baldwin은 판별을 위한 선택을 확장한 Renzulli와 Hartman(1971), Baldwin(1977)의 호의적인 초기 연구를 인용하면서, 해야 할 것이 아직도 많이 남아 있다고 경고하였다. 두 번째 주제인 프로그래밍은 다양한 문화를 가진 학생의 능력을 알아보지만, 그들을 일괄적으로 설계된 프로그램 안에 있으라고 종종 강요한다. 세 번째 주제에서 그녀는 영재교육 프로그램을 담당하는 교사의 다양성뿐만 아니라, 이론을 만들고 그런 관심을 설명하며 조사하는 연구자의 태도나 마음가짐에 대해 관심을 표명하였다.

Susan Baum은 "영재는 일반 사람에 비해 더욱 건강하고 대중적이고 순응적이다."라고 제안한 Terman의 초기 연구를 요약하면서, 영재의 개별적인 특별한 요구에 대해 역사적 근원을 밝히고 있다. 더 중요한 것은 영재가 별다른 도움 없이 모든 영역에서 높은 수준의 성과를 낼 수 있을 것이라고 간주되어 왔다는 것이다. Baum은 영재에 대한 고정관념의 특징에 따라 특별한 요구를 지닌 영재가 특정 집단이 될 수 있는 가능성을 감소시켰다고 하였다. Baum은 이번 시리즈의 중요한 논문에서 영재가 위기에 직면하고 있으며 그들의 가능성을 실현하는 데 방해되는 장애물을 극복하기 위한 전략을 제안하였다. 논문은 세 개의 학생 집단에 초점을 맞추었다. (1) 학습장애와 주의력장애로 위기에 처한 중복-장애(twice-exceptional), (2) 계발되고 성취할 수 있는 능력을 사회적으로나 감정적으로 억제하는 성(gender) 문제에 직면한 영재, (3) 경제적으로 빈곤하고 학교에서 탈락할 위기에 놓인 학생이다. Baum은 이러한 아동 집단이 발달하는 데 하나 또는 그 이상의 장애의 영향을 받는다는 것을 연구하였다. 가장 큰 장애는 판별방법, 프로그램 설계의 결함, 적절한 사회적, 정서적 지원의 부족 등이다. 그녀는 이러한 비판을 통해 미래의 영재교육이 나아갈 방향에 대해 사려 깊은 질문을 던지고 있다.

Sidney Moon은 사회적, 정서적인 쟁점을 설명해 주는 영재학회의 프로젝트 팀이 기고한 영재의 사회적, 정서적 발달과 영재 상담에 대하여 중요한 논문을 소개하였다. 첫 번째 프로젝트는 2000년도에 '사회적, 정서적 문제를 위한 특별연구회(Social and Emotional Issues Task Force)'가 연구하였으며, 2002년에 연구결과를 『영재아동의 사회적, 정서적 발달: 우리는 무엇을 아는가?(The Social and Emotional Development of Gifted Children: What do we know?)』를 출판함으로써 마무리되었다. 이 부분에서는 영재의 사회적, 정서적 발달에 관한 문헌연구를 하였다(Neihart, Reis, Robinson, & Moon,

2002). Moon은 사회적, 정서적 발달과 상담 분야의 중요한 연구가 최근 영재교육 분야의 사회적, 정서적인 쟁점에 대한 연구의 장단점을 잘 설명해 준다고 믿는다. 논문은 영재의 잠재력을 계발하는 데 실패한 미성취 영재 집단 등의 특수영재 집단에 대하여 연구자의 관심을 증대시켰다. 또한 방해 전략과 좀 더 철저한 개입에 따라서, 이러한 학생에 대해 좀 더 경험적 연구를 요구하였다. 그녀는 비록 좋은 영재 상담 모형이 발전되어 왔지만, 아시아계 미국인, 아프리카계 미국인, 특수 아동과 같이 특수한 경우의 영재에 대하여 상담의 중재와 효과를 결정하기 위해 정확하게 평가될 필요가 있다고 하였다. 또한 Moon은 영재교육 분야의 연구자는 사회심리학, 상담심리학, 가족치료학, 정신의학과 같은 정서 분야의 연구자와 협력해야 한다고 주장한다. 이는 해당 분야의 전문가 집단에게 영재를 가장 효과적으로 중재하는 것을 배우기 위해서이며, 모든 영재가 최상의 사회적, 정서적, 개인적 발달을 할 수 있도록 도와줄 수 있는 좀 더 나은 방법을 배우기 위해서다.

제9권 예술 · 음악 영재학생
제10권 창의성과 영재성

Enid Zimmerman은 음악, 무용, 시각예술, 공간적 · 신체적 표현 예술 분야의 재능이 있는 학생에 대한 논문을 고찰하고, 시각과 행위 예술 분야의 재능 발달에 관한 책을 소개하고 있다. 논문에 나타난 주제는 (1) 예술 재능 발달에서 천성 대 양육에 관련된 문제에 관심을 보이는 부모, 학생, 교사의 인식, (2) 예술 재능이 있는 학생의 결정 경험에 관한 연구, (3) 다양한 환경 속에서 예술 재능이 있는 학생을 판별하는 학교와 공동체 구성원 간의 협동, (4) 교사가 예술 재능이 있는 학생을 격려하는 것에 관련된 리더십에 관한 쟁점이다. 이는 모두 어느 정도 예술 재능이 있는 학생의 교육에 관한 교사, 학부모, 학생과 관계되어 있다. 그리고 도시, 교외, 시골 등 다양한 환경에 놓여 있는 예술 재능 학생의 판별에 관한 논의도 포함되어 있다. Zimmerman

은 이러한 특별한 분야에서 교육 기회, 교육환경의 영향, 예술 재능이 있는 학생의 발달에 영향을 미치는 교사의 역할에 대한 연구가 필요하다고 하였다. 판별 기준과 검사도구의 영향, 시각과 행위 예술에 재능이 있는 학생의 교육 관계는 앞으로 연구가 매우 필요한 분야다. 예술 재능이 있는 학생의 교육에 관한 세계적이고 대중적인 문화의 영향과 비교 문화적 관계뿐만 아니라 학생의 환경, 성격, 성 지향성, 기법 개발, 그리고 인지적·정의적 능력에 관한 연구도 필요하다. 이 책에서 그녀가 소개하고 있는 사례연구는 이러한 관점에 대한 연구의 필요성을 제기하고 있다.

Donald Treffinger는 창의성과 관련된 개념적이며 이론적인 연구를 살펴보려는 연구자들이 공통적인 관심과 노력을 기울이고 있는 다음의 5가지 주요 주제, (1) **정의**(어떻게 영재성, 재능, 창의성을 정의하는가?), (2) **특성**(영재성과 창의성의 특성), (3) **정당성**(왜 창의성이 교육에서 중요한가?), (4) 창의성의 **평가**, (5) 창의성의 **계발**에 대해 논의하였다. 창의성 연구의 초창기에 Treffinger는 훈련이나 교육에 따라 창의성이 계발되는 것이 가능한지에 대해서 상당한 논의가 있어 왔다고 하였다. 그는 지난 50년 동안 교육자들이 창의성의 계발이 가능하다(Torrance, 1987)는 것을 배워 왔으며, '어떤 방법이 가장 최선이며, 누구를 위하여, 어떤 환경에서?'와 같은 질문을 통해 이러한 연구 분야를 확장시켜 왔다고 언급하였다. Treffinger는 효과적인 교수법을 통해 창의성을 발달시키고, 어떤 방법이 가장 큰 영향을 줄 수 있는지 탐구하려고 노력한 교육자의 연구를 요약하였다.

제11권 영재교육 프로그램 평가
제12권 영재교육의 공공정책

Carolyn Callahan은 적어도 지난 30년간 영재교육 분야의 전문가가 간과하였던 중요한 요소가 평가자와 참여자 간에 큰 역할을 한다는 평가에 대하여 비중 있는 논문을 소개하고 있다. 그녀는 평가에 관한 연구를 구분하였는데, 그중에서도 영재교육 프로그램의 평가에 관한 연구는 다음의 4가지 범주로 구분하였다. (1) 이론과 실제적인 지침 제공, (2) 평가의 구체적인 프로그램, (3) 평가 과정을 둘러싼 쟁점, (4) 평가 과정에 관한 새로운 연구 제안이다. Callahan은 연구자에 따라 평가 작업이 이미 수행되고 있으며, 재능아를 위한 프로그램의 효율성 증가에 평가가 중요한 공헌을 한다고 하였다.

James Gallagher는 가장 도전적인 질문이 증가하고 있는 공공정책을 소개하면서 전투 준비를 해야 한다고 하였다. Gallagher는 영재교육의 한 분야로, 영재교육의 강력한 개입을 통해 합의를 이끌어 내고, 우리가 어떻게 엘리트주의라는 비난에 대응할 것인지를 생각해야 한다고 제안하였다. 그는 영재교육 분야가 일반교사와 재능 교육 전문가의 개발을 지원하는 추가적인 목표에 노력을 더 기울여야 한다고 하였다. 그리고 부족한 자원을 획득하기 위한 공공의 싸움에 실패한 것은 이미 20년 전에 1990년을 전망하며 Renzulli(1980)가 던진 질문인 "영재아동의 연구동향이 2010년에도 계속 이어질 것인가?"를 다시금 생각하게 한다고 하였다.

결 론

영재교육 분야에 대한 고찰과 최근 수십 년 동안의 독창적인 논문에서 우리는 무엇을 배울 수 있는가? 첫째, 앞으로 영재교육을 계속하여 발전시켜야 하는 우리는 논문이 쓰였던 시기와 과거를 존중해야 한다. 우물에서 물을 마실 때 우물을 판 사람에게 감사해야 한다는 속담처럼, 선행연구가 영재교육 분야를 성장시키는 씨앗임을 알아야 한다. 둘째, 우리의 시리즈 연구가 영재교육 분야에서 매우 신나는 연구이며 새로운 방향 제시와 공통된 핵심 주제임을 알아야 한다. 마지막으로, 우리는 영재에 대한 연구에서 완전히 마무리된 연구결과물이란 없으며, 논문마다 제기한 독특한 요구를 어떻게 최선을 다해 만족시킬 수 있는지를 연구함으로써 미래를 포용해야 한다. 이 시리즈에서 보고된 논문은 앞으로 연구할 기회가 풍부하다는 것을 의미한다. 그러나 아직도 많은 질문이 남아 있다. 미래의 연구는 종단연구뿐만 아니라 양적, 질적인 연구에 기초해야 하고, 단지 수박 겉핥기만 해 온 연구를 탐구할 필요가 있는 쟁점과 많은 변수를 고려하여 완성시켜야 한다. 다양한 학생 중 영재를 판별해 내는 보다 포괄적인 프로그램을 개발하는 연구가 더욱 필요하다. 이것이 이루어질 때, 미래의 영재교육의 교사와 연구원은 교육자, 공동체, 가정에서 포용할 수 있는 답변을 찾을 것이고, 훈련된 교사는 학급에서 영재의 영재성을 보다 효과적으로 발달시킬 수 있을 것이다.

또한 우리는 일반적인 교육 분야가 어떻게 연구되고 있는지를 주의 깊게 고려해 볼 필요가 있다. 연구기법이 발전하고 새로운 기회가 우리에게 유용하게 찾아올 것이다. 이제 모든 학생이 새로운 교육과정을 시작하기 전에 교과과정을 먼저 평가할 수 있게 될 것이다. 그리고 이제는 학생이 많은 학점을 선취득했을 때, 그들을 자신의 학년 수준에 유지시키려는 문제는 사라질 것이다. 왜냐하면 우리는 새로운 기법으로 학생의 능력을 정확히 판별할 수 있기 때문이다. 새로운 기법으로 학생이 이미 알고 있는 것이 무엇인지를 더 잘 판별하게 되면, 학생의 강점과 흥미에 기초한 핵심적인 교육과정뿐만 아니라 다양한 기회에 도전하도록 격려하는 것이 꼭 필요하다. 이러한 특별한 영재 집단에 관심을 갖는 부모, 교육자, 전문가는 영재의 독특한 요구를 충족시켜 주기 위하여 정치적으로 적극적일 필요가 있으며, 연구자는 영재의 건강한 사회적, 정서적 성장을 위한 기회뿐만 아니라 재능 계발의 효과를 증명할 수 있는 실험연구를 수행해야 한다.

어떤 분야가 지속적으로 성장하려면 새로운 주장이 나타나야 하며 새로운 참여자가 있어야 한다. 위대한 기회는 우리 분야에서 활용될 수 있다. 우리가 지속적으로 영재를 위한 주장을 할 때, 우리는 변화하는 교육개혁의 움직임에서 중요한 역할을 해낼 수 있는 것이다. 우리는 영재와 심화 프로그램을 유지하기 위해 싸우는 한편, 모든 학생을 위해 그들이 더 도전적인 기회를 성취할 수 있도록 계속 연구할 것이다. 우리는 지속적으로 선행학습을 통

창의성과 영재성

한 차별화, 개별 교육과정의 기회, 발전된 교육과정과 개인별 지원 기회를 지지할 것이다. 이 시리즈의 논문에서 대답하고 제기한 질문은 우리가 영재교육 분야에서 진일보할 수 있도록 도움을 줄 것이다. 우리는 이 시리즈의 독자가 영재교육의 흥미로운 여행에 동참해 주기를 희망한다.

참고문헌

Baldwin, A.Y. (1977). Tests do underpredict: A case study. *Phi Delta Kappan, 58*, 620-621.

Gallagher, J. J. (1979). Issues in education for the gifted. In A. H. Passow (Ed.), *The gifted and the talented. Their education and development* (pp. 28-44). Chicago: University of Chicago Press.

Guilford, J. E. (1967). *The nature of human intelligence.* New York: McGraw-Hill.

Marland, S. P., Jr. (1972). *Education of the gifted and talented: Vol. 1. Report to the Congress of the United States by the U.S. Commissioner of Education.* Washington, DC: U.S. Government Printing Office.

Neihart, M., Reis, S., Robinson, N., & Moon, S. M. (Eds.). (2002). *The social and emotional development of gifted children: What do we know?* Waco, TX: Prufrock.

Renzulli, J. S. (1978). What makes giftedness? Reexamining a definition. *Phi Delta Kappan, 60*(5), 180-184.

Renzulli, J. S. (1980). Will the gifted child movement be alive and well in 1990? *Gifted Child Quarterly, 24*(1), 3-9. **[See Vol. 12.]**

Renzulli, J. S. (1982). Dear Mr. and Mrs. Copernicus: We regret to inform you… *Gifted Child Quarterly, 26*(1), 11-14. **[See Vol. 2.]**

Renzulli, J. S. (Ed.). (1986). *Systems and models for developing programs for the gifted and talented.* Mansfield Center, CT: Creative Learning Press.

Renzulli, J. S., & Delcourt, M. A. B. (1986). The legacy and logic of research on the identification of gifted persons. *Gifted Child Quarterly, 30*(1), 20-23. **[See Vol. 2.]**

Renzulli, J. S., & Hartman, R. (1971). Scale for rating behavioral characteristics of superior students. *Exceptional Children, 38,* 243-248.

Ross, P. (1993). *National excellence: A case for developing America's talent.* Washington, DC: U.S. Department of Education, Government Printing Office.

Sternberg, R. J. (1982). Nonentrenchment in the assessment of intellectual giftedness. *Gifted Child Quarterly, 26*(2), 63-67. **[See Vol. 2.]**

Tannenbaum, A. J. (1983). *Gifted children: Psychological and educational perspectives.* New York: Macmillan.

Torrance, E. P. (1984). The role of creativity in identification of the gifted and talented. *Gifted Child Quarterly, 28*(4), 153-156. **[See Vols. 2 and 10.]**

Torrance, E. P. (1987). Recent trends in teaching children and adults to think creatively. In S. G. Isaksen, (Ed.), *Frontiers of creativity research: Beyond the basics* (pp. 204-215). Buffalo, NY: Bearly Limited.

창의성과 영재성에 대한 소개: 탐구와 발전의 30년[1]

Donald J. Treffinger(Center for Creative Learning)

창의성과 영재성에 대한 현대적인 관심이 증가할 수 있었던 계기는 「Marland 보고서」(1972) 덕분이다. 그리고 창의성에 대한 연구와 이론에 대한 관심이 급증한 것은 1950년대 중반부터 후반까지의 많은 선구자들의 노력에서 비롯되었다. 여기에는 『Gifted Child Quarterly』에 연구 논문을 자주 발표한 몇몇 연구자도 포함된다. 미국심리학회장으로 취임한 Guilford의 연설은 창의성에 대한 관심을 증폭시키는 역할을 하였다. Guilford(1950)의 지능구조모형(structure of intellect model)(예, Guilford, 1959, 1967, 1977)에 대한 광범위한 연구는 지능과 영재성에 대한 개념을 새롭게 확장하는 데 촉매 역할을 하였다.[2] 『Gifted Child Quarterly』의 편집자이며 NAGC 집행위원장이던 Gowan은 창의성과 영재성 그리고 이에 관한 영재교육 프로그램 관련 분야

---

1) 편저자 주: Donald J. Treffinger. Introduction to Creating and Giftedness: Three Decades of Inquiry and Development.
2) 역자 주: Guilford의 지능구조모형론(SOI)은 영재교육과정의 편성 및 운영에서 다음과 같은 많은 중요한 시사점을 제시하고 있다(Clark, 2002, p. 306).
   (1) 분석적 지능(사고)과 창의적 지능(사고)을 계발, 육성하는 데 필요한 진단과 처방적 도구(diagnostic-prescriptive tool) 작성의 기반을 제시한다.
   (2) 인간의 인지적 잠재력 사이의 내재적 상호관련성을 나타낸다.

에서 선도적인 연구자였다. 또한 Torrance의 선구적인 연구는 창의성의 계발과 측정 분야가 발전할 수 있는 토대가 되었다. Gowan은 영재학생(그리고 이들을 지도하는 교사와 개인교수)의 욕구와 흥미를 지원하는 프로그램을 개발하는 데 탁월한 공을 세웠다. 다중재능(multiple talents)에 대한 Taylor의 연구는 다양한 분야에서 놀라운 업적을 남긴 창의적인 재능의 위력에 눈을 돌리는 계기가 되었다. Taylor의 노력 덕분에 창의성을 주제로 한 유타 창의성학회(Utah conferences on creativity, 30년간 지속됨)가 열릴 수 있었고, 연구자들은 이 학회에서 창의성과 재능에 대한 많은 과학적인 대화를 나눌 수 있었다. 이는 창의성과 재능에 대한 연구를 자극하고 지속시키는 계기가 되었다. Osborn(1953, 1963)과 Parnes(1967)는 일찍부터 창의적 행동의 촉진과 개인별 · 집단별 창의성 계발을 강조하였는데, 이것은 영재교육 분야에서 많은 프로그램들이 개발되는 토대가 되었다. 영재교육과 창의성의 두 영역은 이론 · 연구 · 발전 · 응용에서 30년 전부터 서로 협력하는 역사를 공유해 오고 있다.

　이러한 상호작용은 역사적 시간을 공유하는 것 이상의 의미를 갖는다. 창의성과 영재성에 대한 연구는 다양한 방식으로 중첩되는데, 『Gifted Child Quarterly』에 실린 논문들을 살펴보면 두 영역에 공통된 주된 주제와 쟁점들을 알 수 있다. 이러한 논문들에는 두 분야의 공통적이며 개념적이고 이론적이며 도전적인 과제를 해결하기 위해 그동안 연구자들이 기울인 노력들, 혼돈스러운 문제와 관심사를 분류하고 명료화하기 위해 연구자들이 논쟁했던 흔적들, 연구와 적용 차원에서 오늘날의 연구자들이 직면한 도전적인 과제들을 제시하는 다섯 가지 핵심 주제가 반영되어 있다. 다섯 가지 주제는 다음과 같다.

---

　(3) 다양한 적성검사와 능력검사상의 요인분석의 기반을 제공한다.
　(4) 영재 교육과정의 개발을 위한 모형으로 이용될 수 있다.
　(5) SOI상의 구체적인 능력과 부합하는 학생의 능력의 강점과 취약점이 무엇인지 그 윤곽을 구체적으로 기술할 수 있다(Clark, 2002. *Growing up Gifted.* NJ: Merrill Prentice Hall).

　창의성과 영재성

- **정의** 영재성, 재능, 창의성은 무엇을 의미하는가? 이들은 서로 어떻게 관련이 있고, 또 어떻게 다른가?
- **특성** 무엇이 영재성과 창의성의 지표인가? 그리고 어떤 요인이 영재성과 창의성의 발달 혹은 발현에 영향을 주는가?
- **정당성** 왜 영재성과 창의성이 교육에서 중요한가?
- **측정** 영재성과 창의성을 어떻게 확인하고 판별할 수 있는가?
- **계발** 창의성과 영재성은 교수법, 학습, 개인적 성장과 발달에 어떤 시사점을 던져 주는가? 창의성과 영재성은 계획적인 개입으로 계발될 수 있는가? 개입하려는 노력이 성공을 거두기 위해서는 어떤 요인이 필요한가?

종합하면, 이 책에 수록된 논문들은 다음과 같은 질문의 몇 가지 관점에 대하여 조망하고 있다. 첫째, 지난 수십 년간 발전을 거듭한 창의성과 영재성 연구의 발자취를 돌아볼 것이다. 둘째, 몇 가지 주제와 질문이 어떻게 변화해 왔는지를 살펴볼 것이다. 셋째, 풀리지 않은 몇 가지 문제와 쟁점에 대해 살펴볼 것이다. 마지막으로, 이 분야에서 새로 출현한 과제들 혹은 새로운 가능성을 전망해 볼 것이다. 우리는 이 책에 실린 논문들을 통하여 창의성과 영재성을 흥미롭고 매력적인 연구 주제로 만드는 논쟁들을 살펴볼 것이다.

창의성의 정의

이 영재교육필독시리즈의 제1권에서 영재성의 정의와 이해에 관한 다양한 질문들을 다루고[3] 있으므로 이 책에 수록된 논문에서는 창의성의 본질에

---

3) 역자 주: 영재교육필독시리즈의 제1권(영재성의 정의와 개념)을 참조

초점을 맞추도록 하였다. 창의성 논의에는 다음과 같은 문제가 포함된다.

- 창의성의 범위, 복잡성, 다양성을 설명하는 단 하나의 정의를 찾기는 어렵다.
- 창의성은 단 한 번의 관찰보다는 장기간에 걸쳐 관찰할 필요가 있다.
- 창의성의 토대로서 지속적인 관심, 열정, 강도가 중요하다.
- 개인의 창의성뿐만 아니라 집단의 창의성도 실제로 존재한다.

이 책을 통하여 우리는 구체적인 어떤 재능과 관련이 있거나 다양한 재능을 포괄하는 일련의 변인에 붙인, 허구적이고 단순한 명칭에 불과한 창의성에 관해서도 살펴보았다. Taylor와 Torrance 등은 창의성과 창의적 과정을 여러 가지 영역에 걸친 다양한 변인으로 구성된 것으로 보았다. Runco(1993)는 창의성 내에서 확산적 사고의 역할과 이해에 대한 연구를 설명하였다. 그리고 Delcourt(1993)는 창의적 생산성을 위한 비인지적 차원(동기, 에너지, 과제집착력)을 강조하였다. Sternberg와 Lubart(1993)는 창의적인 영재성을 독특한 창의성의 일종으로 보았고, 다른 한편으로 창의성에 미치는 환경의 영향력, 동기, 사고양식, 지식, 지적 과정의 중요성을 강조하였다. 이 책에 수록된 또 다른 생산적인 논문들은 창의성의 복잡한 성질을 조망할 뿐만 아니라, 문화, 지리, 성 혹은 경제적 수준을 초월하여 나타나는 창의성의 특징을 명쾌하게 설명하였다. 그리고 발달하고 성숙해져 가는 창의성이라는 구성개념에 아직 풀리지 않은 많은 도전적인 질문거리가 담겨 있음을 보여 줄 것이다.

창의적인 인물의 특성

이 책에 재수록된 논문들은 창의성과 관련된 많은 인물의 특성들을 기술

창의성과 영재성

하고 있다. 그 내용이 신기하거나 놀랄 만한 것은 아니다. 창의성과 영재성에 관한 문헌들을 검토해 보면, 창의적인 사람의 특성에 대한 기술은 다양하고 무수히 많다. 창의적 특성을 기술한 일련의 논문들을 검토하는 것은 몇 가지 놀라운 통찰력을 제공할 것이며 이런 통찰력은 창의성과 영재성 관련 연구와 계발에 관련하여 오늘날 새로 출현하는 분야를 위한 초석이 될 것이다. Torrance(1980, 1981, 1984), Gowan(1980), Davis(1981, 1989)의 초기 논문부터 Runco(1993), Delcourt(1993), Sternberg와 Lubart(1993)의 연구들을 살펴보면 창의성의 특징은 다음과 같다.

- 창의성에는 강력하고 지속적인 개인적 흥미, 끈기, 노력 그리고 (Torrance의 용어로) '장기적 안목'의 열정('long look' passions)이 포함된다.
- 창의성은 확산적 사고라는 전통적인 인지적 개념을 넘어선다.
- 창의성은 다양한 시간대에 다양한 방식으로 표현되며, 창의적인 사람은 다른 사람과 공동 작업으로 이루어지는 결과물과 표현의 기회와 긴밀하게 협조할 수 있다.
- 창의적인 사람은 인지능력이나 성격 특성만이 아니라, 선호하는 유형이 있다.
- 이러한 통찰력은 오늘날의 창의성 연구에 많은 영향을 주었다. 예컨대, Treffinger, Young, Selby, 그리고 Shepardson(2002)는 창의성의 특성을 종합하여 다음과 같은 네 가지 범주로 구분하였다. **아이디어를 창출해 내고, 그 아이디어를 점점 더 깊이 분석해 가며, 아이디어의 탐색을 위한 용기와 열린 마음을 갖고, 자신의 '내면의 소리'에 귀를 기울인다.**

이 책에 수록된 창의성의 특징에 대한 논문들은 독자들에게 다양한 출처에서 학생의 창의성에 관한 단서를 발견하고, 학생에게 창의성을 솔직하게 드러내 보이고 표현할 수 있는 기회를 제공하도록 노력하였다. Taylor와

Sacks는 "학생은 사색가와 프로듀서처럼 생각해야 한다." (1981, p. 117)라고 촉구하고 있다.

이 책에 수록된 논문에서 저자들은 사람마다 다르게 표현되는 다양한 창의성을 기술하였다. 이런 연구는 창의성의 수준(당신은 얼마나 창의적인가?)을 넘어선 창의성의 스타일(당신은 어떤 면에서 창의적인가?)로 연구의 동향이 이동하는 토대가 되었다. 창의성의 수준과 스타일을 구분하고, 창의성이나 문제해결 방식을 조사하여 명료하게 기술하는 것은 오늘날의 연구자들에게 주어진 주된 주제이며 쟁점이다(예, Isaksen & Dorval, 1993; Kirton, 1999; Selby, Treffinger, Isaksen, & Lauer, 인쇄 중). Treffinger와 Selby(2003, 인쇄 중)는 영재성, 창의성, 학습 양식 간의 상호 관련성을 고찰하였다.

창의성 연구의 정당성

교육에 대한 근본적인 관점을 바라보는 우리의 관점은 종종 내용과 과정 사이를 왔다 갔다 하는 것처럼 보인다. 이러한 관점 사이에서 조화롭고 생산적인 균형 감각을 유지하는 것은 어려운 일이며, 교육의 내용과 과정 모두 인간의 발달, 심지어 생존에서도 핵심적인 것으로 인식해야 한다. 이 책에 실린 논문들은 삶과 일 속에서의 창의성의 중요성을 역설하고 사회가 창의적인 사람을 간과해서는 안 된다고 역설함으로써 우리의 영감을 자극하고 문제의식을 심어 주고 있다. Taylor와 Sacks(1981)의 논문은 사람, 조직, 사회 그리고 세계를 위해 자신들의 전 생애에 걸쳐 창의성의 가치를 집중 조명한 것이다. 1984년에 Taylor는 자신의 논문에서 이 주장을 더욱 강조하였다. 이러한 논문은 인간의 건강과 생명을 유지시키는 에너지원에, 그리고 변화에 대응하는 능력과 미래를 준비하는 능력에도 창의성이 중요한 공헌을 한다고 주장하였다. Schack(1993)는 영재로 판별되지 않았을지라도 다양한 수준의 학생이 창의성으로 이득을 얻을 수 있음을 인식함으로써 교육에서

창의성과 영재성

창의성의 가치를 더욱 증진시켰다. 이런 점은 Gordon과 Poze(1980)의 초기 논문에도 분명하게 나타나 있다. 이들은 다양한 수준의 학생에게 SES 창조공학(synectics)을 가르치고 이를 적용할 기회를 제공한 후 이 학생이 어떤 이득을 얻었는지를 보여 주었다.

세상의 변화는 선택이 아니다. 오늘날의 아동은 지금 살아가고 있고 미래에는 성인으로 살아갈 것이며 일을 할 것이다. 이 점은 확실하다. 창의성의 정당성을 다룬 논문의 저자들은 확신을 갖고 변화하는 상황 속에서 건강과 성공을 위해 창의성이 매우 중요하다고 분명하게 말하고 있다.

창의성의 측정

교육계에서든 다른 분야에서든 창의성의 전문가라면 전화나 편지 혹은 이메일로 '창의성을 측정하려면 어떤 검사를 사용하면 될까요?'라는 질문을 자주 들었을 것이다. 흔히 이 질문을 하는 사람은 단 하나의 창의성 점수로 객관적이고 명확하게 규격화된(그리고 저렴한) 단일한 측정치를 기대할 것이다. Khatena(1982), Torrance(1980, 1981, 1984)부터 Hunsaker와 Callahan(1995)의 논문에 이르기까지 이 일련의 논문들은 창의성의 측정에 관한 문제들을 다루고 있다. 이들은 창의성을 측정할 수 있다고 확신하였다. 그러나 동시에 창의성 측정 분야에는 측정에 대한 신화, 오해, 남용이 오랫동안 지속되었으며, 이러한 문제는 오늘날에도 여전히 범람하고 있다고 하였다. 교묘한 창의성 점수(creativity number)를 찾는 것을 넘어서 저자들은 다음과 같은 몇 가지 중요한 원칙을 강조하였다.

• 풍부하고 다양한 형태로 표현되는 창의성을 측정하기 위해서는 다양한 자료를 이용해야 한다(그리고 우리가 사용하는 자료는 창의성의 정의와 우리의 지식에 비추어 보아 논리적이고 신뢰할 만한 것이어야 한다.).

- 확산적 사고는 측정 가능한 반면에 고려해야 할 많은 변인들이 있다. 우리의 노력에 따라 확산적 사고에 대한 중요하고도 유용한 정보가 발견될 수 있으며, 확산적 사고의 역할과 본질에 대한 이해의 폭을 지속적으로 넓혀 가야 한다.
- 우리가 아동의 창의성을 알아보려면, 창의적인 행동이 일어날 수 있는 기회를 아동에게 제공해야 한다.
- 단일한 점수로 표현할 수 있는 창의성에 관한 포괄적인 단 하나의 측정치를 기대하는 것은 부적절하다.

창의성의 계발

교수, 학습, 개인적 성장과 발달을 위해 창의성과 영재성은 무엇을 시사하는가? 계획적인 개입을 통해 창의성과 영재성이 계발될 수 있을까?[4] 어떤 요인을 통해 이러한 노력이 결실을 맺을 수 있을까?

20년 전에 관련 논문에서 연구자가 제안한 관점은 오늘날까지 교육의 실제와 연구 분야에서 지속되는 핵심 쟁점들을 설명하였다. Torrance (1980, 1981)의 논문부터 Sternberg와 Lubart(1993)의 논문에 이르기까지 연구자들은 창의성을 북돋아 주는 문화와 풍토를 강조하였다. 창의성을 위한 풍토에 관한 오늘날의 연구들(예, Ekvall, 1997; Isaksen, Lauer, & Ekvall, 1999; Isaksen, Lauer, Ekvall, & Britz, 2001)도 지속되어 온 쟁점의 중요성을 강조하고 있으며 창의성을 북돋아 주는(혹은 저해하는) 풍토를 조작적으로 연구하고 설명하고 있다. 오늘날의 관련 논문들은 문화나 조직 내에서의 창의적인 풍토를 중시할 뿐만 아니라, 창의성이 문화 혹은 지역에 상관없이 거의 보편적인 관심사임을 상기시키면서 비교문화적 관점에서 창의성의 본질을 이해

---

4) 역자 주: 창의성 배양(육성)을 위한 교육의 전제는 교육, 노력, 연습, 동기, 기법을 통해서 창의성이 길러질 수 있다는 것이다.

창의성과 영재성

하고 계발할 필요가 있음을 강조한다.

관련 논문들을 검토해 보면, 연구자가 아동의 창의성을 계발하기 위해 계획적인 노력을 기울여 왔음을 알 수 있다. 창의성 연구자들은 공통적으로 이를 낙관하고 있으며, 40년 전에 Osborn(1963, p. xxi)이 "교육에 창의적 흐름을 만드는 것"이라고 표현했던 그 목표를 공유하고 있다. 창의성에 관심을 기울인 초기 연구에서는 훈련과 교육을 통한 창의성의 계발이 가능한가의 여부에 대한 주목할 만한 논의가 있었다. 많은 연구자들의 노력과 성과에 힘입어 이제 우리는 창의성 계발을 위한 계획적인 노력이 가능하다고 확신할 수 있다(예, Torrance, 1987; Aleinikov, 2002). 이제 이런 식의 연구는 '누구에게 어떤 조건에서 무엇이 최선인가?'라고 질문하는 단계까지 발전해 왔다. 이런 종류의 논문들을 검토해 보면 오늘날 우리들이 탐색해야 할 질문거리들을 발견할 수 있다. 예컨대, Torrance는 좋은 교수법의 핵심으로 창의성을 논하였고, Davis(1981)는 '개인적인 창의적 기법', 목표의 내면화, 창의적 사고를 위한 교수활동에 대해 연구하였으며, Delcourt(1993)는 좀 더 강력한 방식으로 프로그램과 선발과정을 연계해야 한다고 주장하였다. Treffinger (1986)는 자신의 논문에서 교육 기회와 많은 쟁점들을 교육 장면에서 활용할 수 있는 체계적인 창의성 계발을 위한 교수활동과 연관 짓는 시도를 하였다. 이런 쟁점들의 상당 부분은 지금도 진행 중인 창의성 연구의 발전에 큰 영향을 주고 있다. Schack(1993)의 논문은 창의성과 문제해결력 계발 프로그램의 효과 및 영향력을 입증하고 평가하는 연구의 중요성을 보여 준 사례다. Gordon과 Poze(1980)는 모든 학생에게 창의적 방법과 사고를 가르치는 것이 얼마나 가치 있고 효과적인지를 보여 주었다. Gordon과 Poze는 학생의 능력에 따라 창의성 계발 훈련을 통하여 다른 이득을 얻고 다른 방식으로 학습한다고 해도 중간 수준과 우수한 수준의 학생에게는 창의성 계발 훈련이 효과적임을 입증하였다. 이러한 초기 논문은 오늘날에 와서 학생의 수준에 따라 훈련을 차별화하는 작업으로 이어졌으며, 차별화할 때 교육내용 또는 교육과정이 아닌 과정을 고려해야 하고, 내용과 과정의 상호작용뿐만 아니라 학습자의 특성도 고려해야 한다고 역설하고 있다. 멘터링(mentoring)과 자기 주도적 학습능력을 길러 주는 것이 중요하다고 주장한 Torrance의 논문은 오늘날의 연구자에게나 개인상담소를 운영하는 사람에게 좋은 밑거름이 되었다(예, McCluskey & Mays, 2003; Treffinger, 2003). 학생의 창의성을 발견하고 측정하고 계발하는 일은 영재교육 분야에서 중요한 주제로 지속적으로 활발하게 연구되고 있으며, 이 책에 수록된 논문들은 창의성 연구가 역동적으로 발전하는 데 좋은 밑거름이 되고 있다.

🖎 참고문헌

Aleinikov, A. G. (Ed.) (2002). *The future of creativity: The University of Georgia Dr. E. Paul Torrance Annual Lectures on Creativity*. Athens, GA: Torrance Center, University of Georgia.

Davis. G. A. (1981). Personal creative thinking techniques. *Gifted Child Quarterly, 25*(3), 99-101. **[See Vol. 10, p. 51.]**

Davis, G. A. (1989). Objectives and activities for teaching creative thinking. *Gifted Child Quarterly, 33*(2), 81-84. **[See Vol. 10, p. 97.]**

Delcourt, M. A. B. (1993). Creative productivity among secondary school students: Combining energy, interest, and imagination. *Gifted Child Quarterly, 37*(1), 23-31. **[See Vol. 10 p. 105.]**

Ekvall, G. (1997). Organizational conditions and levels of creativity. *Creativity and Innovation Management, 6*, 195-205.

Gordon, W. J. J., & Poze, T. (1980). SES Synectics and gifted education today. *Gifted Child Quarterly, 24*(4), 147-151. **[See Vol. 10, p. 1.]**

Gowan, J. C. (1980). The use of developmental stage theory in helping gifted children become creative. *Gifted Child Quarterly, 24*(1), 22-27. **[See Vol. 10, p. 21.]**

Guilford, J. P. (1950). Creativity. *American Psychologist, 5*, 444-454.

Guilford, J. P. (1959). Three faces of intellect. *American Psychologist, 14*, 469-

창의성과 영재성

479.

Guilford, J. P. (1967). *The nature of human intelligence.* New York: McGraw-Hill.

Guilford, J. P. (1977). *Way beyond the IQ.* Buffalo, NY; Bearly Limited.

Hunsaker, S. L., & Callahan, C. M. (1995). Creativity and giftedness: Published instrument uses and abuses. *Gifted Child Quarterly, 39*(2), 110-114. **[See Vol. 10, p. 175.]**

Isaksen, S. G., & Dorval, K. B. (1993). Toward an improved understanding of creativity within people: The level-style distinction. In S. G. Isaksen, M. C. Murdock, R. L. Firestien, & D. J. Treffinger (Eds.), *Understanding and recognizing creativity: The emergence of a discipline.* Norwood, NJ: Ablex.

Isaksen, S. G., Lauer, K. J., & Ekvall, G. (1999). Situational Outlook Questionnaire: A measure of the climate for creativity and change. *Psychological Reports, 85,* 665-674.

Isaksen, S. G., Lauer, K. J., Ekvall, G., & Britz, A. (2001). Perceptions of the best and worst climates for creativity: Preliminary validation evidence for the Situational Outlook Questionnaire. *Creativity Research Journal,* (13), 171-184.

Khatena, J, (1982). Myth: Creativity is too difficult to measure. *Gifted Child Quarterly, 26*(1), 21-23. [See Vol. 10, p. 63.]

Kirton, M. J. (1999). *Kirton Adaption-Innovation Inventory manual* (3rd Ed.). Berkhamsted, UK: Occupational Research Centre.

Marland, S. P. (1972). *Education of the gifted and talented: Report to the Congress of the United States by the U. S. Commissioner of Education.* Washington, DC: U. S. Government Printing Office.

McCluskey, K. W., & Mays, A. M. (Eds.). (2003). *Mentoring for talent development.* Sioux Falls, SD: Reclaiming Youth International.

Osborn, A. F. (1953, 1963). *Applied imagination.* New York: Scribners.

Parnes, S. J. (1967). *Creative behavior guidebook.* New York: Scribners.

Runco, M. A. (1993). Divergent thinking, creativity, and giftedness. *Gifted Child Quarterly, 37*(1), 16-22. **[See Vol. 10, p. 159.]**

Schack, G. D. (1993). Effects of a creative problem-solving curriculum on students of varying ability levels. *Gifted Child Quarterly, 37*(1), 32-38. **[See Vol. 10, p. 125]**

Selby, E. C., Treffinger, D. J., Isaksen, S. G., & Lauer, K. J. (in press). Defining and assessing problem-solving style: Design and development of a new tool. *Journal of Creative Behavior.*

Sternberg, R. J., & Lubart, T. I. (1993). Creative giftedness: A multivariate investment approach. *Gifted Child Quarterly, 37*(1), 7-15. **[See Vol. 10, p. 141.]**

Taylor, C. W. (1984). Developing creative excellence in students: The neglected history-making ingredient which would keep our nation from being at risk. *Gifted Child Quarterly, 28*(3), 106-109. **[See Vol. 10, p. 69.]**

Taylor, C. W., & Sacks, D. (1981). Facilitating lifetime creative processes-a think piece. *Gifted Child Quarterly, 25*(3), 116-118. **[See Vol. 10, p. 57]**

Torrance, E. P. (1980). Lessons about giftedness and creativity from a nation of 115 million overachievers. *Gifted Child Quarterly, 24*(1), 10-14. **[See Vol. 10, p. 11.]**

Torrance, E. P. (1981). Predicting the creativity of elementary school children (1958-80)-and the teacher who "made a difference." *Gifted Child Quarterly, 25*(2), 55-62. **[See Vol. 10, p. 35.]**

Torrance, E. P. (1984). The role of creativity in identification of the gifted and talented. *Gifted Child Quarterly, 28*(4), 153-156. **[See Vol. 10, p. 79.]**

Torrance, E. P. (1987). Recent trends in teaching children and adults to think creatively. In: S. G. Isaksen, (Ed.), *Frontiers of creativity research: Beyond the basics* (pp. 204-215). Buffalo, NY: Bearly Limited.

Treffinger, D. J. (1986). Research on creativity. *Gifted Child Quarterly, 30*(1), 15-19. **[See Vol. 10, p. 87.]**

Treffinger, D. J. (2003). *Fostering self-directed learning: 2003 update.* Sarasota, FL: Center for Creative Learning. PDF file available from www.creative-learning.com.

Treffinger, D. J., & Selby., E. C. (2003, in press). Giftedness, creativity, and learning style. In: R. Dunn (Ed.). *Synthesis of research on the Dunn and Dunn approach to learning style*. Jamaica, NY: St. John's University.

Treffinger, D. J., Young, G. C., Selby, E. C., & Shepardson, C. A. (2002). *Assessing creativity. A guide for educators. (RM02170)*. Storrs, CT: The National Research Center on the Gifted and Talented.

01

SES 창의공학(synectics)과
오늘날의 영재교육[1]

W. J. J. Gordon
T. Poze

유치원부터 대학에 이르기까지 대부분의 교실에서는 학습 속도가 다양한 학생이 뒤섞여 공부한다. 어떤 학생은 여러 가지 이유로 성취 수준이 낮다. 일반 학생은 하위권 학생과 동일한 욕구를 갖고 있지만 더 잘 배운다. 반면 소수의 영재학생은 어떤 내용이든 학습에 어려움을 느끼지 않는다.

교사는 빠른 학습자가 지루함을 느끼지 않게, 학습부진 학생은 헤매지 않도록 고려하면서 모든 수준의 학생을 가르쳐야만 한다. 그러나 이런 교수법에 적합한 전략을 논의하기 전에 학습이 무엇이고, 다양한 수준의 학생이 무엇을 할 수 있고 무엇을 할 수 없는지를 살펴보자.

학습은 초점 맞추기, 연관짓기, 적용하기의 조합이다. 학생은 배우기 위해 중요한 것에 초점을 맞추고, 머릿속에 집어넣으며, 이해한 것을 표현하

1) 편저자 주: Gordon, W. J. J., & Poze, T. (1980). SES synectics and gifted education today. *Gifted Child Quarterly, 24*(4), 147-151. © 1980 National Association for Gifted Children. 필자 승인 후 재인쇄.

고, 때로는 배운 것을 창의적으로 응용함으로써 교과에 반응해야만 한다. 학생이 이미 알고 있는 내용에 배워야 할 내용을 연관 지을 때 효율적인 내재화(internalization)가 일어난다. 학습의 기본 도구는 새로운 것과 친숙한 것을 연결하는 유추(analogy)다. 유추는 학생이 이미 경험한 사실이나 느낌을 지금 배우고 있는 사실과 연관 지을 수 있도록 한다. 전통적으로 좋은 교수법은 학생이 내용을 시각화할 수 있도록 은유와 유추를 적절히 사용하는데, 예를 들어 전기를 수도관을 따라 흐르는 물에 비유하는 것이다. 그러나 연관 짓는 기술을 발달시켜 주는 SES 창의공학(synectics) 절차는 교사가 비교할 만한 것의 제시를 넘어서 학생 스스로 은유와 유추를 이끌어 내도록 유도한다. 따라서 교사의 도움을 받아 은유적으로 연관 짓는 것과 달리, 학생은 자신의 것을 만들어 내는 기술을 개발함으로써 학습 방법을 깨닫는다(Gordon, 1961).

초점을 맞추는 것이나 연관 짓는 것 중 어느 것이라도 문제가 발생하면 학습이 차단되고, 학습부진 학생은 이러한 장애물 때문에 고통을 겪는다. 일반 학생은 어떤 때는 내용의 중요한 요소에 초점을 맞출 수 있으나 어떤 때는 그렇게 하지 못한다. 그러므로 이들의 학습은 우발적이며 일관성이 없다. 영재학생은 속진학습자이며, 신뢰할 수 있는 학습자다. 학습부진 학생을 위한 초점 맞추기, 유추(연관짓기)와 같은 명시적인(explicit) 기술은 학습할 수 있는 것과 없는 것의 차이를 만든다. 일반 학생에게 동일한 기술은 학습의 일관성을 높여 준다. 그 이유는 일반 학생이 이 기술을 우발적으로 사용하는 것이 아니라 목적적으로 사용하기 때문이다. 영재학생에게 이 기술을 가르치면 놀라운 효과가 나타난다. 그렇다면 이 기술은 영재학생에게 어떤 학습을 하도록 하는가?

비록 영재학생은 속진학습자이지만 이들은 연관 짓는 것을 의식적 수준보다는 역치 이하(subliminal) 수준에서 사용한다. 우수한 학생은 자신의 초점과 유추적으로 연관 짓는 것이 명확할 때 이 기술을 창의성 확장을 위한 토대로 사용한다. 우수한 학생일지라도 사고과정이 암묵적이고 연관성을 인식하지 못한다면 이 기술을 창의적 확장에 사용할 수 없다. 그 이유는 우수한 학생이라도 초점과 유추를 의식적으로 조작할 수 없기 때문이다.

영재학생은 명시적인 도구를 사용할 때 창의적으로 생각할 수 있다. 연관 짓기가 역치 이하에서 이루어질 때는 창의적으로 생각할 수 없다. 그 이유는 이들의 암묵적인 유추 과정이 역치 이하 수준에서 이루어져 유추 과정을 의식할 수 없기 때문이다. 유추 과정이 의식적·명시적으로 작동할 때 유추는 창의적인 방식으로 작동하는 목적에 맞는 의식적인 요소가 된다. 이런 사고는 고루하고 낡은 것을 대신할 수 있는 새로운 아이디어의 생성을 촉진한다. 물론 일반 학생과 학습부진 학생도 이해의 메커니즘인 유추가 표현의 메커니즘과 같은 것이기 때문에 이해와 표현의 영역에서 창의성을 발휘할 수 있다. 학생은 특정 내용을 이해하고 내면화시키는 데 사용되는 동일한 유추를 자신의 용어로 이해한 것을 표현할 때도 사용할 수 있다(Gordon & Poze, 1974). 이러한 기량들을 광범위한 학습능력에 적용할 수 있다는 사실은 교사가 단 하나의 수업전략으로 다양한 교수목표를 달성할 수 있음을 의미한다. 그러므로 영재학생이 창의적인 유창성을 획득하는 동안 다른 학생은 학습의 효율성을 향상시킬 수 있다.

연구 사례사

헤럴드 포스터(Harold Foster)라는 교사의 편지가 SES 연구실에 도착했을 때 연구자들은 자연스럽게 이러한 기법들의 구성적(constructive) 잠재력을 생각하게 되었다. 다양한 수준에서 생물학을 가르쳐 온 포스터 선생님은 학생들이 학습내용을 언제 깊이 이해하고 언제 그렇지 못한지를 잘 알고 있는 경험 많은 교육자였다.

나의 학급은 전형적으로 다양한 학생으로 구성되어 있다. 뇌손상이 없는 학습부진아도 몇몇 있으나 평균적인 중간층이 가장 두텁다. 중간층은 어떤 때는 학습부진아처럼 부진하고 어떤 때는 정말로 똑똑한 학생을 따라잡는다. 물론 말 그대로 영재라고 불리는 선두 집단도 있다. 학습부진아들은 단순히 개념 파악이 어려운 것처럼 보이지는 않는다. 일반 학생은 학습에 일관성이 없다. 영재학생은 공부를 하기만 하면 일관성 있게 성적이 잘 나온다. 영재학생은 학습내용을 잘 요약하고 놀라울 정도로 세세한 부분까지 암기할 수 있지만 교재를 넘어서지는 못하는 것 같다.

내가 가르치는 학생 중 일관성 있게 초점을 잘 맞추는 학생은 한 사람도 없다고 말하는 것이 좋을 것 같다. 내가 말하는 초점 맞추기는 세세한 것들에 대한 단순한 이해와 다르다. 초점을 맞추는 것은 중요한 것의 핵심을 찾아내는 것이다. 그런데 상위권 학생조차도 초점을 잘 맞추지 못한다. 상위권 학생은 이런 약점을 우수한 기억력으로 보상한다. 그러나 여러분에게 솔직히 말한다면, 나는 학생에게 "다음 내용 중에서 가장 중요한 것이 무엇인지 찾아내고 그 문장들에 밑줄을 그어라." 라고 말하는 것을 제외하고는 초점 맞추기를 어떻게 가르쳐야 할지 잘 모르겠다. 초점 맞추기가 중요한 것과 그렇지 않은 것을 구분하는 방법을 가르치는 것이라면, SES 기법은 나에게도 도움이 될 것 같다.

포스터 선생님은 나중에 SES 케임브리지 연구소를 방문하여 학생이 정확하게 어떤 문제를 어려워하는지 좀 더 상세하게 설명하였다. 그는 자신이 가르친 공생(symbiosis)이라는 단원을 예로 들었다. 그는 생물 교과서에서 적절한 장(chapter)을 학생에게 할당하고 학습할 곳의 내용을 개괄적으로 설명한 다음에 문제를 내준다고 말하였다. 그가 연구진에게 보여 준 요약문은 다음과 같다.

공생: 두 개의 서로 다른 유기체가 상호 간의 이익을 위해 연합하는 것이다. 예를 들어, 지의류는 곰팡이와 조류(藻類, alga)로 구성되어 있다. 곰팡이는 조류에게 말라 버리지 않을 정도의 충분한 습기와 구조물을 제공한다. 조류는 곰팡이에게 먹이가 되는 탄수화물을 생산한다. 지의류가 흔히 발견되고

생태학적으로 중요한 북극의 기후 조건에서는 조류와 곰팡이 모두 독립적으로 살아갈 수 없다. 이 둘을 따로 떼어 놓으면 급격히 약해진다. 조류는 말라 버리고 어디론가 떠내려갈 것이며 곰팡이는 굶어 죽을 것이다.

학생에게 문제를 내주고 이들의 반응을 읽어 보면 학생이 가진 학습의 문제점이 드러난다. 학습부진 학생은 기껏해야 동거하는 두 개의 식물에 대해 쓴다. 일반 학생은 약간 더 썼는데, 곰팡이와 조류가 공생하는 지의류처럼 공생관계 속에서 유기체가 서로 돕는다는 사실을 알고 있었다. 영재학생은 요약문의 세세한 부분까지 전체적으로 잘 회상하였지만 정확하게 핵심을 찾아내지는 못하였다. 더욱이 상위권 학생의 답안은 매우 비슷했고 교과서에 가까웠다. 그래서 포스터 선생님은 이들이 유용한 방식으로 그 내용을 소화했는지 질문해 보았다.

그밖에도 창의적인 답은 없었다. 포스터 선생님은 영재학생이 지루함을 날려 버릴 수 있는 답을 할 것으로 기대하였으나 그런 대답은 하나도 없었다. 이들은 내용이 약간 부담스러우면 금방 지루해하고 좌절하였다. 이 말은 이들이 재능을 잃어버렸다는 것이 아니다. 포스터 선생님은 영재학생도 지적으로 뒤처져 있지만 정서적 · 신체적으로 동일한 연령의 다른 학생과 같은 교실에서 배워야 할 필요가 있다고 확신하였다. 즉, 포스터 선생님은 창의적 확장과 심화활동을 정규수업의 일부분으로 수행하는 것이 매우 중요하다고 생각하였다.

포스터 선생님은 SES 연구소를 방문하여 연구진과 토론하면서 자신의 상황에 도움이 될 만한 연구의 시사점을 발견하였다. 연구진은 포스터 선생님에게 학습부진 학생이 애쓴 보람도 없이 공부를 못하는 것이 초점 맞추기와 연관짓기와 관련이 있음을 입증한 1975년의 SES 주제 I이라는 프로그램을 보여 주었다. 이 프로그램에서 연구대상 학생은 목적에 맞게 연관 짓는 간단한 기술을 성공적으로 배울 수 있었다. 이 학생은 30시간 동안 우연한 연관성이 아닌 명백한 연관성을 찾는 훈련을 받았다(Gordon & Poze, 1979). 같은 방식으로 같은 기술을 가르친 결과, 우연히 혹은 무의식적으로 연관을 짓기 보다는 목적에 맞게 연관 지을 수 있었기 때문에 일반 학생의 학습에 일관성 이 증가하였다.

그 후 포스터 선생님은 SES 워크숍에 참석하였고 배운 것을 교실에서 활 용하기 위해 SES 연구진과 만나 조언을 들었다. 그는 초점 맞추는 기술을 위 해 학습내용에 숨어 있는 역설적 측면을 발견하기 시작했고 학급 전체에 이 것을 설명했다. 모든 개념의 핵심에는 항상 패러독스가 들어 있다. 예를 들 어, 자연선택의 개념에는 유전적 결함이 적자생존의 토대라는 패러독스가 포함되어 있다. 면역의 개념에는 안전한 공격(즉, 작은 질병은 흔한 공격이다.) 이라는 역설적 개념이 포함되어 있다(Gordon & Poze, 1980).

포스터 선생님은 워크숍에서 배웠던 것을 교실에서 적용하기 위해 완성 된 교수법을 개발하였다. 첫째, 공생의 내용에 핵심적인 패러독스를 찾아야 한다. 그 다음 학생에게 친숙한 패러독스의 예를 들려 주고 배운 것에 어떻 게 적용하는지 그 결과를 관찰한다. 마지막으로, 모든 학생에게 유사한 패 러독스를 찾아보고 적절한 연관성을 알아보라고 주문하지만 영재학생에게 는 창의적인 사고의 기회가 되어야 한다. 학습부진 학생에게 이 활동은 내면 화의 부가적인 기회가 될 것이다.

포스터 선생님은 학교로 돌아와서 학생에게 패러독스(역설)의 개념을 설 명하면서 자연선택과 면역의 예를 들려 주고 핵심적인 패러독스라는 개념 을 토론하였다. 그 다음 공생에 대한 검토를 위해 모든 학생은 자신이 만든 패러독스를 기록하고 설명하였다. 다음에 소개한 세 가지 예는 속진학습자 에게서 나온 패러독스다.

> **이중 약점은 강점이 된다.** 곰팡이와 조류 모두 그 자체만으로는 약하지만 함께 살아감(공생함)으로써 다이너마이트와 같은 존재가 되었다.
> **조합하여 강한 힘을 갖기 위해서는 양쪽의 결함이 있어야 한다.** 만일 곰팡이와 조류 각자가 특수한 약점을 갖고 있지 않았다면 이 둘은 강한 힘을 갖기 위해 결합하지 않았을 것이다.

창의성과 영재성

둘의 약점은 하나의 힘이 된다. 곰팡이와 조류를 따로 떼어 놓으면 약하지만 이들의 약점은 서로를 위해 필요한 것이다. 각자의 약점 때문에 이들은 하나의 강한 유기체가 된 것이다.

다음은 하위권 학생이 만든 것이다. 이것은 흥미로운 패러독스를 촉발시킬 것이다. 그러나 이들의 아이디어가 구체적이지 않고 모호하다는 점을 주목해야 한다.

두 개의 오류는 하나의 진실을 만든다. 곰팡이와 조류라는 두 개의 잘못된 유기체가 만나서 하나의 올바른 유기체가 되었다.
두 개의 강한 약점. 각자에게 약점이 많을수록 이 둘이 만났을 때 그 결과는 더 강해진다.

학습부진 학생이 패러독스를 찾는 데는 시간이 더 많이 걸렸고, 이들의 패러독스 진술문은 다른 학생처럼 정교하지 않았다. 그러나 이들이 이렇게 했다는 것 자체가 포스터 선생님에게는 놀라운 일이었다. 학습부진 학생은 선생님에게 "패러독스가 어떻게 작동하는지 이해하고 나니, 예전에는 책에서 의미가 걸어 나오는 것으로 생각했는데 이제는 책을 읽으면서 무엇을 사냥할 것인가 생각하게 되었다."라고 말했다.
그 다음 학생은 자신이 적어 내려간 패러독스 중에서 선택해야 한다. 학생은 가장 구체적이라는 이유로 '조합해서 강한 힘을 갖기 위해서는 양쪽에 약점이 있어야 한다'는 문장을 선택하는 데 합의하였다. 일주일 후에 SES 기법 외에도 포스터 선생님은 학생에게 또 다른 문제를 내주었다. 그 문제는 공생의 핵심을 자신의 언어로 적어 보라는 것이었다. 학습부진 학생은 이전에는 공생 개념의 핵심을 찾지 못하였다. 그러나 이제 이들 모두가 공생에 내포된 패러독스를 진술할 수 있게 되었다. 그러나 처음에 만들었던 독창적이고 추상적인 패러독스를 넘어서지 못하였다. 일반 학생은 패러독스를 정확하게 진술하는 경향이 있었고 그 다음에 몇 개는 이를 확장한 것이었다.

영재학생은 패러독스를 축어적(verbatim)으로 진술하고 그 안에 들어 있는 요소들을 회상하여 확장하고 이를 패러독스 형태로 통합하였다.

패러독스 기법 덕분에 학생은 학습내용의 핵심에 초점을 맞추는 것이 가능해졌다. 이제 이들은 경험의 어떤 측면과 학습내용을 연관 지어야 한다. SES 워크숍에서 포스터 선생님은 패러독스에 유추를 적용함으로써 이 목적을 달성하는 기법을 습득하였다. 포스터 선생님은 공생과 지의류의 내용(lichen content)을 가지고 이 일을 계속하였다. 그는 모든 학생에게 친숙하고 간단하면서도 기계적인 것을 찾아보라고 하였다. 그의 학교는 뉴햄프셔의 화이트 마운틴에 있었다. 교실에서는 워싱턴 산을 오르내리는 통나무 기찻길이 보였다. 이 기계를 가지고 연습하는 것은 어떨까? 분명히 학생들이 학교에 오는 동안 이 기찻길을 보았을 것이다. 어떤 장치가 기차를 산 위로 끌어올렸다. 학생들은 엔진으로 움직이는 기차 바퀴가 V자로 패인 철목에 정확하게 들어맞는 것을 보았을 것이다.

포스터 선생님은 학생 스스로 연관 지어 보기를 원했기 때문에 이 기찻길과 지의류의 유사점을 설명하지 않고 자신이 생각한 유추를 제시하기만 하였다. 그는 간단하게 "공생하는 지의류의 쌍방은 결합되어 강해지기 위해 결점을 갖고 있어야 한다. 등굣길에 보았던 워싱턴 산의 통나무 기찻길과 지의류는 어떤 점이 유사한가?"라고 질문하였다. 다음은 학생이 답한 내용들이다.

기관차는 뒤로 미끄러지지 않고 경사를 올라가야 할 필요가 있고, 선로는 미끄러짐을 방지하는 기반으로 그 요구를 충족시켜 준다. 곰팡이도 조류의 탄수화물 없이는 죽음으로 미끄러져 내려갈 것이고 조류도 곰팡이의 구조물과 수분 없이는 날아가 버릴 것이다.
기관차의 바퀴 구동(drive-wheel)에서 톱니바퀴의 이도 수레바퀴의 가장자리 작은 날로 만들어졌기에 약한 것이다. 그리고 철도 선로는 올라가는 동안 일정한 간격으로 그것(톱니바퀴의 이)을 물어뜯는다. 그러나 그들은 함께 효과적인 시스템을 만든다. 곰팡이와 조류의 약점 결합 역시 지의류의 실용적인 시스템을 만든 것이다.

이 단계에서, 학습부진 학생과 우수한 학생에게서 나온 반응은 크게 다르지 않았다. 특히 각각의 학생이 자기 고유의 유추를 만들어야 하는 그 다음 단계에서 학생의 반응에는 큰 차이가 없었다. 그 이유는 연결이 매우 단순할지라도 연결된 유추가 표현의 명확성과 정교성을 높여 주기 때문이다. 모든 학생의 반응에는 학습내용에 대한 진실한 이해가 반영되어 있었다. 학습부진 학생은 일반 학생처럼 철목과 기찻길을 지의류와 연결시킴으로써 좀 더 명확하게 이해할 수 있었고 또 새롭게 이해한 것도 있었다. 영재학생은 세부사항을 회상하기 위해 조직적으로 연관 지었고 새로운 재치를 발휘하였다.

포스터 선생님은 학습부진 학생과 일반 학생의 발전을 매우 기뻐하였다. 사실상 이들은 선생님이 제시했던 학습목표에 도달하였다. 상위권 학생은 철목과 기찻길의 예를 개념적 조작자로 훌륭하게 사용하였다. 그러나 이들은 아직 자신의 유추를 만들어 내지 않았기 때문에 창의적인 수준은 아니다. 포스터 선생님은 학급의 다른 학생으로부터 영재학생을 분리하기를 원치 않았기 때문에 SES 방식을 따랐다. 그는 전체 학생에게 5분의 시간을 주고 자신이 갖고 있는 친숙한 경험 속에서 공생을 주제로 한 패러독스와 유사한 예를 생각해 보고 적어 보라고 하였다.

학습의 스펙트럼상 학생의 위치에 따라 자신만의 유추를 만들어 낼 때 다양한 결과가 나왔다. 학습부진 학생에게 공생을 유추와 연관 짓는 것은 학습내용을 복습하는 효과가 있었고, 이런 활동은 이들에게 자신의 세계에 학습내용을 적용할 수 있다는 자신감과 자립심을 심어 주었다. 다음에 예시하는 두 반응은 학습부진 학생의 전형적인 반응으로써 이들도 공생의 개념을 잘 이해하고 있음을 보여 준다.

이것은 사냥개와 사람의 관계와 같다. 개는 사냥감을 물어 와 주인을 돕고 사람은 개에게 집을 제공한다. 개는 조류와 같고 사람은 곰팡이와 같다.
차의 시동 장치는 출발하기 위해 배터리를 필요로 하고 곰팡이는 조류를 필요로 한다. 그리고 배터리는 차가 달리는 동안 충전시키기 위해서는 시동장치가 필요하고 조류는 곰팡이가 제공하는 습기를 필요로 한다.

영재학생은 학습한 내용의 내면화를 넘어서는 연관성을 발견하였다. 이들은 과학적이고 시적인 사고의 차원에서 학습한 내용을 창의적으로 확장시켜 반응하였다. 여기에 영재학생의 전형적인 반응이 제시되어 있다.

나는 봉건제도에서 성주와 농노의 관계가 곰팡이와 조류의 관계와 같다고 생각한다. 평화로울 때 성주는 충분한 힘을 갖고 있으나 전쟁이 일어나면 성주는 자신의 군대를 위해 농노를 필요로 하고, 농노들은 적군의 농노로부터 보호 받기 위해 성주와 성주의 기사들을 필요로 한다. 농노가 안전을 위해 성주의 성에 의존하고 있듯이 조류도 곰팡이의 구조물을 필요로 한다. 성주가 농노들이 생산하는 식량을 필요로 하듯이 곰팡이도 조류가 제공하는 탄수화물을 필요로 한다. 성주와 농노는 서로 필요로 하는 것이 있을지라도 최종적으로는 성주가 우두머리다. 나는 지의류에서 어느 것이 우두머리인지 궁금하다. 조류인가? 곰팡이인가? 어느 쪽이 도움을 더 필요로 하는가? 그리고 이들은 처음에 어떻게 함께 살기 시작했을까? 혹은 이들은 함께 살도록 태어난 것일까? 아니면 어느 한 쪽이 외로운 연인처럼 다른 한 쪽을 발견한 것일까?(Gordon, 1980)

독자도 영재학생이 유추를 어떻게 구체적으로 확장하고, 심오한 질문을 하며 시적인 표현을 사용하는지 발견할 수 있을 것이다.

포스터 선생님이 SES 워크숍에서 배운 창의적 확장의 또 다른 형태는 개인적인 유추다. 개인적 유추는 그 밖의 어떤 것을 상상하는 과정이다. 이것은 개인적 유추를 압축한 것이다. 공감적 학습에 토대를 둔 개인적 유추는 모든 학생의 분명한 이해와 표현을 돕는 비교적 원시적인 기술이며 여기에는 단순한 감정이 내포되어 있다. 반면에 영재학생은 과학적인 사고에서 창의적인 작문까지 상상력을 발휘하기 위해 개인적인 유추를 사용한다(Gordon & Poze, 1968). 예컨대, '결합해서 강인한 힘을 갖기 위해서는 양쪽

모두에게 결함이 있어야 한다'는 공생의 패러독스에 포스터 선생님의 영재
학생이 반응한 개인적 유추의 예를 보면 다음과 같다.

> 나는 지의류 중에서 팔팔한 조류다. 나는 곰팡이에 의존하는 그런 존재가 되
> 기는 싫다. 나는 내 방식대로 스스로 살아갈 수 있기를 바란다. 그러나 그렇
> 게 할 수 있을까? 분명히 똑똑한 척하는 곰팡이가 무엇인가를 생각하기 시작
> 할 것이다. 내가 원하든 원하지 않든 간에 뛰어다닐 준비를 하고 있는 것이
> 좋겠다. 나는 뛰어다니고 싶다. 내가 한자리에 머물러 있고 곰팡이가 죽는다
> 면 어떻게 해야 할까? 나는 정말로 곰팡이를 찾아 뛰어다녀야 할 것이다. 내
> 가 살아 있는 곰팡이를 만날 수 있을까? 아니면 곰팡이가 나를 찾을까? 나는
> 곰팡이와 조류 중 어느 한쪽이 씨앗을 갖고 있어야 한다고 생각한다. 결합된
> 씨앗과 같은 것이 있을까? 이것이 썩 좋은 방법은 아닐 수도 있다. 하나의 씨
> 앗에서 두 개의 다른 식물이 싹터야 한다.

위의 학생은 공생하는 지의류에서 각각의 협력자가 하는 기능에 대해 새
로운 생각을 창조하기 위해 좀 더 깊은 연구와 사고로 이어지는 개인적인 유
추를 사용하였다. 이제 공생이라는 같은 내용을 가지고 간단한 이야기를 만
든 또 다른 학생의 반응을 살펴보자.

> 곰팡이가 나를 위한 건물이라면 나는 부엌을 뛰어다니는 조류다. 나는 곰팡
> 이를 위해 저녁식사로 복합탄수화물을 준비하고 있다. 내가 땀을 흘리며 일
> 을 하는 동안 뚱뚱하고 행복한 표정을 한 곰팡이는 앉아서 배를 긁적이고 있
> 다. 이런! 곰팡이가 나를 미치게 만든다. 누가 그를 필요로 할까? 나는 그 무
> 거운 짐 보따리를 여기저기로 나르는 유일한 사람이다. 이 더운 부엌에서 내
> 가 그의 하인이 아니라면, 그는 굶어 죽을 것이다.
> 나는 곰팡이에게 "솔직하게 말해 보자. 나는 너를 위해 요리를 하고 있다. 그
> 런데 너는 저쪽 바닥에 앉아 아무 일도 하지 않고 있다. 너도 자신을 위해 유
> 익한 일을 하지 않겠니? 바닥을 치우든가 아니면 다른 것을 한다든가. 나에게
> 칸막이가 있는 현관이나 아니면 다른 것을 만들어 줘. 나는 여기에서 혼자 모
> 든 일을 하느라고 병이 날 지경이다. 어쨌든 누가 너를 필요로 하겠어?" 라고

말하였다.

곰팡이는 뚱뚱한 몸을 뒤척이고 천천히 움직이며 말하였다. "이보게 늙은 조류, 내가 없었다면 너는 모자를 얹어 놓을 데도 없었을 것이고 바람에 이리저리 날아가 버렸을 걸."

나는 멋진 부엌과 우리가 사는 이 집 전체를 만들어 준 사람이 마음씨 좋은 늙은 곰팡이라고 생각했다. 그러나 너무 화가 나서 화를 가라앉히는 데 시간이 걸렸다. "좋아. 그러나 여기에서 누가 대장인지 가렸으면 좋겠어. 너야? 나야? 똑바로 정해야 돼."

"도대체 왜 대장이 있어야 하지?" 곰팡이가 고압적인 목소리로 물었다.

"대장이 있어야 우리의 관계가 독특해지거든. 우리는 서로를 너무나도 필요로 하기 때문에 대장이 필요 없어."

"나도 그것을 알아. 그러나 누가 누구를 더 필요로 할까?"

"우리 중 어느 한쪽이 없다면 다른 한쪽도 존재할 수 없다는 것만으로 충분치 않을까? 너에게 무엇이 더 필요해?" 그리고 곰팡이는 나에게 자신이 아기인 것 같다고 말한다.

나는 이해할 수 없기 때문에 대답을 머뭇거렸다. 나는 곰팡이가 하는 일을 주목했다. 그런 나는 대장을 어떻게 정해야 할지를 계속 생각했다. 결국 이것이 미국 방식이지요. 안 그래요?

이 두 가지 예는 같은 내용을 가지고 출발했으며 공생 개념에 대한 정확한 이해를 토대로 전개되었다. 각각은 똑같이 창의적이지만 서로 다른 식으로 이야기가 전개되었다. 그리고 이 예들은 영재학생에게 열려 있는, 창의적인 확장을 위한 가능성을 보여 주었다.

요 약

포스터 선생님은 창의적인 사고의 훈련을 통해 영재학생의 흥미를 자극하는 동안 학습부진 학생에게는 효과적인 학습이 되도록 지도하였다.

학습내용이 충분히 학습되지 않은 상황에서 필요한 것은 이해를 돕는 절차다. 이런 목적의 SES 절차의 첫 번째 단계는 그 안에 포함되어 있는 패러독스를 찾아냄으로써 핵심을 재구성하는 것이다. 두 번째 단계는 이 핵심에 근접한 실용적인 유추를 만들어 보는 것이다(Gordon & Poze, 1975).

더 배워야 할 것이 없는 영재학생을 위해서는 이들의 상상력을 창의적 예술과 과학의 토대가 되는 창의적 방향으로 확장시켜 줄 필요가 있다. 이 목적을 위한 SES에서의 첫 번째 단계인 패러독스 절차가 영재학생들에게 결정적인 것은 아니지만 명확하고 독특한 초점을 발견하는 데 도움이 된다. 두 번째 단계는 신선하고 생산적인 방식으로 학습내용을 넘어 확산적이고 심미적인 유추를 만들어 내는 단계이기 때문에 영재성을 발휘하는 데 결정적이다. 새로운 통찰 과정의 밑바탕에 창의적인 활동이 있고 이 과정에서 학생도 성인 수준의 창의적 기술을 획득한다.

패러독스와 유추 기법은 학생의 욕구를 읽어 내는 교사의 통찰력에 달려 있다(Gordon & Poze, 1972). 물론 영재학생을 위해서 SES 교사는 창의적이고 개인적인 유추를 강조할 것이다. 그러나 교사는 가끔 모든 학생이 내적 자아를 끌어 올려 독창적인 유추를 창조하도록 격려해야 한다.

창의적 확장을 위한 준비가 덜 된 학생에게는 학습에 대한 은유적인 접근이 이 장의 앞에서 논의한 실용적인 목적을 달성하는 데 유용하다. 그러나 SES 창의공학(synectics)을 활용하는 교사는 창의성 수준뿐만 아니라 학습 수준을 고려하여 모든 개념에 대해 전체 토론을 시킨다. 다른 학생에게 내재화의 기회를 제공하면 이때 영재학생은 유추 학습에 흥미를 기울일 것이다. 그리고 영재학생의 창의적 확장은 학급의 나머지 학생을 자극할 것이다. 모든 학생이 같은 내용에 반응하기 때문에 학급이 전체적으로 수행한다. 이전에 영재로 판별되지 않은 학생이 이런 활동에 참여함으로써 영재의 숨은 재능이 발견될 것이다.

🔖 참고문헌

Gordon, W. J. J. (1961). *Synectics.* NYC: Harper & Row.

Gordon, W. J. J., & Poze, T. (1968). *Making it strange. Books 1, 2, 3, 4 and Teacher's guide.* NYC: Harper & Row.

Gordon, W. J. J., & Poze, T. (1972). *Teaching is listening.* Cambridge: Porpoise Books.

Gordon, W. J. J., & Poze, T. (1974) *From the inside.* Cambridge: Propoise Books.

Gordon, W. J. J., & Poze, T. (1975). *Strange & familiar. Books* I, III, and VI. Cambridge: Porpoise Books.

Gordon, W. J. J., & Poze, T. (1979). *The metaphorical way* (New Ed.). Cambridge: Porpoise Books.

Gordon, W. J. J., & Poze, T. (1980). *The new art of the possible.* Cambridge: Porpoise Books.

1억 1,500만의 과잉성취아를 통해서 본 영재성과 창의성에 대한 교훈[1]

E. Paul Torrance

1960년대에 미국은 창의성 부문에서 세계에서 선두를 달리는 것처럼 보였다. 미국의 과학자들은 중요한 발전을 거듭하였으며… 달에 착륙하였고… 생산적인 발명을 하였고… 창의성에 대한 연구도 상승세를 타고 있었다. 교육과정과 교재, 그리고 향상되는 것처럼 보이는 창의성에 대한 국가적인 관심에서도 중요한 변화가 나타났었다. 그러나 오늘날에는 이러한 추세가 역전되고 있다. 미국 거주자들의 특허권은 15년 동안 하락하기 시작하여 1978년에 최하위를 기록하였다(Michaels, 1979). 미국의 무역적자는 1978년에 2,800만 달러까지 상승하였고 1979년에는 무역수지가 더 악화될 것으로 전망하였다. 미국의 상품과 서비스의 생산성은 계속 하락하고 있다. 이에 따라 우리는 영재교육의 관계자들이 수년 동안 관심을 기울여 온 미성취 문제와 유사한 적자라는 국가적인 문제를 안게 되었다.

---

[1] 편저자 주: Torrance, E. P. (1980). Lesson about giftedness and creativity from a nation of 115 million overachivers. *Gifted Child Quarterly, 24*(1), 10-14. ⓒ 1980 National Association for Gifted Children. 필자 승인 후 재인쇄.

지금은 우리가 1억 1,500만 달러의 흑자 국가 중의 하나인 일본이 어떤 나라인지, 그리고 이 나라로부터 영재성과 창의성에 대한 교훈을 배울 수 있는 좋은 시점이다(Forbis, 1976). 그동안 미국은 일본으로부터 무언가를 배우려고 많은 노력을 기울인 적이 없었다. 미국은 역사를 통하여 자신을 일본의 스승으로 생각해 왔다. 조지아(Georgia)라는 미국 기업이 초기에 실크 산업에 손을 댔다가 실패하였다. 이 회사는 일본인이 알고 있는 누에를 기르고 명주를 뽑아 내는 것에 관한 지식을 사용하지 않았기 때문이었다. 우리는 일본이 모방을 잘한다는 고정관념을 갖고 있었다. 오늘날의 일본은 우리에게 일본을 재평가하게 만들었다. 이제 우리는 일본을 창의성에 관한 통찰력과 실용적 지식의 원천으로 보고 있다.[2)]

　　'이치방(Ichiban)'이라는 단어는 일본에서 중요한 말 중의 하나로 '일등(No. 1)'을 의미한다. 일본인은 자신의 업적에 대해 겸손하다. 그러므로 내가 일본을 1억 1,500만 달러의 흑자 국가로 만든 배경, 즉 일본은 어떤 면에서 일등 국가인지를 소개해 보겠다(Seward, 1977; Vogel, 1979).

- 일본은 무수하게 많은 발명과 특허로 세계를 선도한다.
- 일본은 매년 세계 어느 나라보다도 많은 소설을 출판한다.
- 일본 학생은 수학과 과학 분야의 많은 국제경시대회에서 1위를 차지한다(미국 학생은 15위에 불과함).
- 범죄율이 세계의 어느 나라보다 낮다.
- 약 90% 정도의 국민이 고등학교를 졸업하는데 이것은 세계의 어느 나라보다도 높은 수치다(이 수치는 일본이 세계의 어느 나라보다도 문맹률이

---

2) 역자 주: 세계 여러 국가 중에서 일본만큼 선진국가가 만들어 낸 전자제품을 재빨리 잘 모방하는 국가는 없을 것이다. 오늘날 일본의 위상은 이러한 모방을 잘하는 남다른 재능에 힘입은 것이 크다. 모방을 잘해서 2등 국가로서의 위상을 확립한 일본이 현재는 국가 발전 전략을 수정하여 모방에서 창조로 바꾸어 도전하고 있다. 이러한 국가 발전 전략은 성공을 거두어 1등 국가로 비약하고 있다. 최근에 전자제품 제조·생산 분야에서 세계적인 명성과 전통을 자랑하던 SONY가 같은 동종업계에서 따돌림을 당하면서도 삼성과 기술합작을 한 저의도 1등 국가의 위상을 위협받지 않겠다는 자구책, 생존전략(survival game)이라고 해석할 수 있다.

창의성과 영재성

적다는 사실을 주목할 때 더 중요한 의미로 다가온다. 또한 이 사실은 미국의 고등학교 졸업자 중 많은 사람이 기능적 문맹자임을 주목한다면, 특히 우리의 관심을 끄는 부분이다.).

• 일본 고등학생과 대학생은 어느 나라보다도 외국어를 잘한다.

• 일본은 세계의 어느 나라보다도 환경오염 기준이 엄격하고 환경오염을 낮추는 기술도 단연 선두를 달리고 있다.

• 1977년 일본인의 평균 수명은 스웨덴을 앞질러 이 분야에서도 '일등' 국가다. 일본은 세계의 어느 나라보다도 무역수지가 높다.

• 일본은 노동자의 임금도 가장 높다. 일본에서 가난과 실업은 거의 해소되었다.

• 일본의 운송 체계와 통신 체계는 세계 최고 수준일 것이다. 일본의 기차는 다른 어느 나라보다도 빠르고 정확한 시간에 도착한다.

• 일본은 다음과 같은 분야에서 다른 모든 나라를 선도한다. 선박 운항, 섬유 수출, 봉제기계 제조업, 양식 진주 생산, 시멘트 수출, 트랜지스터 수출, 일일 운송 보험, 구리 소비, 우산살 제조업, 전자현미경, 지퍼, 피아노, 오토바이, 가정용 온도조절기 등이다.

• 일본은 가장 큰 용광로, 무역회사, 개인 소유의 가스회사를 소유하고 있고 또한 전력 생산량이 1,000만 kw 정도 되는 세계 최초의 전력회사를 가지고 있다.

• 예전에 일본을 방문했을 때, 한 해 동안 세계에서 가장 많은 TV와 라디오를 생산한 기록을 갖고 있는 마쓰시타 전기산업 회사를 시찰하였다 (그런데 우리가 이 회사를 방문하고 있는 동안에도 이 회사 사람은 어느 누구도 이 사실을 우리에게 말하지 않았다.).

• 일본은 자국민이 필요로 하는 전력을 100% 공급하고 있다.

• 일본은 오락 분야에서 세계에서 가장 큰 나이트 클럽, 인공 아이스 링크, 목욕탕, 양조장, 볼링장, 실내 경기장(그리고 스모 선수들)을 가지고 있고, 세계에서 가장 큰 합창단도 일본에 있다.

- 일본의 상업적인 어업은 세계에서 규모가 가장 크다. 어떤 해에는 세계 모든 나라가 잡은 물고기의 절반 이상을 일본이 잡아들인다.
- 일본은 다른 어느 나라보다도 많은 금붕어와 카나리아를 기르고 있고, 꼬리가 18피트나 되는 조류(수탉의 일종)를 기르며, 몸무게가 90파운드나 나가는 도롱뇽도 기르고 있다.
- 일본에는 TV에 부착된 비디오와 팩스가 세계의 어느 나라보다도 널리 보급되어 있다.

관련 기록을 검토해 보거나 필자가 직접 목격한 것에 비추어 보아도 이러한 목록은 더 늘어날 수 있다. 예를 들면, 나는 일본 후지필름이 다른 어느 나라의 필름보다 화질이 뛰어나다고 생각한다. 또 일본의 유치원 아동은 신체적 기술, 시각예술 제작(visual art production), 창작 드라마, 음악 공연, 자기조절 기술(self-management skills) 면에서 내가 본 다른 어느 나라 아동보다도 뛰어나다.

일본인의 창의성에 대한 관심

나는 얼마 동안 일본인의 창의성에 대하여, 일본인은 나의 창의성 연구에 관심을 기울여 왔다. 내가 쓴 3권의 책이 일본어로 번역되었다. Torrance 창의적 사고력 검사(Torrance Tests of Creative Thinking; TTCT)는 모두 일본어로 번역되었고 일본 사회에서 널리 사용되고 있으며 나의 논문들은 일본 교육학 저널에 실렸다. 일본의 두 연구 단체가 나를 찾아왔고 나는 이들 앞에서 강연을 했었다. 미국 교육에 대한 전문가 중 한 사람(오사카 시립대학교 사부로 사토 교수)은 석달 동안 나와 함께 아텐즈에서 지냈다. 나는 또한 일본의 몇몇 창의성 연구자들과 교신을 주고받기도 하였는데, 이들의 연구결과에 깊은 인상을 받았다. 일반적으로 이들은 일본 아동이 미국 아동에 비해 우월하거나 대등하다는 사실을 발견하였다.

1978년에 나는 과학적 연구 분야에서 국제적인 협력을 촉진하기 위해 3개월 동안 일본 과학진흥청의 초청으로 일본에 머문 적이 있었다. 이 기간 동안 우리는 17개의 대학교, 15개의 유치원, 7개의 전문가 협회, 그리고 20여 개의 교육·산업·정부 기관들을 방문하였다. 그 밖에도 우리는 일본인의 창의성과 영재성의 비밀을 이해하기 위해 고등학교와 대학교에서 많은 정보 자료를 수집하였고 일본 문화에 관한 많은 비평서를 읽었다.

우리는 이렇게 일본 문화를 접하면서 일본에 대해 많은 것을 알게 되었다. 따라서 일본인의 창의성과 영재성에 관한 이해를 돕기 위해 다음과 같은 우리의 경험을 소개하려고 한다.

창의성과 영재성에 대한 범국가적인 분위기

우리는 영재성 계발과 창의성에 대한 일본의 범국가적 분위기가 세계에서 가장 좋은 데 대한 많은 증거를 목격하고 체험하였다. 이런 국가적 분위기는 1979년 1월 25일 마사요시 오히라(Prime Minister Masayoshi Ohira) 수상의 국회 연설에도 잘 나타나 있다. 그는 서두에서 개인의 창의성을 높이 평가해야 한다고 주장하였다. 이 연설문의 맥락을 살펴보면 일본이라는 나라의 발전상을 이해하는 데 도움이 될 것이다. 연설문은 다음과 같다.

> 우리가 목표로 하는 새로운 사회는 삶의 모든 영역에서, 가정에서, 지역사회에서, 국가에서, 전 사회에서 진정으로 가치 있는 삶을 추구하기 위해 불신과 대립이 사라지고 이해와 신뢰가 증가하는 사회다. 우리가 추구하는 새로운 사회는 각 개인의 창의성이 환영받고 각 개인의 노동이 정당하게 보상을 받는 사회다. 이런 사회는 법과 질서를 중시할 것이며, 각 개인은 자신의 책임을 다하고 자신을 절제할 줄 알며 타인을 깊이 배려하고 이해해야 할 것이다.

이 연설문을 통하여 오히라 수상은 가정, 학교, 지역사회에서 개별성, 창의성, 국제적 감각을 계발해야 한다고 주문한 것이다. 그는 일본 사람이 말하는 '장기적 안목'을 강조하였다. 그는 다음과 같이 말하였다.

> 오늘날 일본과 세계는 새로운 시대를 맞이하고 있다. 우리는 구태의연한 방식과 낡은 방법들에 사로잡혀 있어서는 안 된다.

그는 창의성과 잠재력 계발에 대한 정부의 입장을 분명하게 밝히면서, 연설의 마지막 부분에서 다음과 같이 말하였다.

> 정부는 온 국민이 전 생애에 걸쳐 자신의 삶을 발전시키고 재능과 개별성을 드높이며 자신이 선택한 창의적 삶을 즐길 수 있도록 문화, 교육, 스포츠, 그리고 다른 분야를 향상시키려고 한다. …나는 이런 과제를 수행할 임무를 맡고 있는 다음 세대가 잠재력을 완전히 발휘할 수 있도록 자극하는 것이 정부의 책임이라고 확신한다.

나는 일본 수상의 의회 연설을 인용하면서 일본 정부가 혼자 나서서 창의성에 우호적인 분위기를 조성한다고 주장하려는 것이 아니다. 이러한 분위기는 부모, 지역사회 인사, 교사, 학교 행정가, 경영자, 산업가, 시청과 도청의 공무원들, 기타 등등의 많은 사람을 통해 조성되어 왔다. 이런 경우, 수상의 연설에 표현된 정서에도 범국가적인 분위기가 반영되어 있다고 생각한다.

유치원 교육에서의 창의성

나는 영재성과 창의성에 대한 연구를 시작할 때부터 취학 전 아동과 초등학교 저학년 아동에게 어떤 일이 발생하는가의 문제가 매우 중요하다고 생각하였다. 15개의 일본 유치원을 방문하고 유치원 원장과 교사들을 위한 워크숍을 실시하여 취학 전 아동을 둔 부모와 대화를 하면서 이런 생각에 더욱 확신을 갖게 되었다.

내가 방문했던 15개의 유치원에서 본 광경은 거의 예상치 못한 것이었다. 아동의 신체적 기술, 음악 공연, 만들기, 연극 공연, 집단 협력 기술은 이전에 내가 발달 가능하다고 생각했던 수준을 넘어서는 것이었으며 그때까지 어느 곳에서도 보지 못한 수준이었다. 또한 이런 능력은 창의적 표현력과 문제해결력이 질적으로 뛰어난 것이라서 나는 그 나이(3~6세)의 아이들에게 가능한 범위를 넘어선 것이라고 생각했다. 많은 사람은 이런 기술을 강조하는 것이 일본 학교에서 글을 못 읽는 아동이 없다는 사실과 일본에 문맹률이 낮다는 사실을 설명해 준다고 확신한다.

창의적 성취에 관한 보상

나는 『창의적 행동에 관한 보상』(Torrance, 1965)에서 그 문화권에서 보상받는 것이 창의성을 계발한다고 기술하였으며, 또한 창의적 기능이 보상 조건에 따라 유의미하게 달라진다는 사실을 실험을 통해 입증하였다. 우리는 일본에서 창의성이 존경받는다는 많은 증거를 발견하였다. 무엇보다도 교사, 부모, 경영자, 시장, 기타 등등의 사람이 '창의성'이라는 단어를 쉽게 사용한다. 최근의 연구(Torrance & Sato, 1979)에서 알 수 있듯이, 일본 고등학생과 대학생이 자신을 똑똑하기보다는 창의적이라고 평가한 비율은 미국의 같은 학생보다 두 배 이상 높았다.

사회가 어떻게 창의적 성취에 보상을 하는지 한 가지 예를 들기 위해 일본에서 구독률이 가장 높은 신문 중 하나인 요미우리 신문에서 매년 거행하는 대회와 수상 항목들을 적어 보겠다.

- 성인과 아동의 창작 문학상
- 성인 과학자뿐만 아니라 중학생과 고등학생에게 수여하는 학생 과학상
- 중학생 영어 말하기 경연대회
- 초등학생과 중학생 작곡 경연대회
- 음악 공연과 작곡 상
- 미술상

- 미술 전람회와 수상
- 발레 상

그 밖에도 요미우리 신문은 음악, 드라마, 미술, 기타 등등의 다양한 문화적 행사—창의성에 관한 외국 학자 초청 강연회를 포함하여—를 후원한다.

직관적 앎의 중요성

내가 오래전부터 발견한 동서양 문화권에서 나타나는 가장 큰 차이 중의 하나는, 동양은 직관적이고 창의적인 사고를 중시하고, 서양은 이성적이고 논리적인 사고를 상대적으로 중시한다는 것이다. 서양 문화권에서는 이성적인 과정을 인간의 사고력의 정수로 간주한다. 동양 문화권에서는 논리적 사고보다 직관적 사고를 더 높이 평가한다. 그럼에도 불구하고 '**학습과 사고에 대한 당신의 스타일**(Your Style of Learning and Thinking)' (Torrance, Reynold, Ball, & Riegel, 1978)이라고 알려진 우리의 검사에서 일본의 고등학생과 대학생이 직관적 사고를 중시하는 것을 보고 나는 깜짝 놀랐다. 거의 모든 경우, 일본의 학생은 스스로를 직관적이라고 평가한 비율이 미국 학생보다 두 배 이상 높았다. 더욱이 이것은 일본 학생이 이성적 사고와 논리적 사고를 촉진하는 환경보다 직관적 사고를 촉진하는 조건을 선호하는 것을 의미한다.

인내력 훈련과 '장기적 안목'

일본 문화에 널리 퍼져 있는 촉진적 조건 중 하나는 인내력 훈련과 소위 말하는 '장기적 안목'을 강조하는 것이다. 일본인은 공통적으로 어떤 가치 있는 기술에서 우수성을 확보하기 위해 그 기술에 대한 수년간의 집중적인 훈련과 연습이 필요하다고 생각한다. 일본인은 지름길을 해로운 것으로 간주한다. 전문성과 우수성에서 가장 정점에 도달하는 것을 '사토리(satori)'라

창의성과 영재성

고 하는데, 사토리는 어떤 분야에서 도통한 것을 의미한다.[3] 사토리에 도달하려면 많은 것을 감수해야 한다. 즉, 집중적인 헌신이 필요하며 그 일을 사랑해야 한다. 단순한 조작일지라도 오랜 시간에 걸쳐 끊임없는 연습을 요구한다. 다른 것을 무시하고 그 일에 집중과 몰입을 해야 한다. 일반적으로 이런 일은 집중적이고, 장기적이고, 스승과의 일대일의 관계 속에서 이루어진다. 무엇보다도 이런 일은 인내력—고된 작업, 극기, 근면, 정력, 노력, 능력, 전문성—을 요구한다. 장기적인 안목, 즉 미래에 대한 뚜렷한 비전에서 미래를 내다보는 것은 이러한 인내력에 큰 동기를 부여한다.

자기주도적 학습의 전형

자기주도적(self-directed) 학습은 일본에서 널리 퍼져 있고 중요시하는 교육 방법이다. 미국 학생보다 더 낮은 비율의 일본 학생이 대학에 들어가지만 이들 중 더 많은 비율이 대학을 졸업한다(Vogel, 1979). 상대적으로 일본에는 대학원 교육이 거의 없다. 그리고 있다면 자기주도적 학습이 있을 뿐이다. 이것은 일본에 평생교육이 드물다는 말이 아니다. 일본의 각 현에는 지속적으로 교육받을 수 있는 센터가 있다. 각 회사마다 정보 수집을 필요로 하고 따라서 산업체에서도 상당한 연구가 이루어지고 있다. 이미 예측하였듯이 (Vogel, 1979), 정보가 힘의 원천이 되는 후기 산업사회가 도래하는 세계에서 일본의 도쿄가 정보의 중심지가 될 것이다. 예를 들어, Vogel은 일본의 6대 무역회사들이 아마도 경제적·정치적 정보의 양에서 어떠한 외국회사보다도 우월한 위치에 있다고 지적하였다. 일본은 모든 출판물을 녹음해 놓고 특허권과 법을 손쉽게 사용할 수 있도록 정리해 놓는다. 이런 면에서 단연 앞서고 있기 때문에 일본은 단일한 시스템으로 통합된 도서관 정보를 갖고 있다는 측면에서 어떠한 나라보다도 선도적이다. 또한 정부는 회사의 컴퓨터와 통신망의 선진화를 위해 지원하는데, 이런 정책이 없는 나라보다 독특

---

3) 역자 주: 일본이 자랑하는 장인정신(匠人精神, craftsmanship)과 그 맥을 같이한다.

한 장점을 갖고 있는 것이다.

미국의 토머스 에디슨은 일본인이 본받으려는 모델 중 한 사람이다. 우리가 오사카에 있는 마쓰시타 전기산업의 본부를 방문했을 때 거기에 에디슨 기념관이 있는 것을 보고 깜짝 놀랐다. 전시관의 전면에는 전기 분야에서 발명과 업적을 남긴 다른 영웅들—옴(Ohm)과 마르코니(Marconi)도 있었다—로 둘러싸인 에디슨의 거대한 동상이 있었다. 곧바로 개관된 것은 마쓰시타 개발 팀의 연수를 위한 국립학교다. 새로운 이 학교의 철학이 마쓰시타(Matsushista)와 갤브레이스(Galbraith, 1979)의 다음과 같은 말에 잘 포함되어 있다.

> 우리 모두는 과학 분야에서 토머스 에디슨이 위대한 인물이라는 사실을 잘 알고 있다. 그러나 사실 그는 공식적인 교육을 받지 않았다.[4] 그는 자신에게 자문해 보고 그것에 대해 집중적으로 생각하고 스스로 답을 찾았다. 에디슨의 예를 보고 나는 학교에 대한 아이디어를 얻었다. 학생은 스스로에게 질문하고 그 질문에 대한 대답을 스스로 찾아야 한다. 이러한 자기주도적 학습은 효율적이며 훌륭한 지도자가 되기 위한 필수 요건이다.

미래에는 모든 수준의 교육에서 자기주도적 학습이 더 많이 필요할 것이다. 이미 우리는 영재교육을 연구하면서 자기주도적 학습 기술이 교사주도적 학습 기술과 다르다는 사실을 발견하였다. 이런 이유 때문에 많은 영재학생은 자기주도적 학습이 필요한 프로그램에서 실패한다. 이러한 실패를 피하기 위해 취학 전 교육부터 대학원과 전문교육에 이르기까지 일본 교육에서 많은 것을 배워야 한다.

---

[4] 역자 주: 창의력 인물의 전형으로 에디슨, 장영실, 모차르트, 레오나르도 다 빈치, 피카소, 아인슈타인, 빌 게이츠 등을 예시할 수 있는데, 이들은 인류 문화에서 중요한 변화와 혁신을 가져오는 데 결정적으로 기여하였다. 그런데 놀라운 것은 이들이 세속적으로 요구하는 부여된 자격을 갖고 있지 않았으나 탁월한 창의적 지능과 실용적 지능(practical intelligence, PI)을 지니고 발휘했다는 공통점이 있다. 발명 특허를 받은 대다수의 사람이 고학력자가 아니다(김정휘, 주영숙, 문정화, 문태형(2004). 영재학생을 위한 교육. 서울: 박학사).

집단 학습과 문제해결 학습에 대한 강조

일본과 미국의 또 다른 차이는 일본 문화에서는 전반적으로 집단 학습과 문제해결을 강조한다는 점이다. 교실과 교실 밖에서 학생의 정규수업의 상당 부분을 집단 학습에 할당한다(Vogel, 1979). 몇 달 동안의 집단 프로젝트, 단체 여행, 교실 조직화, 그리고 긴밀한 협조가 요구되는 집단 활동을 통하여 학생은 집단 학습과 문제해결 기술을 배우며, 동료에 대한 민감성과 개인적인 욕구(이기주의)에 대한 자제력도 배운다. 물론 집단적 성취에 대한 자부심도 대단하다. 이런 분위기가 일본 문화 전반에 퍼져 있다. 일본인은 가족, 학교, 학교 내에서의 집단, 지역사회, 회사, 국가에 대한 자부심을 갖고 있다. 일본인은 집단을 위해 일을 하고 자신의 정체성의 많은 부분을 집단 속에서 찾고 있기 때문에 우월한 사람에 대항하려는 경향성이 거의 없다. 다시 말해, 목표를 '초과달성'해도 괜찮다.

이런 현상은 일본 직장인의 생산성이 높다는 것, 일본 학생의 과학, 수학, 외국어 성취 수준이 높다는 것, 그리고 문맹자(1% 미만)가 거의 없다는 것과 관계가 있을 것이다.

Vogel(1979)은 일본과 미국의 자동차 생산 라인에서 자동차를 조립하고 있는 사람에 대해 다음과 같은 말을 하였다.

> 미국 공장은 무장된 군대와 같다. 공장장은 노동자들이 실수하지 않도록 지키고 있다. 노동자들은 공장장에게 불평을 한다. 공장장은 이리저리 오가며 노동자들을 살핀다. 일본 공장에서 피고용인들은 공장장의 감독 없이도 일을 하는 것처럼 보인다. 일본 노동자들은 상사에게 화를 내지 않으며 실제로 자신들의 회사가 성공하기를 바라는 것 같다. … 미국인에 비하면 일본인은 결근이 적고 파업도 적으며 근무시간을 초과하여 일을 한다. 또 어떤 직접적인 금전적 이득이 없다면 자신에게 할당된 휴가를 사용하지 않으려고 한다(p.127). 일본 회사에서 정규 승진에 필요한 단 하나의 자격은 다른 사람과 일을 잘할 수 있는 능력이다. 좀 더 빠르게 승진하는 사람은 모든 사람에게 만족스런 결론을 도출하고 다른 사람과 협력하는 일을 잘한다. 개인적 성취

는 집단에서 효율적으로 일을 할 수 있는 능력과 구분되지 않는다(p.150).

자유를 활용하는 능력

일본인이 집단 학습과 문제해결을 강조하는 점, 학교에서 훈육의 문제가 거의 발생하지 않는다는 점, 모든 종류의 범죄 발생률이 낮다는 점, 그리고 고등학생의 높은 출석률(90% 이상)과 직장에서의 낮은 결근율에 대해 논의를 할 때마다 나의 동료들은 이러한 복종과 동조성이 창의성에 어떤 영향을 주었는지 질문을 한다. 이 쟁점을 이해하려면 일본인들은 규칙과 환경의 제약하에서 허용된 자유를 활용하는 능력이 매우 뛰어나다는 사실을 알아야 한다. 일본인들은 모든 것에 관한 적합한 규칙을 갖고 있다. 그러나 이러한 규칙의 범위와 틀 안에서 이들은 자유롭게 창조하고 개혁하고 확장한다. 미국 고등학교에서의 나의 경험과 달리, 어떠한 일본 학생도 'Torrance 창의적 사고력 검사'를 하면서 반복되는 그림을 두 개 혹은 그 이상으로 묶는 것이 옳은지 나에게 질문하지 않았다. 이에 대한 규칙이 없었기 때문에 이들은 단지 검사지를 계속 풀었고 연결 지었던 것이다.

이것은 일본 사회에서 널리 퍼진 기술인 것처럼 보이며 아마도 이런 능력은 좁은 국토를 최대한 잘 활용하기 위해 훈련된 데서 기인한 것일 수 있다. 자유를 활용하는 능력은 자기주도적 학습 기술로 이어질 것이다. 혹은 이 능력은 일본인이 직관적 사고를 매우 중시하는 것과 관련이 있을 수도 있다.

결 론

나는 1억 1,500만 달러의 무역 흑자를 기록한 국가를 설명하는 데 필요한 문화적 차이를 거의 무한대로 계속 지적할 수 있다. 그러나 여기에서는 미국의 적자 해소와 영재아동의 저조한 성취도 문제를 해결하는 데 필요한 문화

창의성과 영재성

적 차이를 비롯하여 매우 중요한 차이만을 정리해 보고자 한다.

간단히 말해서 필자는 다음과 같은 제안을 하고자 한다.

1. 영재성과 창의성의 발현을 촉진하는 범국가적인 풍토를 조성해야 한다. 그중 한 가지 방법은 각 개인의 창의성을 높이 평가하는 것이며, 또 다른 방법은 사회 전체가 아동의 잠재력을 최대한 발휘할 수 있는 기회를 제공하는 일에 책임감을 느끼는 것이다.

2. 신체 활동, 시각 예술, 음악, 드라마, 무용, 단체 활동 기술이 발달할 수 있는 많은 경험을 아동(특히 3~6세)에게 제공해야 하며, 단체 활동은 교육의 기본이 되어야 한다.

3. 성인뿐만 아니라 아동의 훌륭한 창의적 성과물에 보상하는 새로운 방법을 찾아야 한다.

4. 직관적으로 생각하고 직관적으로 지식을 터득하는 것을 중요시해야 한다.

5. 장기적 안목―학생이 더 넓게 더 풍부하게 더 정확하게 미래를 그려 볼 수 있도록 도와주는 교육과정 개발에 많은 시간을 할애해야 한다―에서 조망하는 것과 인내력 훈련을 중시해야 한다.

6. 우리는 다양한 능력과 기술의 발달, 그리고 자기주도적 학습에 필요한 동기를 촉진하는 조건을 마련해 주어야 한다.

7. 우리는 집단 학습과 문제해결을 위한 더 많은 기회를 제공해야 하며, 교육 목표 달성에 필요한 유의미한 활동을 할 수 있도록 집단 내에서 협동 기술을 가르쳐야 한다.

8. 주어진 규칙 내에서 자유를 활용하는 기술이 발달함에 따라 규칙을 존

중하는 정신도 격려해야 한다.

🔲 참고문헌

Forbis, W. H. (1976). *Japan today.* Tokyo: Charles E. Tuttle.

Matsushista, K., & Galbraith, J. K. (1979). New horizons in education. *PHP, 10*(2), 86-91.

Michaels, G. E. (1979). The Georgia science and engineering fair. *Georgia Journal of Science, 37*(2), 53-54.

Ohira, M. (1979). Full text of Prime Minister's speech. *Mainichi Daily News,* January 26, p. 2B.

Seward, J. (1977). *The Japanese.* (7th Ed.) Tokyo: Lotus Press.

Torrance, E. P. (1965). *Rewarding creative behavior.* Englewood Cliffs, NJ: Prentice-Hall.

Torrance, E. P., Reynolds, C. R., Ball, O. E., & Riegel, T. R. (1978). *Norms technical manual for "Your Style of Learning and Thinking."* Athens, GA: Georgia Studies of Creative Behavior, University of Georgia.

Torrance, E. P., & Sato, S. (1979). A comparative study of Japanese and USA styles of learning and thinking. Unpublished paper.

Vogel, E. F. (1979). *Japan as No. 1: Lessons for America.* Cambridge, MA: Harvard University Press.

03

발달단계 이론을 적용한
창의적 영재교육[1]

John Curtis Gowan

사람들은 가끔 아동상담소를 운영하는 전문가들이 원칙을 갖고 있지 않다는 말을 한다. 이 장에서는 영재교육 절차에 대한 구체적이고 논리적인 몇 가지 근거를 제시한다. 우선 다음과 같은 명백한 세 가지 가정을 다룰 것이다. (a) 창의성은 재능 발달의 목표다. (b) 발달과정의 역동성은 재능의 발달에도 필수적이다. (c) 발달단계 이론은 발달적 역동성의 필수적인 부분이다. 이와 더불어 우리는 포괄적인 발달단계 이론, 영재아동에게 적합하게 수정된 발달단계 이론, 그리고 영재아동 교육에서 가장 중요한 다음과 같은 세 가지 단계를 살펴볼 것이다.

- 3단계(4~6세) — 창의적 환상기 혹은 마술적 악몽기
- 4단계(7~11세) — 창의성 저하를 막기 위하여 가르침이 필요한 시기

---

1) 편저자 주: Gowan, J. C. (1980). The use of developmental stage theory in helping gifted children become creative. *Gifted Child Quarterly, 24*(1), 24-28. © 1980 National Association for Gifted Children. 필자 승인 후 재인쇄.

• 5단계(10대) — 언어적 창의성을 확립하는 청소년기

포괄적인 발달단계 이론

이론의 요약

『창의적인 개인의 발달(The Development of the Creative Individual)』(Gowan, 1972), 『자아도취적인 개인의 발달(The Development of the Psychedelic Individual)』(Gowan, 1974)이라는 두 책의 주제는 발달단계에 대한 우리의 관점과 일맥상통한다([그림 3-1] 참조). 이 이론의 핵심 쟁점을 다음과 같이 요약할 수 있다.

1. 인지 단계(Piaget)와 정의적 단계(Erikson)를 단일한 형태로 조합한 것이다.
2. Piaget의 5단계에서 창의적 단계, 심취 단계, 조명 단계를 추가한 8단계 이론이다.
3. 주기적으로 3번의 유사한 특징이 나타나고 이것이 1, 4, 7단계의 유사성이 된다.
4. 불연속성, 연속성의 출현, 분화, 그 다음에 한 단계 더 발전된 요소로 구성된 통합이라는 발달개념을 강조한다.
5. 역기능적인 사람에게서 인지적 단계와 정의적 단계가 분열되는 '발달 기형(dysplasia)'을 중요하게 다룬다.
6. 보다 높은 발달단계로 나아가는 자아실현을 강조한다.

이 장에서는 위에 열거된 여섯 가지 쟁점의 의의를 상세하게 다룬 포괄적 발달단계 이론을 처음으로 소개하였기 때문에, 우리는 이 이론에 대해 좀 더

창의성과 영재성

주의 양상 발달 수준	잠재기 3인칭 그것, 그들 세계	자아 정체성 시기 1인칭 나 자아(ego)	창의성 시기 2인칭 당신 타자(other)	
영아기	Erikson (정의적 단계) Piaget (인지적 단계)	신뢰 대 불신 ① 감각 운동 대 혼돈	자율성 대 수치감과 의심 ② 전조작 대 자폐	주도성(initiative) 대 죄책감 ③ 주도성 대 무능력감	발달
청소년기	Erikson (정의적 단계) Piaget-Gowan (인지적 단계)	근면성 대 열등감 ④ 구체적 조작 대 비보존성	자아 정체성 대 역할 혼돈 ⑤ 형식적 조작 대 조발성 치매	친밀감 대 고립 ⑥ 창의성 대 권위주의	단계 이론
성인기	Erikson (정의적 단계) Gowan (인지적 단계)	생산성 대 침체 ⑦ 심취 대 인습주의	자아 통합 대 절망 ⑧ 성찰 대 노년기 우울증		

[그림 3-1] Erikson-Piaget-Gowan의 발달단계 이론

출처: John Curtis Gowan ⓒ (1974). *The Development of the Psychedelic Individual.*

상세하게 살펴볼 것이다.

『창의적인 개인의 발달』(1972)에서 저자는 다음과 같이 새로운 가설을 제안하였다.

1. 각 단계별로 인지적 · 정의적 특징을 담고 있는 Erikson-Piaget-Gowan의 세 사람의 발달단계를[2] 표의 개념을 토대로 설명할 때 발달과정

---

2) 역자 주: 분석심리학의 창시자인 Freud는 성격이론에서 자아(self)의 완벽한 개인화에 초점을 맞추었으며 개인이 행사하는 권력과 통제력을 강조했으나 Erikson은 배우자, 남성이나 여성 친구, 동료, 장성한 아이들, 또는 이웃과의 상호작용 관계의 중요성을 강조하였다. Erikson은 남자들은 삶의 거의 마지막 단계에서 아버지로서의 부성과 창의성을 갖게 되며 스스로 원해서 다음 세대를 인도하는 좋은 측면을 보인다고 역설하였다.

03. 발달단계 이론을 적용한 창의적 영재교육

81

을 가장 잘 이해할 수 있다([그림 3-1] 참조). Piaget의 5단계 모형을 사용하면, 독립적으로 진행하는 Piaget와 Erikson의 발달단계 연령이 거의 일치한다.

2. 각 단계는 세 가지 측면에서 특별한 유사성을 공유하고 있다. 1, 4, 7단계는 사물 지향, 성적 잠복기, 경험의 세계를 다룬다는 주목할 만한 특징을 갖고 있다. 2, 5, 8단계는 자기 한계선을 긋고 자아지향적이며 자아에 근거지를 두고 활동한다는 특징을 갖고 있다. 3, 6단계는 사랑과 창의성을 위한 시기다.

3. 각 단계 내에서 발달은 나선형으로 순환하면서 진보하는 방식으로 나아간다. 진보는 연속성, 불연속성, 출현, 분화, 통합이라는 다섯 가지의 속성을 지닌 점차 복잡해지는 발달과정의 한 측면이다. 연속성은 발달단계의 위계상 고정된 순서가 있음을 암시한다. 불연속성은 건물의 각 층처럼 평형 상태로서 다른 것과 구분되는 질서정연한 이질적인 단계가 순서대로 출현하는 것이다. 출현은 새싹과 암묵성을 수반한다. 이전에 보이지 않던 속성이 꽃처럼 겉으로 모습을 드러내며 피는 것이 출현의 과정이다. 분화는 연속적인 발달 내에서 형태가 명료해지고 정착되는 과정을 말한다. 통합은 좀 더 복잡해지면서 더 높은 단계로 다양한 속성을 종합하는 과정이다.

이러한 과정을 거치면서 환경은 개인에게 발달과정상의 위치에 따라 최대한 혹은 최소한의 영향력을 발휘한다. 그러나 더 높은 수준으로 나아가기 위해서(자아실현을 위해서) 환경 자극이 지속적으로 필요하다.

4. Piaget가 명명한 단계 이외에 세 개의 더 높은 인지적 단계가 포함되어 있다(Flavell, 1963). 추가된 단계들은 각각 친밀감, 생산성, 자아통합의 시기와 일치하며 '창의성' '심취' '조명'이라고 일컫는다. 이 단계들은 형식적 조작을 넘어서 마음이 점차 확장되는(즉, 확산적 · 수렴적 사고) 과정이며, 이 과정을 거쳐 드물기는 하지만 점차적으로 더 총명해지고 건강한 성인이 된다. 다양한 종류의 교육, 심리치료, 민감성 훈련, 명상, 그 밖의 기법을 통하여

추가된 단계로 나아가도록 촉진하는 것은 더 훌륭한 성인으로 성장하는 계기가 될 것이다.

　시간과 지면의 제약으로 이상의 가설이 타당한 것인지 입증해 줄 만한 증거를 제시하기는 어렵지만 독자에게 유용한 몇 가지 설명적 논의를 하고자 한다. 이런 가설에 대해 즉각 대두되는 질문은 '여기에서 발달단계가 왜 필요한가?' '왜 성장처럼 발달도 원만한 증식 과정으로 보면 안 되는가?' 등이다. 이런 질문에 대한 대답은 개인 내에서 에너지가 결정적으로 변형되는 것과 관련이 있다. 에너지가 변형되고 초점이 조절되는 것은 발달과 창의적 과정의 핵심이다. '세상' '나' '당신'이라는 세 가지 영역에서 사용 가능한 에너지의 양은 충분하지 않기 때문에 주의해서 초점을 맞추어야 하며 처음에는 어느 하나에, 그리고 그 다음에는 다른 것으로 주의를 확장해야 한다. 발달단계들이 주기적으로 세 가지 국면(phases)을 거치는 것은 바로 이 과정 때문이다.

발달단계 이론에 대한 문헌 고찰

　우리의 초기 노력에서 발달단계 이론에 대한 초기 문헌, 특히 Piaget의 인지적 단계 이론과 Erikson의 정의적 단계 이론을 철저하게 검토한 결과, 단계 이론의 초기 개척자에 대해서는 더 이상의 언급이 필요하지 않을 것 같다 (Gowan, 1972, 1973). 그러나 다른 선행연구에 대해서는 언급이 필요하다. 우리의 발달단계 이론에서 4, 5, 6번째 단계와 일치하는 Blocher(1966)의 발달상담이론과 Ginsberg(1951)가 제안한 직업 선택의 발달단계에 대해 언급하는 것이 좋을 것 같다. 또한 Havighurst(1964)의 청소년 발달과업이론과 Maslow(1954)의 위계적 단계 이론도 언급할 것이다. 이제 우리는 우리의 관점에 영향을 준 또 다른 연구에 주의를 돌려 이것들을 살펴볼 것이다.

　첫 번째로 언급할 연구는 형식적 조작기 이후의 인지적 단계를 발견한

P. K. Arlin(1975)의 박사학위 논문이다. 실제로 Epstein은 『1977년 NSSE 연감』에서 "우리는 이제까지 알려지지 않은 지적발달단계를 발견하였다." 라고 선언하였다. Arlin은 자신이 발견한 단계를 '문제 발견' 단계라고 명명하였다. 이 명칭은 우리가 말하는 '창의성'을 가장 잘 설명해 주는 용어다. Piaget가 형식적 조작기 이후의 단계를 발견하지 못한 이유 중 하나는, Piaget의 연구대상이었던 자신의 세 자녀가 청소년기에 도달했을 때 일상적인 단조로움을 더 이상 극복하지 못했기 때문이다.

매사추세츠 대학교의 J. Weinstein과 Alfred Alschuler는 우리의 4, 5, 6, 7단계와 흡사하고 연령대도 우리 것과 비슷한 '자기 지식 수준'에 대해 설명하였다. 이들은 "특정 연령에서 할 수 없는 것과 할 수 있는 것은 우리에게 중요한 이야기를 들려 준다." 라고 말하였다. 이들은 학생의 이야기를 분석하고 다음과 같이 보고하였다.

4. **구체적 조작기**: 이야기는 전반적인 시작과 끝도 없고, 원인과 결과도 없는 독립적인 이미지들과 독립적인 감정들을 보고하는 의식의 흐름이다.

5. **형식적 조작기**: 시작과 끝이 있는 이야기를 통해 느낌과 도덕적·인과적 결과를 보고한다. 그러나 이야기 속에는 다양한 상황에 걸쳐 나타나는 패턴은 없다.

6. **창의적 시기**: 성격 특성과 개인적인 방식을 보고한 이야기 속에 개인적인 느낌이 들어 있다. 그러나 개인적인 느낌은 다양한 상황에서 동일하게 작동하기 때문에 그 결과가 치명적일 수 있다.

7. **심취기(psychedelic)**: 개인적인 반응 패턴을 바꿀 수 있는 능력과 함께 선택, 책임, 자율성에 대해 이야기한다.

이 이론의 단계는 이상과 같은 차이점이 있는 반면에, 각 단계별 경향성은 주기적으로 나타나는 발달단계를 따라간다.

창의성과 영재성

속진 대 월반

우리의 관심사는 어떤 단계에서든 영재아동의 속진(acceleration)이 다음 단계로의 상승에 유리한가 하는 복잡한 질문에 대한 최종적인 해답이 아니다. 영재아동의 속진과 관련된 문제는 영재는 속진과 함께 자동적으로 상위 단계로 올라갈 수 있다는 사실 혹은 특수한 교육적 개입을 통해 상위 단계로 올라갈 수 있다는 사실과 복합적으로 얽혀 있다. 영재교육 연구자들은 속진에 대해 긍정적으로 생각한다(Gowan & Demos, 1964). 그러나 속진이 영재교육의 몇 가지 영역 중 하나이긴 하지만, 우리는 무엇이 속진의 대상인지 급하게 대답하기 전에 잠시 멈추어 생각해 보아야 한다. '속진이 다음 단계로의 월반(escalation)을 가져오는가?'라는 질문에 답하는 것이 더 좋을 것이다. 애석하게도 여기에서의 연구는 이 질문에 대한 명확한 해답이 아니다.

'총명한 6~11세의 구체적 조작기와 형식적 조작기'에 대한 연구에서 Webb(1974)은 "11세가 되기 전까지(우리의 이론에서는 5단계) 어떠한 아동에게서도 속진이 단계의 상승을 가져온다는 증거가 없다."라고 말하였다. Brown(1973)은 4단계에 대해 유사한 결과를 보고하였다. 이러한 결과는 Epstein(1977)에게서도 나왔는데 속진이 새로운 단계에서의 성숙 속도에 영향을 줄지라도 단계 상승을 촉진한다는 증거는 거의 없다고 결론을 내렸다.

Keating(1976)은 『조숙성에 대한 Piaget식 접근』(A Piagetian Approach to precocity)이라는 논문에서 Webb, Lovell, DeVries의 연구결과에 자신의 연구결과를 추가하여 "총명한 사람에게 속진은 연속적인 단계들을 좀 더 빠르게 이동하게 하는 이점이 있다."라는 좀 더 복잡한 해석을 내놓았다. Keating은 단계와 단계에 걸쳐 나타나는 조숙성이 분명히 존재하기는 하지만 단계 내에서처럼 그렇게 현저한 것은 아니라고 결론을 내렸다.

정신운동적 · 도덕적 · 능동적 요소

발달단계 이론은 인지적 · 정의적 영역으로 제한되어야 할 선험적 이유가 없다. 실제로 Bloom의 교육목표분류학에 따르면, 발달단계 이론은 정신운동 영역에도 적용할 수 있다. 정신운동적 발달단계에 대해 Simpson(1966)과 Harrow(1977)가 많은 기여를 하였다. 도덕적 발달영역에서는 (Kohlberg & Mayer, 1972) 재론의 여지없이 Kohlberg가 큰 공헌을 한 것이 잘 알려져 있다. 그러나 매우 중요하지만 잘 알려지지 않은 것은 Perry(1968)의 능동성의 발달에 대한 연구다. 이러한 다양한 영역의 발달단계를 Simpson(1977)은 『성숙한 여성에게 적용된 발달과정 이론』(Development Process Theory as Applied to Mature Women)이라는 논문에 잘 요약해 놓았다. Simpson의 논문에서 발달단계 이론가의 관심을 끄는 부분은 인지적·정의적·도덕적·정신운동적·능동적 영역의 발달단계를 표로 요약해 놓은 것이다. 이 표를 보면 각 영역별 연령대가 비슷하게 일치하는데 이것은 이러한 영역의 발달단계를 가정하는 것이 타당하다는 것을 의미한다.

좀 더 최근에 캐나다 심리학자인 Koplowitz(1978)가 일반적으로 잘 알려져 있는 Piaget의 단계에 더 높은 두 단계를 추가하였다. (a) 상보성, 항상성, 상호의존성을 이해하는 '시스템' 수준과, (b) 우주를 지각하는 방식은 많은 다양한 가능성 중에 단 하나에 불과하다는 것을 이해하는 '통합적인 조작적 사고력'이다. 이러한 두 단계는 우리가 앞에서 상세하게 살펴본 창의적 단계와 심취적 단계의 주된 특징들이 일치한다.

더 높은 인지적 단계가 존재할 가능성에 대한 또 다른 단서는 Arlin과 Epstein의 연구를 토대로 한 Gruber(1973)와 Vygotsky(1974)의 연구에서도 발견된다.

발달기형

Sheldon에게서 빌어 온 발달기형(dysplasia)이라는 용어를, 여기에서는 동일수준 내에서 정의적 발달이 인지발달을 앞지르는 발달의 분열 현상을 설명하는 데 사용할 것이다. 이 개념은 어떤 부분의 발달이 예상보다 뒤처지

창의성과 영재성

는 발달지체 혹은 발달정체의 의미를 내포하고 있다. 발달기형의 영향은 여러 영역 중 어느 한 영역의 성취가 한 개인의 자아 전체를 덮어 버리거나 그 이상 더 높은 단계로 나아가지 못하는 것이다.

가장 흔한 성인의 발달기형(소위 말하는 '7-5' 기형)은 정의적으로 생산성 단계(7단계)의 평균적인 지능을 갖고 있는 사람이 인지적으로 형식적 조작 단계에 머물러 있는 (따라서 창의적이지 않은) 특징을 갖고 있다. 발달기형은 항상 인지적 차원에서 나타나며 대체로 정의적 단계보다 두 단계 정도 뒤처지며 이 문제를 바로잡는 것은 어렵다. 이와 관련된 더 많은 정보는 다른 연구(Gowan, 1974)를 참조하고, 우리는 여기에서 인지가 정의적 발달을 가로막아 두 단계 이상 뒤쳐져 있는 발달기형을 요약해 볼 것이다. 인지로 발목이 잡히면 결과적으로 정의적 발달은 더 이상 나아가지 못한다.

지면의 제약으로 발달기형의 시사점을 충분히 검토할 수는 없지만, 이 문제가 성인 영재에게 창의성이 부족한 원인이 되고, 따라서 이 문제에 초점을 맞추고 영재를 상담해야 한다는 점만은 언급하겠다. 또한 발달기형은 발생 후 이를 치료하는 것보다 예방하는 것이 훨씬 더 효과적이다.

영재아동에게 적합한 교육방법

특출한 사람의 특성에 대한 관심은 모든 인간의 특성에 대한 특별한 관심으로부터 나온다. 그러므로 영재아동의 재능을 실현하기 위한 발달 프로그램을 만들려면 발달단계 이론에 대한 확고한 지식을 갖고 있어야 하며, 영재아동의 특수한 문제에 그 프로그램을 적용하기 위해서는 능력과 동기를 갖고 있어야 한다. 발달단계 이론은 발달의 불연속성(자연과학에서 발견된 불연속성이 행동과학 분야에도 적용될 수 있듯이)을 전제로 하기 때문에 불연속적(discontinuity)인 발달을 안내하고 도와주는 작업이 필수적이다. 영재아동을 위한 발달단계 내에서의 속진이 있을 뿐만 아니라(이것은 영재아동의 사회적 부적응을 초래하기도 한다.) 창의적인 성인으로 자라는 아동을 Piaget의 형식적 조작기보다 더 높은 단계까지 끌어올려야 한다.

이 점을 토대로 우리는 영재아동을 돕기 위한 다음의 두 가지 중요한 출발점을 설정할 수 있다. (1) 영재아동을 돕는 일은 좀 더 일찍 시작하여 좀 더 늦은 시기까지 개인의 일생을 통해 광범위한 시간 동안 이루어져야 한다. (2) 일반적인 연구자뿐만이 아니라 부모부터 시작해서 특별한 영재아동을 만나는 모든 사람이 이들의 발달을 도와주어야 한다. 문제에 대한 치료는 가능한 한 일찍 시작해야 하고, 가능한 한 다양한 사람이 도와주어야 한다는 일반적인 지침을 따라 영재아동(학생)의 발달을 안내해야 한다. 가정이 항상 중요한 역할을 한다.

영재교육자가 고려해야 할 세 가지 중요한 쟁점

우리는 앞에서 영재아동을 지도하는 교사가 고려해야 할 세 가지 중요한 쟁점을 살펴보았다. 이 세 가지 사항은 3, 4, 5 단계([그림 3-1] 참조)의 주된 교육 과제이기도 하다. 그 세 가지는 (1) 창의적 환상기 혹은 마술적 악몽기(4~6세의 주도적 단계), (2) 창의성 저하를 막기 위한 교육(7~11세의 근면성 시기), (3) 언어적 창의성(10대의 형식적 조작기)의 확립 등이다. 이러한 각각의 과제는 창의성을 보존하고 자극하는 문제에 관한 것이다. 그리고 영재아동이 적절한 시기에 그중 어느 것이라도 실패한다면 영재성을 발휘하지 못하는 성인으로 늙어 갈 것이다. 이러한 실패가 일반인에게는 결정적인 문제가 아니지만, 영재아동에게는 불안과 정신건강을 해치는 결정적으로 중요한 문제를 초래하며 다른 한편으로는 사회적으로 인적 자원이 낭비되는 일이기도 하다.

이 모든 쟁점에 포함된 핵심 개념은 우뇌의 심상(imaginary)[3]을 자극하는

---

3) 역자 주: imaginary를 흔히 상상력으로 번역하고 있다. 그런데 원문을 읽다 보니 상상력이라

것이다. 즉, 좌뇌로 들어온 자극을 우뇌로 건너가게 하고, 뇌 안에서 소통하는 간접적인 방법을 통하거나 혹은 좌뇌가 작동하는 동안 우뇌를 자극하는 직접적인 방법을 통하여 우뇌의 상상력을 자극한다. 그동안 연구자들은 미술, 음악, 공간을 다루는 교과목이 우뇌의 상상력을 돕는다고 생각해 왔다. 그러나 수학이나 과학 같은 또 다른 영역이 우뇌의 상상력을 자극하는 더 새롭고 더 좋은 교육과정일 수도 있다.

마술적 악몽 혹은 창의적 환상

창의성은 아동이 오이디푸스적으로 이성의 부모에게 이끌리는 3단계인 남근기 때(주도적-직관적 시기)(Gowan, 1972) 급격하게 표출된다. 아동은 자신의 경험에 따라 세상을 개념화하고 창의적으로 상상한다. 즉, 이 시기 동안 부모의 도움과 사랑을 받으면 아동은 자신의 환경 속에서 느끼는 새로운 압력들에 대한 통제력을 획득하고, 부모의 도움을 받지 못하면 아동은 환경에 통제당함과 무기력함을 느낄 때 마술적 악몽(Magic Nightmare)을 경험할 것이다.

창의적 환상(Creative Fantasy)은 3단계에서 유능하고 건강한 아동이 이성 부모로부터 충만한 사랑을 받았을 때 분명해진다. 그러므로 창의적인 사람은 오이디푸스 콤플렉스와 엘렉트라 콤플렉스를 공유하는 경향이 있다. 4~7세에 어머니에게 정서적으로 밀착되어 있던 남아, 그리고 아버지와 특별하게 가까웠던 여아는 다른 비슷한 능력을 지닌 아동보다 훨씬 더 창의적인 경향이 있다. 이 시기의 아동은 자신의 환상적인 세계와 현실 세계 사이의 다리를 자유롭게 확장하면서 이성 부모의 따뜻한 애정에 반응한다. 아동의 아이디어를 가치 있게 생각하는 애정 어린 성인은 아동이 아이디어를 내놓고 지적으로 과시하도록 자극하고 격려한다. 이런 정서적인 지원은 아동이 과

고 하면 오해가 발생할 부분이 있다. 이때의 상상력은 가상적인 세계를 마음속으로 그려 볼 수 있는 능력을 말하는 것이 아니라 마음속에 상을 만들어 보는 능력을 말하는 듯하다. 그래서 맥락에 따라 상상력, 심상 중 하나로 번역하였다.

거 경험을 자유롭게 이끌어 내고, 반쯤은 잊어버린 아이디어를 전의식으로부터 인출할 수 있도록 도와준다. 그러므로 정서적 지원을 받는 아동은 부모의 부정적인 판단이나 금지 때문에 무엇인가를 시도할 기회가 좌절된 아동보다 잊혀진 기억의 영역을 더 깊이 파고들어가 좀 더 창의적인 아이디어를 이끌어 낼 수 있다.

이성 부모로부터 아동이 받은 사랑은 아동이 갖고 있는 이 기간 동안의 오이디푸스적 환상에 현실감을 부여한다. 환상과 현실을 이어 주는 다리는 아동이 통제감을 느끼는 동안 튼튼해지고 아동은 현실과 갈망을 구분하는 변별력을 키운다. 이 통제감은 아마도 Kris가 말한 '자아기능으로의 회귀'와 유사할 것이다. 이런 유형의 창의성은 이 단계의 남근기 특징처럼 과시적이고 침입적이다. 이 기간 동안 여아의 경우보다 더 많은 남아들이 (여아가 아버지에게 접근하는 것보다) 어머니와 가까워지는 것은 나중에 성인의 세계에서 남성이 여성보다 더 창의적인 한 가지 이유가 될 수 있다.

이 시기에 아동은 금지하는 힘이 있는 성인의 세계 속에서 자신의 개별성을 발견한다. 아동은 자신의 바람과 충동을 인식하고 행동이나 환상을 통하여 충족시킬 수 있는 자신의 의지력을 체험한다. 이런 경험에 따라 아동은 쾌감 아니면 고통, 즐거움 아니면 죄책감, 증가하는 힘과 성공 아니면 무기력을 느끼게 된다. 아동에게 이 시기의 경험은 마술적인 악몽일 수도 있고 창의적인 환상일 수도 있다. Sullivan의 훌륭한 표현을 빌면, 한편에는 '좋은 자아'가 있고, 다른 한편에는 겁에 질린 '비자아(not-me)'의 경험이 있다. 어느 쪽을 선택하든 아동이 발휘할 수 있는 통제력의 정도에 달려 있으며 이 통제력은 아동의 일생에 중요한 성인들이 아동에게 가한 통제력과 비교된다.

창의성 저하를 예방하는 교육

발달 4단계에서는 대부분 아동들의 창의성이 하락한다. 이러한 사실은 Torrance(1962) 등의 논문에 잘 논의되어 있는데, 이 논문들에 따르면 문화

창의성과 영재성

적 이유 이외에 창의성이 하락하는 다른 이유는 없다고 한다. 우리는 4단계에서 읽기, 쓰기, 산수와 같은 좌뇌 기능을 지나치게 많이 가르치는 반면, 음악, 미술처럼 우뇌를 자극하는 교육과정이 부족하거나 없고 우뇌를 자극하는 절차가 부족하기 때문에 우뇌의 상상력이 쇠퇴한다고 추측한다. 1979년 『The Gifted Child Quarterly』 봄호는 전체 지면을 명상과 상상력을 향상시키는 다양한 절차를 소개하는 데 할애하였다. 우리는 이 저널에 실린 것 중에서 쉽고도 적절한 도구인 초등 과학에 주목할 필요가 있다.

초등학생에게 과학을 가르치는 것이 어휘력, 경험, 범주화 능력, 물질의 재질ㆍ크기ㆍ형태ㆍ모양에 대한 친숙감―이런 것들은 Piaget가 말한 구체적 조작기에 발달하는 보존성의 모든 측면이기도 하다―을 높여 준다는 분명한 사실을 인정해야 한다. 또한 초등 과학 교육은 흥미를 자극할 것이다. 이상의 모든 효과가 영재아동에게 더 많이 나타나지만 이 결과는 양적인 변화일 뿐이다. 그러나 적어도 영재아동의 경우에는 4단계와는 질적으로 다른 단계인 형식적 조작기와 창의성 단계(Gowan, 1972)로 나아가는 성과가 있을지도 모른다. 좀 더 명확하게 말해서 과학은 10살쯤에 '3r's'[4]과 같은 좌뇌 활동을 지나치게 많이 가르침으로써, Torrance(1962)가 말한 창의성이 하락하거나 우뇌 기능이 사라지는 것을 예방해 주고 우뇌의 상상력을 보존해 주는 도구가 될 수 있다.

Suchman의 '탐구학습'(1967)을 도입하면 창의적이고 확산적인 사고를 향상시킬 수 있으며, 또 다른 종류인 소크라테스 교수법(SMGS와 같은)도 과거 수년 동안 이 문제를 해결하는 좋은 대안이었다. 현재 떠오른 새로운 문제는 발달단계 이론을 좀 더 잘 이해하는 것이다. 이것은 대뇌 반구의 차별적인 기능을 이해하는 것과 맞물려 있다. 이런 점을 염두에 두고 이론적 배경을 설명하겠다.

Piaget가 말한 형식적 조작은 일차적으로 Guilford가 말한 수렴적 사고

---

4) 역자 주: 읽기, 쓰기, 셈하기(reading, writing, arithmetic)

와 연관이 있으며 수렴적 사고는 좌뇌를 주로 사용한다. 다양한 문헌에 나와 있듯이(Gowan, 1978a), 우뇌의 상상력은 창의성을 발휘하는 도구이기 때문에 다음과 같은 몇 가지 중요한 시사점을 도출해 낼 수 있다.

첫째, 형식적 조작은 양쪽 대뇌 반구가 최대한 협동하는 것은 아닐 것이다. 우리는 이 주제를 다시 살펴볼 것이다. 둘째, 우뇌의 상상력이 그렇게 중요하다면 우리는 이것에 대해 더 많은 것을 알아내야 하며 교육적인 우뇌 자극법도 알아야 한다. 이 주제를 좀 더 깊이 살펴보자.

이러한 심상이 만들어지는 위치는 우반구의 베르니케(Wernicke)[5] 영역인 것 같다(Jaynes, 1976). 한때 연구자들은 베르니케 영역을 자극하기 위해 특수한 의미들이 필수적이라고 생각하였다. 그러나 최근에 베르니케 영역이(별이 반짝이는 것처럼) 항상 활동하는 것으로 나타났다. 그러나 사람이 깨어 있는 동안 대부분의 상황에서 일반적으로 우세 뇌인 좌뇌가 인지과정을 지배한다. 이러한 과정을 거쳐 뇌에 입력되는 지각 정보가 처리되고, 이 과정은 언어와 행위를 통한 사고로 이어진다. 이러한 뇌 내의 소통은 끊임없이 계속되고 이것이 의식을 만들어 낸다. 이완, 명상, 최면, 환상, 백일몽, 감각 박탈, 혹은 이와 비슷한 상태를 통하여 좌뇌에서 나오는 언어적·행동적 사고를 제거해 보자. 그러면 우뇌의 심상이 즉시 떠오를 것이다. 실제로 Wallas(1926)는 창의성에 관한 자신의 패러다임에서 이러한 마음의 상태에 '배양(incubation)'이라는 명칭을 사용하였으며, 배양이 창의적인 사고를 위한 충분 조건(반면에 준비가 필수 조건임)이라고 말하였다.

그러나 의식 상태를 변경시키고 좌뇌 반구 기능을 제거함으로써 우뇌 반

---

5) 역자 주: 이 책에서는 베르니케 영역은 우뇌에, 브로카(Broca) 영역은 좌뇌에 있다고 했지만 다른 여러 서적을 검토한 결과 모두 좌뇌에 있다고 설명하고 있다. 베르니케 영역은 언어의 입력, 즉 의미 이해를 담당하고 브로카 영역은 언어의 출력, 즉 발성을 담당하는 것으로 알려져 있다. 이 책에서 말하는 베르니케 영역은 좌뇌의 베르니케 영역과 대칭적인 우뇌의 영역을 지칭하는 듯하다. 이 점에 대해서는 좀 더 정확하게 확인할 필요가 있다.
베르니케 영역이 손상되면 이해 실어증(receptive aphasia)이 나타나는데, 들리기는 하나 듣는 말 또는 명령들의 의미를 이해할 수 없게 된다. 브로카 영역이 손상되면, 표현 실어증이 나타난다. 말하려는 사람의 마음속에 단어나 문장이 생각나도 그것을 표현하지 못하는데 그것은 적합한 소리를 내기 위한 혀와 입술의 움직임을 적합한 순서로 생각해 낼 수 없기 때문이다.

구 활동을 간접적으로 자극할 필요는 없다. 미술과 음악이 우뇌의 창의적 상상력을 자극한다고 이들 교과 교사는 오랫동안 주장해 왔다(Williams, 1977). 과학을 경험적인 발견 방식으로 가르친다면 과학도 우뇌의 상상력을 자극할 수 있다고 자신 있게 말할 수 있다. 과학교과에 대해 가장 권위 있는 E.S. Ferguson 교수는 『사이언스(Science)』(1977)에서 다음과 같이 말했다.

> 기술자(technologist)가 생각한 사물의 많은 속성과 특징들을 명료한 언어로 기술할 수 없다. 기술자들은 마음속에서 사물의 속성과 특징을 시각적 · 비언어적으로 다룬다. 기술자의 마음의 눈은 시각적 기억들을 점검하고, 자신이 생각한 대로 새로운 이미지 혹은 수정된 이미지를 만들어 내는 잘 발달된 기관이다.

더 발전된 초등 과학 교수법은 (적어도 영재아동의 경우에) Piaget의 인지단계들을 빠른 속도로 건너뛰게 하는 질적인 차이를 만들어 낼 수 있다. 초등학생이 실험실에서 조작하고 발견할 수 있도록 도와준다면 질적인 차이를 만들어 내는 교수법은 창의적 산출의 결과를 가져오는 우뇌의 상상력을 길러 줄 것이다. 새로운 교수법은 빠른 단계 이동뿐만 아니라 좌뇌 혼자보다는 좌뇌와 우뇌가 협력하여 조작하는 정도까지 형식적 조작 단계를 완성시킬 것이다.

표 3-1 구체적인 조작적 사고 수준의 수업을 위한 지적 성과의 구조

		뇌 반구	수업 절차(단원)	산출된 지적 성과
전통적뇌 ←	요구되는 ←	좌 뇌	어휘	단 위
교수심법 ←	과학중심	좌 뇌	범주화, 속성 찾기, 조합	분 류
	교수법	좌 뇌	언어적 유추	관 계
		우 뇌	전반적인 체계 분석	체 계
		우 뇌	거꾸로 하기, 확대, 축소, 되돌리기, 변화시키기 등	변 환
		우 뇌	"……한다면 어떤 일이 발생할까?" 처럼 거리가 먼 것을 연상하기	시사점

〈표 3-1〉에서 구체적인 조작적 사고 수준의 수업을 위한 지적 성과의 구조는 좌뇌와 우뇌의 협동을 명료하게 정리하였다. 일반적인 교수법은 좌뇌 기능을 자극하는 방식, 즉 아래쪽 화살표 방향으로 진행된다. 그러므로 교육은 언어적 유추에서 끝이 나고 아동은 좌뇌의 형식적 조작에 세뇌될 것이다. 필요한 것은 아래에서 위로 올라가는 화살표 방향으로 수업을 진행함으로써 우뇌를 자극하는 교수법이다. 그러나 교사들에게는 이런 유형의 수업을 고안하는 것이 매우 어렵다.

두 번째 주제는 일반 아동보다는 영재아동을 위한 질적으로 다른 과학교수법의 현실적인 학습목표가 창의적 산출이어야 한다는 것이다. 그 이유는 이 경우에 교사가 소비적인 과학 지식을 가르칠 뿐만 아니라 나중에 산출되는 창의성도 준비시켜야 하기 때문이다. 『미래 과학자로서의 영재아동(The Gifted Child as a Future Scientist)』(1955)에서 Paul Brandwein은 이런 교육의 중요성을 최초로 강조하였다. 고전이 된 그의 작은 책은 지금까지도 과학교사의 필독서로 꼽힌다. 그 이후 Washton(1967)도 과학교육의 목표는 창의성 육성이어야 한다고 주장해 왔다.

좀 더 최근에 발견된 세 번째 주제는 공간적이고 경험적인 방법을 채택한다면 우뇌의 직접적인 자극은 음악과 미술뿐만 아니라 과학 시간에도 가능하다는 것이다. 이러한 자극은 다른 능력뿐만 아니라 과학적인 창의성에 필수적인 상상력을 촉진할 것이다. 실제로 중요한 업적을 남긴 과학자들이 어떻게 창조하는지 이들의 말을 통해 알아보아야 할 것이다. 이에 대한 좋은 정보가 『창조적 과정(The Creative Process)』이라는 Ghiselin(1952)의 책에 담겨 있다. Koestler(1964)는 『창조의 행위(The Act of Creation)』라는 책에서 과학자들의 말을 분석하였다.

여기에서는 지면의 한계로 과학자의 인상적인 말을 인용할 수는 없다. 그러나 과학에서조차 창의적 발견을 내놓는 것은 논리가 아니고 심상이다. 위대한 아인슈타인은 다음과 같이 말하였다.

창의성과 영재성

나의 사고 체제에서 단어와 언어가 중요한 역할을 하는 것 같지는 않다. 사고의 요소가 되는 물리적 실체(physical entities)들은 확실한 기호와 어느 정도 선명한 이미지들이다(Ghiselin, 1952, p. 43).

청소년기 언어적 창의성의 확립

이미지는 언어적인 개념보다 이해하기 좋기 때문에, 볼품없는 말을 졸면서 터벅터벅 걸어서 끌고 가는 사람의 이미지와 촘촘히 붙어 달리는 경마에서 승리하기 위해 경주마에 박차를 가하고 있는 훌륭한 기수의 이미지를 비교해 보자. 걸어서 말을 끌고 가는 사람이 말에게 더 빨리 달리라고 채찍질을 가하는 것은 부적절하다. 또한 기수가 달리는 말에게 채찍질을 가하지 않는 것도 부적절하다. 후자의 경우에 경주마는 잘 달릴 수 있는 능력을 갖고 있지만 경주마만이 가진 능력을 발휘하도록 전문적인 기수의 안내와 지도가 필요한 것이다. 교육자들이 뛰어난 재능을 갖고 있는 청소년에게 일반 아동에게는 불가능한 언어적 창의성을 발휘하도록 박차를 가하는 것은, 경주마에게 채찍질을 가하는 것과 똑같은 상황이다. 이 경우에 청소년을 몰고 가는 기수는 헌신적이며 언어적 능력이 탁월한 교사다. 경주는 선별된 집단에서 다른 또래 영재아동과 경쟁하는 것이다. 박차와 채찍은 저널의 논문이나 공식적인 글을 발표하는 데 필요한 훈련이다.

대부분의 영재아동이 다음 단계로 넘어서지 못하고 창의적인 성인으로서의 기능을 상실하는 것은 형식적 조작기에서 창의적 단계로 올라갈 때 발생한다. 창의적 표현에 대한 부모, 교사, 또래의 인정이 필요하기 때문에 청소년기의 소녀가 형식적 조작기에서 창의성 시기로 올라가는 것은 특히 힘든 일이다. 우리가 1978년 『The Gifted Child Quarterly』 겨울호에서 쟁점으로 다룬 이 문제를 주목해야 한다. 주된 해결책은 (a) 헌신적인 교사, (b) 선별된 집단, (c) 지속적인 생활지도와 상담, (d) 저널을 통해 창의적 글을 발표할 수 있도록 하는 지속적인 격려였다.

영재아동이 창의적인 성인으로 성장하기 위해서 통과해야 하는 세 번의 시기와 장소가 있다. 이때 이곳에서 주된 결함이 발생한다. 교육자인 우리들은 더 많은 아동이 창의적인 성인으로 성장할 수 있도록 세 번의 결정적인 국면에 더 많은 관심을 기울여야 한다.

참고문헌

Arlin, P. K. (1975). Cognitive development in adulthood. *Developmental Psychology, 11*, 601-606.

Ausubel, D. P. (1978). Defense of advance organizers. *Review of Educational Research, 38*(2), 251-259.

Blocher, D. (1966). *Developmental counseling.* New York: Ronald Press.

Brandwein, P. (1955). *The gifted child as a future scientist.* New York: Harcourt, Brace.

Brown, A. (1973). Conservation of number... in normal, bright and retarded children. *Child Development, 44*, 376-379.

Colangelo, N., & Zaffram, R. T. (Eds.). (1979). *New voices in counseling the gifted.* Dubuque, IA: Kendall-Hunt.

Epstein, H. T. (1977). Growth spurts. In *Education and the brain.* Chicago: National Society for the Study of Education Yearbook, 343-357.

Erikson, E. (1950). *Childhood and society.* New York: Norton Press.

Ferguson, E. S. (1977). The mind's eye: Non-verbal thought in technology. *Science, 197*, 827-836.

Flavell, J. H. (1963). *The developmental psychology of Jean Piaget.* Princeton: Van Nostrand.

Ghiselin, B. (1952). *The creative process.* Berkeley, CA: University of California Press.

Ginsberg, E. and others. (1951). *Occupational choice: An approach to a general theory.* New York: Columbia Press.

Gowan, J. C. (1960). The organization of guidance for gifted children. *Personnel and Guidance Journal, 39*, 275-279.

Gowan, J. C. (1972). *Development of the creative individual*. San Diego: Knapp.

Gowan, J. C. (1974). *Development of the psychedelic individual*. Northridge, CA: Author.

Gowan, J. C. Incubation, imagery and creativity. *Journal of Mental Imagery*, 1978, *2*, 23-43. (a)

Gowan, J. C. (1978). Education for the gifted in utopia. *Mensa Research Journal, 8*, 2-11. (b)

Gowan, J. C., & Demos, G. D. (1964). *The education and guidance of the ablest*. Springfield, IL: Thomas.

Gruber, H. E. (1973). Courage and cognitive change in children and scientists. In M. Schwebel & J. Raph (Eds.), *Piaget in the classroom*. New York: Basic Books.

Harrow, A. (1972). *A taxonomy of the psychomotor domain*. New York: McKay.

Havighurst, R. J. Youth in exploration and man emergent. In H. Borow (Ed.), (1964). *Man in a world of work*. Boston: Houghton-Mifflin, 215-236.

Hunt, I., & Draper, W. W. (1964). *Lightning in his hand*. Hawthorne, CA: Omni Publications.

Huxley, J. (1962). *Island*. New York: Harper & Row.

Jaynes, J. (1976). *The origins of consciousness in the breakdown of the bicameral mind*. Boston: Houghton-Mifflin.

Keating, D. P. (1976). *Intellectual talent: Research and development*. Baltimore: Johns Hopkins University Press.

Koestler, A. (1964) . *The act of creation*. New York: Macmillan.

Kohlberg, L., & Mayer, R. (1972). Development as the aim of education. *Harvard Educational Review, 42*, 449-496.

Koplowitz, H. (1978). Unitary knowing–intellectual stage beyond science. *Brain Mind Bulletin, 3*, (22), 1.

Kris, E. (1953). Psychoanalysis and the study of creative imagination. *Bulletin of New York Academy of Medicine*, 334-351.

Kubie, L. (1958). *Neurotic distortion of the creative process*. Lawrence:

University of Kansas Press, 1958.

Mann, W. E. (1973). *Orgone, reich & eros.* New York: Simon & Schuster.

Maslow, A. (1954). *Motivation and personality.* New York: Harper.

Perry, W. G. (1968). *Forms of intellectual and ethical development.* New York: Holt, Rinehart & Winston.

Piaget, J. (1950). *The psychology of intelligence.* London: Routledge & Kegan Paul.

Simpson, J. (1977). Developmental process theory as applied to mature women. *Gifted Child Quarterly, 21,* (3), 359-371.

Simpson, E. J. (1966). *The classification of educational objectives: Psychomotor domain.* Urbana: University of Illinois Press.

Suchman, J. B. (1967). Creative thinking and conceptual growth. In J. C. Gowan, G. D. Demos & E. P. Torrance (Eds.), *Creativity: Its educational implications.* New York: Wiley, 89-95

Torrance, E. P. (1962). *Guiding creative talent.* Englewood Cliffs, NJ: Prentice-Hall.

Vygotsky, L. (1974). The Problem of a ge-periodization in child development. *Human Development, 17,* 24-40.

Wallas, G. (1926). *The art of thought.* London: Watts.

Washton, N. S. (1967). Teaching science creatively: A taxonomy of pupil questions. *Science Education, 5,* 428-431.

Webb, R. A. (1974). Concrete and formal operations in very bright 6 to 11 year olds. *Human Development, 11,* 292-300.

Weinstein, J. & Alschuler, A. Levels of self-knowledge. Amherst: University of Massachusetts, undated.

Williams, R. (1977). Why children should draw. *Saturday Review,* (Sept. 3) 11-16.

창의성과 영재성

04

초등학생의 창의성에 대한 예측(1958~ 1980년)과 '차이를 만들어 내는' 교사[1]

E. Paul Torrance

이 장은 어떤 초등학생이 창의적인 청소년과 성인으로 자라는지 예측하고, 아동과 청소년에게 이런 차이를 만들어 내는 교사는 어떤 특징을 갖고 있는지를 22년에 걸쳐 연구한 보고서다. 이 연구는 1958년에 시작하여 1964년까지 계속되었으며 연구대상이 된 아동은 미니애폴리스 초등학교에 입학한 모든 아동들이었다. 이 아동들에게 매년 다양한 'Torrance 창의적 사고력 검사(Torrance Tests of Creative Thinking)'를 실시하였다. 창의성 지수를 산출하기 위해 검사결과는 3년 단위로 통합하였다. 1979~1980년에 청소년과 성인의 창의적 행동에 관한 자료를 수집하기 위해 처음 연구대상 이었던 400명의 아동 중 220명을 대상(여성 118명과 102명의 남자)으로 3년여 에 걸쳐 추수연구를 실시하였다.

설문지를 사용하여 다음과 같은 다섯 가지 창의적 성취도 지표를 도출할

---

1) 편저자 주: Torrance, E. P. (1981). Predicting the creativity of elementary school children. (1958~80)—and the teacher who "made a difference." *Gifted Child Quarterly, 25*(2), 55-62. ⓒ 1981 National Association for Gifted Children. 필자 승인 후 재인쇄.

수 있었다.

1. 고등학교 시기에 나타난 창의적 성취의 수
2. 고등학교 이후에 나타난 창의적 성취의 수
3. 생활 속에서 나타난 창의적 방식의 수
4. 가장 창의적인 업적물의 질에 대한 평가
5. 포부 수준과 미래상에 반영되어 있는 창의성의 질에 대한 평가

설문지에 대한 응답자의 반응으로 알 수 있는 것은 학생의 창의성에 불을 붙이고 이를 지속시키는 데 교사의 역할이 매우 중요하다는 것이다. 어떤 연구대상자는 어린 나이에 창의성을 상실하였고 교사의 노력으로 이를 되살리지 못하였다. 창의성을 북돋아 준 교사의 특징으로 응답자들이 가장 많이 회상한 것들을 열거하면 다음과 같다. 교사의 창의적인 사고와 독특한 느낌으로 분위기를 편안하게 조성해 주고, 창의적 기술을 훈련시키고, 학생의 창의적인 성취를 함께 기뻐하며, 미래의 직업에 대한 다양하고 풍부한 경험을 제공하고, 학생의 창의적인 업적을 인정해 주었다.

나는 이 연구를 도와준 미네소타 대학교, 연구를 처음으로 시작한 미네소타 대학교 부속 초등학교, 1958~1965년에 입학한 아동에게 연구를 실시했던 미니애폴리스에 있는 시드니 프랫 초등학교, 그리고 이 연구를 완성하는 데 도움을 준 조지아 대학교에 감사드린다. 그러나 가장 고마운 분들은 연구에 참여한 두 학교의 교장인 고(故) 짐 커틴(Jim Curtin)과 오르빌 아프트레스(Orville Aftreth), 그리고 이 두 학교의 교사들이다. 이들의 가르침과 격려를 받으며 자란 제자들은 초등학교 교사들이 자신들의 창의적 성장과 성공적인 직업인이 되게 한 장본인이라며 교사에 대한 존경심을 표하였다.[2] 나 역시 이들 교사에 대해 그 제자들과 같은 생각을 한다.

---

2) 역자 주: 예시한 자료에서처럼 수월성, 우수한 재능을 알아보고 키워 주는 선구안, 수문장(守門將, gatekeeper)의 자질이 있는 교사가 성공적인 영재교육의 필수 조건이다.

차이를 만든 교사의 특징

이 연구의 추수연구에 참여한 사람에게 초등학교 선생님들이 창의적인 행동을 격려했던 사건을 회상해 보고 이런 사건들이 자신들의 삶에 어떤 차이를 가져왔는지 기술해 보라고 하였다.

많은 응답자들은 창의성을 격려했던 단 하나의 사건을 회상하는 데 어려움을 겪었다. 또한 창의성을 북돋아 준 단 한 사람의 교사를 회상하는 것도 어려워하였다. 다음에 소개한 인용문은 매우 창의적인 일에 종사하는 한 여성이 초등학교 시절의 자신의 경험을 말한 것이다.

> 차이를 만드는 모든 교사는 학생의 참여를 독려하고, 학생에게 무수히 많은 질문을 던지고, 학생이 수치심을 느끼지 않도록 모든 대답을 받아 주는 방식을 취한다. 그 결과 자유롭게 브레인스토밍하고 폭넓게 사고하는 능력을 기를 수 있었다. 이런 교육은 내 인생의 모든 영역에서 큰 도움을 주었다.

위의 인용문에서 알 수 있는 것은 창의성을 북돋아 주는 교실의 전반적인 분위기다. 어떤 교사는 학생에게도 그리고 나에게도 특별한 인상을 준다. 이 연구에 참여한 연구대상자들의 도움으로 차이를 만들어 내는 몇몇 교사의 특징을 알아낼 수 있었다.

지네트 아미던(Jeanette Amidon)

먼저, 독자에게 지네트 아미던에 대해 이야기하겠다. 연구를 시작할 당시 그녀는 대학교 부속 초등학교의 1학년 교사였다. 연구를 위해 학교 관리자들과 대화를 통하여 허락을 받기 위해 노력하고 있을 때, 그녀가 분위기를 반전시켰으므로 나는 그녀를 매우 재기발랄한 사람으로 생생하게 기억하고 있다. 그녀는 주저하지 않고 "이 연구에 우리가 참여해야 한다고 생각해요.

창의성을 빼면 우리 학교에 뭐가 있어요!'라고 말하였다. 그녀의 수업을 참관한 첫 시간에 창의성은 그녀의 모든 것임이 드러났다. 그녀의 수업 하나하나는 나에게 매우 색다른 경험이었다. 첫 번째 시간에 나는 진실로 좋은 교사는 이 세상에서 가장 창의적인 일을 하는 사람이라고 확신하였다.

연구대상자들에게 차이를 만드는 교사에 대해 기억나는 일을 적어 달라고 요청할 때, 나는 초등학교 1학년 때의 일을 기억할 수 있는 사람이 있을지 확신하지 못했다. 그러나 아미던은 잊기 어려운 선생님이었다. 학생은 그녀를 기억하고 있었다. 1958년에 1학년 학생이었던 한 젊은 여성이 다음과 같은 글을 썼다. 이 글에는 학기 초에 느꼈던 감정들이 잘 표현되어 있다.

> 1학년 때 기억인데 선명하지는 않다. 그러나 아미던이 내가 제일 좋아하는 선생님이었다는 느낌은 강렬하게 남아 있다. 그리고 나는 글자를 읽고 이해하면서 책을 들여다보고 있을 때 느꼈던 흥분을 기억하고 있다. 그것은 나도 책을 읽고 이해할 수 있다는 강렬한 느낌이었다. 그리고 나는 그 흥분을 그 선생님과 공유할 수 있었던 것 같다. 그녀는 우리의 기분을 이해하였으며 그녀 자신이 그런 기분을 환영하고 즐겼다. 선생님의 이런 모습은 나에게 공부는 공유할 수 있는 그 무엇이며 흥분되는 것이라는 느낌을 남겨 주었다. 이것이 내가—무용가로서, 무용교사이자 학생으로서, 조언자나 상담교사이자 내담자로서—항상 다른 사람에게 전달하고자 하는 그 무엇이다.

이 말은 아동(특히 창의적인 영재아동)에게 전인적 지지를 보내 주는 것이 중요하다는 점을 보여 주며, "누군가에게 물고기를 주어라, 그러면 그 사람은 하루는 살 수 있을 것이요, 누군가에게 물고기 잡는 법을 가르쳐라, 그러면 그 사람은 평생을 살 수 있을 것이다."[3]라는 금언을 상기시켜 준다.

---

3) 역자 주: 이 말은 탈무드에 나오는 일화다.

마릴린 캠벨(Marilyn Campbell)

잊을 수 없는 또 다른 초등학교 1학년 교사는 마릴린 캠벨이었다. 나는 그녀가 "자신이 할 수 있는 것 중에서 가장 잘하는 것을 해라." "교실을 편안하게 생각해라."라고 말하던 것과 성장을 격려하던 몇 가지 일을 잘 기억하고 있다. 특히 그녀는 '개인차'를 강조하였고 매우 창의적인 아동을 격려하였다.

내 사무실의 벽에는 그 교사의 1학년 학생이 그린 그림 한 점이 걸려 있다. 그 그림은 "나의 가장 큰 소망은 모든 아이들이 성장할 수 있는 기회를 갖는 것이다."라는 메시지를 담고 있다. 이것은 『창의적인 재능의 지도(Guiding Creative Talent)』의 일본어판 서문에서 일본의 교사들에게 전달하려는 메시지의 주제가 되었다. 또한 이 메시지는 1979년 일본에서 국제 아동의 해 기념으로 출판된 『아동의 비상(Children Soar)』의 핵심 주제가 되었다.

캠벨 선생님은 아동을 편안하게 해 주는 많은 재주를 갖고 있었다. 그 학급의 아동들은 리듬 악기를 가져온 첫날에 리듬을 배울 것이라고는 예상치 못했는데, 그날 그들은 모든 것을 완벽하게 해냈다. 선생님은 아동들이 악기가 낼 수 있는 소리를 실험하고 찾도록 격려하였다. 나중에 학급에서 가장 작은 여자아이가 앞에 나가 지휘를 하여 화음이 잘 어우러진 음악을 만들어 냈다.

다음의 글은 캠벨 선생님과 있었던 일을 그의 제자가 회상한 것이다.

> 캠벨 선생님은 언제나 우리가 할 수 있는 것 중에서 최고가 되어야 한다고 격려하였다. 1학년 때 나는 다른 아이들과 나 자신에 대한 두려움을 갖고 있었는데 그때 선생님이 이런 두려움을 극복할 수 있도록 도와주었다.

마이어스(R. E. (Rod) Meyers)

지네트 아미던이 나에게 가르치는 일이야말로 이 세상에서 가장 창의적인 직업이라는 사실을 처음으로 깨닫게 해 주었다면, 대학교 부속 초등학교

4학년 교사였던 로드 마이어스는 나의 이런 신념을 강화시켜 주었고 행동으로 보여 주었으며, 이런 교수법을 어떻게 하면 더 많이 실현할 수 있는지 좀 더 연구하고 널리 알리고 싶은 욕망을 갖게 해 주었다. 창의적인 직업인으로서의 교사는 『창의적인 학습과 수업(Creative Learning and Teaching)』(1971)이라는 공동 저서의 기본 주제가 되었다. 이 책에서 나는 많은 초보 교사와 교직에 환멸을 느끼는 교사들에게 가르치는 일은 흥미로운 일임을 새롭게 일깨워 주었다.

아미던처럼 마이어스 선생님도 교실에 있는 모습이 아름다워 보였다. 마이어스 선생님이 초등학교에서 4학년을 가르치는 동안 학부모들은 그의 마술 같은 수업을 구경하기 위해 관람석을 가득 채웠다. 학급의 25명 학생에게 4학년은 잊을 수 없는 한해였다. 그는 학생의 창의성을 북돋기 위해 너무나도 다양한 방식으로 격려하였기 때문에 그들이 성인이 되어 그 시절을 회상하면서 차이를 만든 단 하나의 사건을 선택하는 데 어려워하였다. 그들 중에는 마이어스 선생님 덕분에 4학년 때 시작하여 지금까지 계속하고 있는 일을 열거하는 사람도 있었다. 그들은 무엇인가와 사랑에 빠졌고 미래의 직업을 생각할 때도 이 점을 중요시하였다. 인기 높은 아동 서적의 저자이자 일러스트레이터로 활동하고 있는 한 사람이 4학년 때의 경험을 다음과 같이 회상하였다.

창의적인 작문 숙제는… 나의 첫 번째 저서였다. 실제로 그때 나 혼자만이 30페이지 정도를 써 가지고 갔다. 나는 끝낼 수 없었다. 그러나 마이어스 선생님은 가장 큰 힘이 되었다. 선생님은 연재 방식으로 이어지는 나의 글을 읽어 보라고 하셨다. 그 후 나는 수업과 상관없이 또 다른 책을 쓰고 삽화를 그려 넣었다. 마이어스 선생님은 이 책에도 적극적인 관심을 보여 주셨다. 이러한 격려가 없었다면 나는 지난 여름 책상 앞에 앉아 있을 엄두가 나지 않았을 것이며, 아동용 시리즈의 첫 번째 책을 쓰지 못했을 것이다….

잊을 수 없는 4학년 때, 담임선생님처럼 마이어스라는 별명이 붙은 한 남

창의성과 영재성

자아이가 있었다. 이 아동은 매우 창의적인 학생이었으며 마이어스 선생님의 특별한 지도를 받았다. 그는 다음과 같은 말로 선생님과의 관계를 표현하였다.

> 마이어스는 나의 4학년 때 선생님이다. 선생님은 진보적인 나의 뇌 안에 들어 있는 것들을 종합하라고 여러 가지 방법으로 격려해 주셨다. 4학년이 끝났지만 그의 영향력은 영원하다. 11년 동안 그의 소식을 들을 수 없었지만 나는 아직도 선생님에게 감사드리고 있다. 나는 그저 성가신 어린아이였을 것이다. 나는 지금도 과학, 예술, 인문학의 다양한 측면들을 통합하려고 노력하고 있다. 이런 면이 내가 그 대학교 부속 초등학교를 매우 신뢰하게 된 이유다.

이 젊은이는 과학소설, 교육학 논문, 대중음악, 무수히 많은 다른 창의적인 문학 관련 작품, 음악, 미술, 드라마 등 무서울 정도로 놀라운 창의적 작품을 계속해서 내놓고 있다. 이런 그의 활동에는 초등학교 때의 행동이 반영되어 있다.

마이어스 선생님은 오늘날 교육계에서 주목을 끄는 쟁점 중 하나인 분화된 좌뇌 반구와 우뇌 반구의 기능에 대해 직관적으로 알고 있었다. 사실상 언어 활동을 몹시 선호하는 학생 중에는 마이어스 선생님을 약간 싫어하는 학생도 있었다. 그중에 발랄하고 총명한 여학생이 있었는데, 그녀는 3학년 때부터 언어학자가 되기로 마음먹고 있었다. 그녀는 초등학교 때의 유쾌한 일보다는 다음과 같은 일을 회상하였다.

> 이 초등학교는 나의 직업에 큰 영향을 주지 못했다. 그러나 분명히 그 학교 시절의 일이 종종 생각나곤 한다. 4학년 때 우리는 미술 수업을 많이 하였다. 나는 미술을 정말로 싫어했다. 색칠하는 일을 정말로 좋아하지 않았다. 내가 그릴 수 있는 유일한 것은 산밖에 없었다. 나는 V자가 거꾸로 된 큰 산을 그리고, 그 옆에 작은 산을 그리고, 눈을 그리기 위해 좌우로 왕복하는 선을 몇 개 그렸다. 우리는 매일 미술 공부를 하였고 나는 그때마다 산을 그렸다. 어느 날 마이어스 선생님은 음악을 듣고 그림을 그릴 것이라고 말씀하셨다. 우

리에게 음악을 듣고 생각나는 것을 그리라고 하셨다. 그가 음악을 들려주기 전에 나는 손을 들고 산을 그려도 되는지 물어보았다. 그 일은 마이어스 선생님이 나에게 화낸 유일한 사건이었다. 마이어스 선생님은 나를 교실 밖으로 데리고 나가서 창의성에 대해 간단히 말씀해 주셨다(나는 그가 들려준 음악을 듣고 떠오른 생각을 기억하고 있다. 그 음악은 나에게 정말로 산을 연상시켜 주었다. 그러나 물론 그때는 산을 그리지는 않았다!).

샬럿 (밀러) 태플린(Charlotte (Miller) Taplin)

학생에게 성인기까지 지속되는 창의적 기술을 가르치고 성공적인 직업인이 되게 한 또 다른 교사는 초등학교의 3학년 교사였던 샬럿 밀러 태플린이다. 그해에 나는 두 번째 실험을 하기 위해 그녀의 학급에 들어갔다. 나는 조금 일찍 학급에 도착하였고 3명의 남학생이 자신들의 일을 끝마치고 나에게 다가와 무엇을 할 것인지 질문하기 시작했다. 그래서 나는 나의 연구에 대해 몇 가지 암시를 주었다. 이 시기에 경험한 일은 나에게 잊을 수 없는 생생한 경험 중 하나다.

특히 태플린 선생님이 내가 아이들에게 실시한 소시오메트리 면접을 할 때 그녀가 한 말이 기억에 남는다. 학기가 끝날 무렵 그녀는 다음과 같이 말했다. "당신들이 이 연구에서 무엇을 발견할 수 있을지는 잘 모르겠지만 우리의 수업을 바꾸어 놓은 것 같다. 학생들을 성가신 놈들로 생각하지 않고 성가신 것들을 생각하는 놈들로 생각하게 되었다." 3학년 때 가르친 창의적 기술이 지속될 수 있다는 사실은 그녀의 한 학생이 다음과 같은 말을 한 것을 보면 잘 입증된다.

내가 3학년이었을 때 보고서 준비를 격려하고 강화시켜 주는 한 선생님을 만났다. 선생님은 그림이 첨부된 2~3개의 보고서를 책처럼 만들어 보라고 했다. 나는 미술 공작용 색판지에 많은 그림을 그렸다. 이런 보고서를 작성하는 데 많은 시간이 걸렸다. 미네소타에 관한 나의 보고서는 큰 인기를 끌었다. 그때의 영향으로 나는 지금도 의식적으로 창의적인 서면 보고서를 생각한다.

나는 어떠한 형태든 서면 보고서라면 대체로 잘 해낸다.

프레드 랭(Fred Lang)

우리의 연구에 참여한 모든 교사 중에서 '차이를 만든' 교사로 가장 많은 학생이 지목한 교사는 프랫 초등학교의 5학년과 6학년 교사였던 프레드 랭이었다. 많은 제자들이 그와 함께한 경험 중에서 기억나는 사건을 하나만 골라서 적어 보라고 했을 때 어려움을 느낄 정도로 그는 많은 일을 하였다. 많은 학생이 다음과 같은 말을 하였다.

> 랭 선생님은 1년 동안 단 한 가지 일만 도와준 것이 아니다. 그는 학생이 이해하지 못해서 선생님의 도움이 필요할 때 언제든지 모든 학생을 도와주는 데 시간을 아끼지 않았다. 그는 학생을 신뢰하였고 학생에게 관심을 기울여 주었다. 또한 학생도 그 선생님에 대해 같은 생각을 갖고 있었다.

또 다른 제자가 다음과 같은 말로 랭 선생님에 대한 경험을 기술하였다.

> 선생님은 우리에게 자기 자신이 되라고 말씀하셨으며 자신의 속도에 따라 공부하라고 말씀하셨다. 우리가 실패를 했을 때도 각자 자신의 공부를 하듯이 각자의 속도에 따라 학습을 할 수 있도록 시간을 더 내주었다.

나는 아동, 특히 대부분의 영재아동에게 자신의 특징을 불안해하지 않고 '자신의 장기를 즐기는 것'이 중요하다고 생각해 왔다. 그러나 이 연구에서 제시된 자료를 통하여 이런 생각이 내가 생각했던 것보다 훨씬 더 중요하다는 사실을 확신할 수 있었다. 랭 선생님에 대한 기억뿐만 아니라 그밖에 비슷한 다른 선생님들에 대한 기억에서도 이러한 사실을 거듭 확인할 수 있다.

셜리 스턴린스키 구스타프슨(Shirley Sternlinski Gustafson)

매우 창의적인 아동들이 편안함을 느끼도록 만드는 것은 쉬운 일이 아니다. 이 현상의 한 가지 변형된 사례를 프레드 랭의 친구인 셜리 스턴린스키 구스타프슨 선생님을 회상한 제자들의 글에서 찾아 볼 수 있다.

> 그래요, 나는 한 가지 사건을 기억할 수 있어요. 6학년 때 나는 수줍음을 많이 탔죠. 선생님은 나에게 수업시간에 가만히 있지 말고 말을 하면서 참여하라고 말씀하셨어요. 나는 집단을 벗어나 혼자 하는 일에서는 기본적으로 문제가 없었어요. 나는 항상 생각을 종이에 적었죠. 그래서 나는 말할 줄을 몰랐어요. 스턴린스키 선생님은 나에게 창의적인 아이디어를 갖고 있다고 말씀하셨어요. 그리고 수업시간에 일어나서 발표를 하고 다른 학생에게도 그 생각을 들려주라고 말씀하셨어요. 글쎄요, 나는 학교 다닐 때 말을 잘하는 학생은 아니었어요. 나는 열심히 노력했고 생각을 적은 다음에 거울 앞에서 연습을 했어요.
> 지난 해에 나는 논문 하나를 썼어요. 그것이 출판되었고 청중 앞에서 그것을 발표해 달라는 요청을 받았습니다. …나는 발표를 하였고 그 일은 몹시 즐거웠어요. 일어서서 발표해 보라던 그 선생님의 격려가 없었다면 나는 논문 발표를 거절했을 거예요. 당신도 아시다시피, 논문 발표 요청을 받은 순간 나는 수업 중에 선생님이 나에게 일어서서 발표해 보라고 하던 똑같은 상황이 머릿속에 떠올랐어요. 선생님은 저에게 발표를 시도하기만 하면 잘할 수 있을 것이라고 말씀하셨어요. 선생님께 감사드립니다!

간혹 매우 창의적인 아동이 자신의 창의성을 교묘하게 감추거나 취학 전까지 너무나도 철저하게 억압되어 교사가 이것을 거의 알지 못하는 경우가 있다. 그 결과 이러한 창의적인 잠재력은 격려를 받지 못한다. 이런 예가 다음의 사례에 잘 나타나 있다. 다음의 글을 쓴 사람은 전 과목에서 가장 창의적인 소녀 중 하나였다. 지금 이 학생은 모든 주제에서 창의적으로 성공한 인상적인 기록을 남긴 성인으로 성장해 있다.

> 나는 현재 작가다. 대학을 다니기 이전에는 내가 어떤 특별한 재능을 갖고 있다는 생각을 하지 못했다. 나의 초등학교 때 경험은 놀라운 것이었다. 나는 글의 구조, 철자법, 발음에서 모두 완벽한 점수를 받았다. 그러나 글씨 쓰는

속도가 느려서 점수가 깎였다. 내가 독창적으로 쓴 글을 아무에게도 보여 주지 않았다. 10살쯤에는 모험 소설인 『Hardy Boys』를 모방하기로 마음을 먹었다. 그리고 그런 열정은 고등학교 때까지 계속되었다. 나의 아버지는 정신적 질병을 갖고 있었고, 내가 써내려 간 대부분의 이야기들은 다른 아이들이 쓴 것과는 너무나도 달랐다.

위의 글은 창의성을 발휘하기 위해서 편안함을 느끼는 가운데 학습하는 것이 얼마나 중요한지를 말해 준다. 지금은 작가가 되어 감동적인 위에 소개한 글을 쓴 그 소녀가 나에게도 다음과 같은 글을 남겼다.

Torrance 박사님, 당신의 연구를 또렷하게 기억하고 있습니다. 심지어 당신의 질문에 내가 어떤 대답을 했는지도 기억하고 있습니다. 당신이 시행한 검사는 모두 재미있었습니다. 그리고 항상 그 일이 즐거웠습니다.

나에게 일어난 가장 좋은 (그리고 창의적인 사람이 되도록 나를 격려해 준) 일 중 하나는 당신들의 실험에서 가장 창의적인 학생에게 주는 상으로 내가 플레이-도(play-doh)를 선물로 받은 일이었습니다. 그 선물 상자를 높이 치켜들었을 때 '저걸 누가 받을까? 누가 행운의 주인공이 될까?'라고 마음속으로 생각했던 일을 기억하고 있습니다. 내 이름이 가장 먼저 호명되었던 순간 나는 믿을 수가 없었습니다. 내가 다른 학생과 다른 점이 고려된 것입니다(나는 시를 쓰는 일을 사랑했다, 나는 말광량이 소년이었다 등등). 그러나 그 상은 나에게 '다르다'는 것은 잘못된 일이 아니라는 것을 말해 주었습니다. 나는 그 일을 잊을 수 없습니다. Torrance 박사님, 감사드립니다.

웨인 커크(Wayne Kirk)

성장 후 창의적인 일을 하는 데 영향을 준 사람으로서 두 번째로 많은 지목을 받은 선생님은 웨인 커크였다. 커크 선생님에 대해 제자들이 회상한 일은 다양하였지만 그중에서 많은 학생이 미술과 과학, 혹은 미술과 또 다른 과목, 혹은 사회와 자연을 통합한 교과활동을 기억하고 있었다. 이런 경험 덕분에 대부분의 영재들은 이미 있는 일자리를 찾고 지키기보다는 새로운 일자리를 창조하는 방식으로 미래 직업관을 확장하고 단련할 수 있었다.

아래 글은 우리의 연구에 매우 창의적으로 참여한 한 학생의 글이다.

커크 박사님의 6학년 수업에서 두 번째 중요한 순간을 맞이하였다. 나는 학교가 아닌 다른 곳에서 그린 그림을 학교에 가져왔다. 그 그림은 오이디푸스의 사이클이라는 추상적인 사실주의 그림이었는데 커크 박사님은 그 그림을 대단히 좋아하셨다. 실제로 나는 개인적으로 전문적인 그림을 그리고 있었는데 그때 커크 박사님은 문학과 미술을 통합해 보려던 나의 관심사를 격려해 주었다. 나는 그후 계속해서 이와 같은 보편적인 담론을 그림으로 그렸다.

베시 걸릭슨(Bessie Gullickson)

이 연구에 참가한 몇몇 학생은 그들의 선생님을 인생의 모델로 생각하고 있었다. 이 선생님들은 학생에게 생기 있고 창의적인 삶을 살아가는 모습을 보여 주었다. 프랫 초등학교 4학년 교사였던 베시 걸릭슨에 대한 아래의 설명은 그러한 모델의 한 예다.

4학년 때 걸릭슨 선생님은 학급의 모든 학생이 상상력을 펼칠 수 있도록 도와 주었다. 나는 선생님이 들려주는 흥미진진한 이야기를 들으며 사람이 살아가는 방식과 사람에게 관심을 기울일 수 있었다. 선생님은 우리에게 마리 퀴리, 루이스, 클라크 그리고 인디언 지도자인 스카자비아(Scajawea)의 삶에 관한 책을 읽어 주었고, 수년간 필리핀에서 살았던 자신의 경험담도 들려주었다. 그렇게 적극적이고 활발한 선생님을 만난 일이 나에게 얼마나 중요했는지, 선생님이 들려준 또 다른 적극적이고 활발한 여성에 관한 이야기로부터 내가 얼마나 감명을 받았었는지 이제야 알 것 같다. 나는 선생님이 여자들을 일깨워 주려고 노력했다는 생각이 든다.

바이올라 스벤슨(Viola Svensson)

프랫 초등학교 학생이 잊지 못하는 또 다른 선생님은 바이올라 스벤슨이었다. 그녀는 전체 학년을 흥분시켰다. 지금은 명문 대학교의 영어교수가 된 매우 창의적인 젊은 여성은 다음과 같이 선생님을 회고하였다. 이 글에 선생님의 모습이 잘 나타나 있다.

나에게는 한 분의 훌륭한 선생님이 있었다. 선생님은 5학년을 맡았지만 나는 학교를 다니는 동안 내내 그 선생님의 수업을 들었고 선생님은 많은 시를 쓰도록 우리를 격려해 주었다. 선생님에 대해 흐릿한 기억들만 남아 있지만, 벌레의 눈으로 본 '들판의 하루'라는 주제로 시를 쓰라고 숙제를 내주셨을 때 내가 다음과 같은 시를 쓰면서 기뻐했던 모습은 아직도 생각난다.

여러분 안녕하세요!
나는 파리예요.
시합에서 이기려고 하고 재미있게 놀고
나는 이런 아이들의 모습을 구경하는 것이 좋아요.
기타 등등

그밖에 다른 것은 기억나지 않지만 이 시를 그냥 끝내는 것이 싫었던 데다 이미 문학적인 관점이 민감하게 발달한 나는 이 시의 중간에 다음과 같은 내용을 삽입하였다.

Zzzzzzzzzzzzzzzzzzzzzzzzzzzzz.
(쉬잇! 그가 잠들었어요.)

나에게는 초등학교 모든 학년이 흥미롭고 새로운 세계였던 것으로 기억한다. '시'라는 단원은 나에게 숙제가 아니라 일상적인 활동으로써의 창의적인 작문이었다.

다른 교사, 학교 간호사, 서무실 직원 등등

학생이 특정 교사를 회고한 사례는 그 밖에도 무수히 많다. 이런 이야기에는 모든 교사들에게, 특히 영재아동을 가르친 교사와 영재아동의 특수한 욕구를 채워 주는 데 관심을 기울인 학교에 대한 중요한 메시지가 많이 담겨

04. 초등학생의 창의성에 대한 예측(1958~1980년)과 '차이를 만들어 내는' 교사

있다. 그 메시지들을 일일이 살펴볼 수는 없으므로 초등학교 때 실시한 창의성 검사를 가지고 성인기 때의 창의적인 성취를 예측한 우리의 연구에 대해 논하고자 한다. 그러므로 나는 다소 창의적인 한 소녀가 기술한 또 다른 잊을 수 없는 5학년 때 선생님이었던 로저 짐머만에 대한 이야기를 끝으로 선생님에 대한 기억은 여기서 접을 것이다. 이 글은 연구에 참여한 모든 교사, 양호 교사, 서무실 직원, 교장, 그리고 이 두 학교에 근무하던 다른 모든 사람에게도 해당되는 말일 것이다.

어른이 되었을 때 나의 삶에 커다란 변화를 가져왔다는 차원에서 나는 우리 안에 녹아 있는 모든 성인의 일반적인 태도가 가장 중요하다고 생각한다. 다양한 배경을 가진 다양한 아동들이 있고… 어떤 아이는 매우 급진적이다. 그리고 우리 모두는 사람이라면 누구나 다 무엇인가를 할 수 있는 잠재력을 갖고 태어났다는 것을 배웠다. 이것이 내가 가장 많이 배운 것—충분한 시간과 충분한 방법을 제공하면 어느 누구라도 창의성을 발휘할 수 있다—이다. 즉, 사람은 무엇인가를 위한 재능을 가지고 있다. 그리고 이것이 내가 만나고 함께 일하는 사람에게서 발견하고 격려하려는 것이다.

창의적 성취에 대한 예측

1958년 미네소타 대학교 교육연구소 소장이 된 직후에 나는 영재아동의 교육에 관한 프로그램을 개발하는 과제를 맡았다. 이 연구소의 자문단은 이 과제가 교육적 연구 영역이며 이 연구를 위해 미네소타 대학교가 앞으로 25년간 두드러진 기여를 해야 한다고 결정하였다. 연구진이 해야 할 첫 번째 일은 창의적 영재성을 조사하고 창의적 발달과 성취를 종단적으로 연구하는 것이었다. 미네소타 대학교에 근무한 마지막 해였던 1966년에 나는 1958년(이 당시 연구대상자인 초등 교사는 신임교사였다)에 사용했던 창의적 사고력 측정도구의 예언타당도를 구하기 위해 같은 초등 교사의 창의적 교수 행동을 재평가하였다(Torrance, Tan, & Allman, 1970). 그 결과, .62와 .57의 예언 타당도를 구하였다. 1959년에 검사를 받았던 고등학교 학생을 추적하여 1971년에는 성인이 된 이들의 다양한 창의적 성취를 평가하여 .50의 예언타 당도를 구하였다(Torrance, 1972, a, b).

초등학생에 대한 연구가 시작된 직후 나는 불안감을 느끼기 시작했다. 아 동에게 일어난 일이 아동의 창의성을 파괴하는 원인일 수도 있음을 목격했 을 때, 나는 창의적 사고력 및 성인기의 창의적 업적에 관한 검사의 예언타 당도가 그리 높지 않을 것으로 기대하였다. '4학년의 침체기' (Torrance, 1968, 1969)는 측정 절차에 상관없이 확고한 우리의 예측을 뒤집어 놓는 강 력한 현상이었다. 우리는 또한 종단적 연구를 실시하면서 많은 장애물—연 구대상자와 접촉을 유지하는 일, 자료를 보관하는 일, 성인의 창의적 성취 기준을 정하는 일, 재정적 지원을 받는 일—이 도사리고 있음을 깨달았다. 또한 연구진의 자리가 이동하는 문제도 있었다. 이러한 실질적인 어려움에 도 불구하고 우리는 이 연구를 계속하여 연구가 시작된 이래 22년간의 추적 연구를 완성할 수 있었다. 대규모의 이 연구에는 아직도 분석하고 보고해야 할 자료가 남아 있다. 그러나 주된 결과는 분명했다. 이 연구의 결과를 여러 분에게 간단하게 설명하겠다. 이 연구에 대한 보고서는 미네소타 대학교에 서 책으로 출판될 것이다.

최초 자료의 수집

미네소타 대학교 부속 초등학교와 미니애폴리스에 있는 시드니 프랫 초등 학교의 1~6학년 학생에게, 1978년 9월부터 매년 봄가을에 Torrance 창의적 사고력 검사(Torrance Tests of Creative Thinking)를 다양한 형태로 실시하였 다. 6년간 이 두 학교에서 많은 학생의 창의적 행동을 측정하였다. 사용된 도 구는 생활력에 관한 질문지, 창의적 작문 표집, 자신의 창의적 행동 체크리 스트, Buck의 집—나무—인물 검사, 교우관계조사도(sociometric) 등이다.

추수연구의 참여자

추수연구에 포함될 최소한의 조건은 적어도 3년마다 한 개 이상의 창의적 사고력 검사를 완성하는 것이었다. 이 기준에 적합한 400명에게 우편물을 발송할 수 있도록 다양한 절차로 현재의 주소를 알아보았다. 400명 중 70% 정도에게 우편물을 보낼 수 있는 정확한 주소를 확보할 수 있었다. 이들 중 220명(118명은 여성, 102명은 남성)에게서 완성된 질문지가 돌아왔다.

추수연구의 질문지를 완성할 당시 연구대상자들의 평균 연령은 27.5세였다. Buck의 집-나무-인물 검사로 측정된 이들의 평균 IQ는 134였고, 전통적인 지능검사(Stanford-Binet, Wechsler, 캘리포니아 정신성숙도 검사)로 측정할 때는 121이었다. 따라서 한 집단으로서의 이 참여자들은 초등학생이었을 때 비교적 영재에 속한 사람이었다.

추수연구에서 사용한 질문지

추수연구에서는 두 가지의 질문지를 사용하였다. 첫 번째 질문지는 나이, 결혼 상태, 자녀의 수, 정치적인 성향, 교육적 성취, 미래의 교육계획, 학업과 관련된 수상경력, 직업경력, 직업 관련 수상경력, 현재의 직위, 직업에 대한 야망, 계획된 직업의 변화, 휴직 경험, 고등학교 시절의 창의적 업적, 고등학교 이후의 창의적 업적, 자기가 평가한 최고의 창의적 업적, 성취를 계속하는 데 큰 힘이 되는 것과 걸림돌이 되는 것, 멘터(mentor)와의 경험, 삶의 다양한 영역에서의 만족도, 현재의 좌절, 미래의 꿈과 같은 정보 등을 위한 것이었다. 첫 번째 질문지를 완성하여 반송한 사람에게 두 번째 질문지를 보냈다. 이것은 일차적으로 연구대상자의 창의적 삶에 관한 측정치를 구하기 위한 질문지였다. 이 질문지는 대중적으로 알려지지 않았거나 널리 인정받고 있는 창의적 성취를 강조하였다. 이 질문지에는 다른 사람과는 '다른' 직업인이 되는 데 영향을 준 교사의 행동, 일상적인 창의적 행동 중 최근에 있었던 사례, 지원 체계에 관한 정보, 가사의 분담, 가사를 할 때의 창의성과 독창성 등의 정보에 관한 기억을 묻는 질문지였다. 여성들에게는 부가적으로 창의적인 잠재력을 깨닫는 데 어떤 특수한 문제가 있었는지도 질문하였다.

결 과

질문지는 지금도 도착하고 있으며 어마어마한 분량의 자료에 대한 통계적이고 창의적인 분석이 아직도 계속되고 있다. 211명의 연구대상자에게서 회수된 질문지를 토대로 주된 효과의 분석은 완료되었고, Torrance 창의적 사고력 검사의 예언타당도와 관련된 주된 결과들을 구할 수 있었다.

창의적 성취에 대한 다음의 다섯 가지 측정치를 개발하여 준거로 사용하였다.

1. **고등학교 시절의 창의적 업적의 수**   이 지수를 구하기 위해 사용된 체크리스트는 Wallach와 Wing(1969), 그리고 다른 연구자들이 개발한 국가특기장학생 프로그램에서 수년간 사용한 것과 유사하다. 이 체크리스트에는 과학, 언어, 미술, 음악, 시각 예술, 드라마 예술, 지도력, 경영에서의 성취도를 평가하는 25개 항목이 포함되어 있다.

2. **고등학교 이후의 창의적 업적의 수**   이 지수를 위한 체크리스트는 초등학생이 고등학생이 된 1971년의 추수연구에서 사용한 것과 거의 비슷하다(Torrance, 1972a, b). 이 체크리스트에는 특허를 받을 만한 고안, 과학이나 다른 전문 저널에 출판된 논문, 문학작품이나 문학상 수상경력, 창의적 예술품의 수상경력, 창업, 지도력 성취 등등의 항목이 포함되어 있다.

3. **일상적인 창의적 성취의 수**   이 지수는 창의성 체크리스트를 토대로 구하며, 일상적인 창의적 업적이지만 공개적으로 알려지지 않은 창의적 업적을 강조한다. 이 지수에는 활동 지향적인 집단의 조직, 새로운 교육적 모험의 시작, 알려지지 않은 창의적 예술품, 의상 디자인, 새로

운 기술의 학습 등과 같은 22개의 범주가 포함되어 있다.

4. **가장 창의적인 업적의 질**   이 지수는 연구대상자가 자신의 가장 창의적인 업적이라고 말한 세 가지의 질을 평가하고 그 점수를 합산한 것이다. 질문지 곳곳에 다른 창의적인 성취도를 묻는 항목이 들어 있다. 특히 이 항목은 연구대상자가 가장 창의적인 업적을 묻는 질문에 부적절한 답을 했을 때 이용한다. 남성의 경우, Cronbach α계수를 이용한 평점자 간 신뢰도는 .86이었고, 여성의 경우는 .83이었다.

5. **미래 직업관에 나타난 창의성**   이 지수의 하나는 현실적인 포부를 묻고 다른 하나는 환상적인 포부를 묻는 두 종류의 문항으로 미래 직업관(future career image)에 대해 질문하였다. 이 지수는 이 두 문항에 대한 반응을 토대로 미래 직업관의 창의성에 대해 세 가지 평점을 매기고 이를 합산한 것이다. Cronbach α계수를 이용한 평점자 간 신뢰도는 남녀 모두 .81이었다.

다양한 창의성 척도의 예언타당도를 구할 수 있었지만 여기에서는 3년간 (대체로 3, 4, 5학년 때 실시) 실시한 창의성 검사를 합산한 창의성 지수의 주효과만을 분석, 보고할 것이다. 횡축의 점수는 각기 다른 년도에 측정한 점수다. 이 점수는 1960년대 초에 만들어진 범미국적 기준을 토대로 표준 점수로 환산된 것이다. 이 연구에서 연구대상자의 창의성 지수의 평균은 99.3이었다. 이 점수는 초기 표본에 속한 전체 연구대상자의 평균이나 미국 전체의 평균과는 유의미한 차이가 있었다.

예언 변인으로서 이 지수를 가지고 Pearson 적률상관을 이용한 상관계수를 구하고, 창의성 지수가 상위 1/2과 하위 1/2에 속하는 집단을 남녀 집단으로 나누어 비교(평균의 차이를 t점수로, 비율의 차이를 카이스퀘어로 비교)하는 두 종류의 분석이 이루어졌다.

〈표 4-2〉의 자료는 남녀를 서로 다른 집단으로 구분하거나 남녀를 한

창의적 업적의 준거	남성(N = 95)	여성(N = 116)	합계(N = 211)
고등학교 시절의 창의적 업적의 수	.33	.44	.38
고등학교 이후의 창의적 업적의 수	.57	.42	.46
창의적인 생활 방식의 수	.42	.48	.47
가장 창의적인 업적의 질	.59	.57	.58
미래 직업관의 질	.62	.54	.57

표 4-1 남성, 여성, 남녀 전체의 다섯 가지 창의성에 대한 Torrance 창의적 사고력 검사의 예언타당도

상관계수 전체는 .001 수준에서 유의미함

집단으로 묶어, 3년간의 창의성을 합산한 지수와 다섯 가지 창의성 준거의 상관관계를 기술한 것이다. 모든 상관관계는 .001 수준에서 유의미하였다. 남성의 경우 상관관계의 평균은 .51이었고 여성의 평균은 .49였으며 남녀 합산 평균은 .49였다. 조합된 다섯 가지 창의성과 3년간의 창의성을 합산한 지수와의 관계를 알아보기 위해 단계적(stepwise) 회귀분석을 사용하여 중다 상관관계를 구하였더니 .63이 나왔다. 다섯 가지의 창의성을 상위 집단과 하위 집단으로 나누어 비교한 결과, .001 수준에서 유의미한 차이가 있었다.

〈표 4-3〉은 표본 전체의 다섯 가지 창의성과 다양한 요인 사이의 상관관계를 알아본 것이다. 3년간의 창의성을 합산한 지수 이외에 미래의 창의성을 가장 잘 예측해 주는 것은 아동기의 미래 직업관이었다. 남성과 여성 모두 높은 창의성을 보인 사람은 초등학교 때 무엇인가에 매료되어서 이것이 미래 직업의 토대가 되었다. 아동기 때 희망 직업의 창의적인 정도는 초등학교 때 표현된 직업과 성인기에 이 직업을 달성하는 것 사이의 일치도를 측정한 것이다.

지능지수는 창의성과 상관이 없었으며 있다고 해도 약했다. 여러 가지 지능지수는 특히 창의적인 생활 방식에 대한 예언력이 떨어졌다.

외국에서 살아 보거나 공부한 경험은 .05 수준에서 모든 창의성 척도와 상관관계가 있었다.

학업이나 일을 잠시 중단했던 경험은 창의적인 생활 방식과 유의미한 상

표 4-2 성인기의 다섯 가지 창의성과 다른 요인들 간의 상관관계

변 인	N	고등학교 시절의 창의적 업적의 수	고등학교 이후의 창의적 업적의 수	생활 방식	가장 창의적인 업적의 질	미래 직업관의 질
창의성 지수	211	.38**	.46**	.47**	.58**	.57**
아동기의 미래 직업관	206	.29**	.33**	.33**	.42**	.44**
HTP IQ(Buck)	181	.16*	.19*	.06	.21**	.13
S B/WISC/CMM IQ Adj.	156	.15	.18*	-.02	.34**	.32**
외국 생활 경험	211	.22**	.15*	.21*	.23**	.26**
학업이나 일의 중단(Time out)	211	.00	.11	.31**	.14	.12
멘터	211	.23**	.23**	.24**	.33**	.23**
연령	211	-.08	.00	.00	-.07	-.07
결혼 상태	211	.03	.03	.07	.03	-.05
결혼 연령	211	.13	.02	.14	.18*	.19*
자녀의 수	211	-.09	-.11	-.08	-.14*	-.14*
성별 구분(남=1, 여=2)	211	.00	-.06	.11	.11	.16*

$*p<.05, **p<.001$

관이 있었을 뿐이다.

그러나 멘터가 있었던 것은 다섯 가지 창의성 척도 모두와 유의미한 상관이 있었다.

연령과 결혼 상태는 이러한 척도의 어느 것과도 상관이 없었다. 대체로 결혼 연령, 자녀의 수, 성별은 어떠한 창의성 척도와도 상관이 없었다.

🖼 참고문헌

Khatena, J., Torrance, E. P., & Cunningham, B. F. (1973). *Thinking creatively with sounds and words*. Bensenville, IL: Scholastic Testing Service. (Originally published by Personnel Press)

Torrance, E. P. (1962). *Guiding creative talent*. Englewood Cliffs, NJ: Prentice-Hall, (Now available from Robert E. Krieger Publishing Co., Box 542, Huntington, NY 11743)

Torrance, E. P. (1963). *Education and the creative potential*. Minneapolis: University of Minnesota Press.

Torrance, E. P. (1965a). *Rewarding creative behavior*. Englewood Cliffs: Prentice-Hall.

Torrance, E. P. (1965b). *Gifted children in the classroom*. NYC: Macmillan.

Torrance, E. P. (1966, 1974). *The Torrance tests of creative thinking*: Norms-technical manual. Bensenville, IL: Scholastic Testing Service. (Originally published by Personnel Press)

Torrance, E. P. (1968). A longitudinal examination of the fourth grade slump in creativity. *Gifted Child Quarterly, 12*, 195-199.

Torrance, E. P. (1969). Discontinuities in creative development. In E. P. Torrance & W. F. White (Eds.), *Issues and advances in educational psychology*. Itasca, IL: Peacock.

Torrance, E. P. (1972). Career patterns and peak creative achievements of creative high school students 12 years later. *Gifted Child Quarterly, 16*,

75-88. (a)

Torrance, E. P. (1972). Predictive validity of the Torrance tests of creative thinking. *Journal of Creative Behavior, 6,* 236-252. (b)

Torrance, E. P. (1979). The search for satori and creativity. Great Neck, NY: Creative Synergetic Associates.

Torrance, E. P., & Myers, R. E. (1970). *Creative learning and teaching.* NYC: Harper.

Torrance, E. P., Tan, C. A., & Allman, T. (1970). Verbal originality and teacher behavior: A predictive validity study. *Journal of Teacher Education, 21,* 335-341.

Wallach, M. A., & Wing, C. W., Jr. (1969). *The talented student: A validation of the creativity-intelligence distinction.* NYC: Holt, Rinehart.

창의성과 영재성

Teachers

-Kevin William Huff

선생님은...

-케빈 윌리엄 허프

Teachers
Paint their minds
and guide their thoughts
Share their achiverments
and advise their faults
Inspire a Love
of knowledge and truth
As you light the path
Which leads our youth
For our future brightensrs
with each lesson you teach
each smile you lengthen(…)
For the dawn of each poet
each philosopher and king
Begins with a Teacher
and the wisdom they bring. (부분)

선생님은
학생들 마음에 색깔을 칠하고
생각의 길잡이가 되고
학생들과 함께 성취해 나가고
실수를 바로잡고
길을 밝혀
젊은이들을 인도하며
지식과 진리에 대한
사랑을 일깨웁니다.
선생님이 가르치고
미소를 지을 때마다
우리의 미래는 밝아집니다.
시인, 철학자, 왕의
탄생은 선생님과
선생님이 가르치는 지혜로부터
시작하니까요.

－장영희 옮김(서강대학교 영문학 교수)

미래의 길 밝혀 주는 선생님

새삼 선생님이라는 나의 직업에 대해 생각해 봅니다. 내가 누군가의 마음에 색깔을 칠하고 생각의 길잡이가 된다는 것, 내가 가르치는 지혜로 시인, 철학자, 왕이 된다는 것 – 즉 내가 누군가의 삶에 영향을 준다는 것, 문득 선생이라는 직업에 겁이 납니다. '보통의 선생님은 말을 할 뿐이고 좋은 선생님은 설명을 한다. 훌륭한 선생님은 몸소 보여 주고, 위대한 선생님은 영감을 준다'는 말이 있습니다. 나는 그저 '말을 할' 뿐인 선생님이 아니었나 의심이 듭니다.

내 스스로 보여 주고 영감을 주는 선생님이 되고 싶습니다. 지식뿐만 아니라 지혜를, 현실뿐만 아니라 이상을, 생각뿐만 아니라 사랑을 가르치는, 그런 선생님이고 싶습니다.

(장영희: 서강대 영문학 교수, 조선일보, 2005. 5. 12)

※ 이 시를 번역, 소개한 장영희 교수의 허락을 받고 인용, 전재함. 전재할 수 있도록 허락해 주신 장영희 교수님에게 감사드린다.

05

개인적 창의적 사고기법[1]

Gary A. Davis

창의적 사고기법은 창의성을 다룬 문헌에서 자주 등장하는 주제다. 실제로 창의적 훈련을 다루는 최근에 나온 모든 책에는 창의적 사고기법이 기술되어 있다. 예를 들면, 브레인스토밍, 목록작성법, 시각적인 종합 매트릭스 작성, 아이디어 체크리스트(checklist), 창조공학(창조적 문제해결기법, synectics) 등이 있다(Biondi, 1973; Davis, 1973, 1981; Feldhusen & Treffinger, 1980; Shallcross, 1981; Stein, 1974; Torrance, 1979). 어떤 한 워크북은 중학교 1학년용으로 이런 기법들을 채택하였다(Davis & DiPego, 1973). '직관적' 창의성과는 대조적으로 때로는 '강압적' 창의적 절차라고 명명된 이 모든 전략들은 새로운 아이디어의 조합, 새로운 통찰력, 다른 사람이 할 수 없는 새로운 지각 등을 유도하기 위해 개인이나 집단에서 사용할 수 있다.

최근에 필자는 창의적 잠재력과 창의적 생산성의 계발에서 더욱 중요시되고 있는 '개인적인 창의적 사고기법'이라는 주제에 더욱더 관심을 갖게 되

---

1) 편저자 주: Davis, G. A. (1981). Personal creative thinking techniques. *Gifted Child Quarterly, 25*(3), 99-101. ⓒ 1981 National Association for Gifted Children. 필자 승인 후 재인쇄.

었다. 개인적인 창의적 기법은 각 개인이 자신의 창의적 통찰력과 지각을 위해 사용하는 독특한 전략이나 절차를 의미한다. 이러한 개인적인 창의적 사고기법은 경험, 직관, 시행착오를 통하여 발달한다. 간혹 사람들은 이런 기법들을 의식적 · 의도적으로 사용하고 때로는 무의식적 · 즉각적으로 사용한다. 새로운 아이디어를 내놓기 위해 창의적 전략을 자주 사용하는 미술, 저술, 만화, 음악 등에서는 종종 이런 기법들을 개인적 스타일이라고 한다.

몇 가지 예를 들어 보면 개인적인 창의적 사고기법이 무엇을 의미하는지 명료해질 것이다. 첫째, 표준화된 창의적 사고기법이 개인적인 창의적 사고기법에서 유래한 것임을 주목할 필요가 있다. 예컨대, 브레인스토밍은 Osborn과 그의 광고업계 동료들이 규칙과 절차를 만들기 위해 머리를 맞대고 앉아 오랫동안 직관적으로 사용했던 방법이다(Osborn, 1963). 귀인 목록 작성법을 만든 Crawford(1978)는 모든 창의적인 혁신은 새로운 상황에 직관적으로 속성을 적용하거나 수정하여 사용하는 것과 관련이 있다고 주장하였다. Gordon(1961; Alexander, 1978)은 창조공학(synectics)을 창의적인 사람이 무의식적으로 혹은 직관적으로 사용하는 전략이라고 기술하였다.

몇 가지 사례

개인적인 창의적 사고기법이 사용된 사례들을 접하면서 이 기법에 민감해지면 누구라도 이 방법들을 쉽게 인식할 수 있다. 예를 들면, 아인슈타인은 새로운 지각, 새로운 관계, 새로운 아이디어를 이끌어 내기 위해 그의 유명한 방법인 정신적 실험—빛의 속도로 엘리베이터를 타고 공간을 여행하는 상상과 같은—을 사용하였다. 피카소는 실체를 분리하고 분리한 것들을 좀 더 창의적인 배열로 합쳐 놓았다. 피카소에게는 특정 '시기'가 있다. 각 시기별로 피카소의 예술적인 눈은 분명히 정해진 자원으로부터 영감을 받았는데, 광대 시기, 블루와 핑크의 시기, 아프리카 시기로 나누어진다. 마찬

가지로 화가인 드가(Degas)는 의도적으로 자신의 작품을 아름답게 만들기 위해 발레리나의 우아함을 이용하였으며, 반면에 고갱은 남태평양의 풍경과 원주민에게서 영감을 얻었다. 레오나르도 다 빈치는 최후의 만찬을 그리기 위해 스케치북을 들고 밀라노 거리를 돌아다니며 인상적인 얼굴을 찾아다녔다.

프란츠 리스트(Franz Liszt)의 헝가리 무곡 15개는 모두 다 헝가리 집시들의 민속음악에서 선율을 따온 것이다. 차이코프스키도 같은 기법을 사용하여 민속음악을 토대로 자신의 '슬라브 행진곡'을 만들었다. 작곡가 세자르 퀴(Cesar Cui)는 자신의 '오리엔탈' 곡을 위해 민속음악을 사용하였다. 오늘날의 작곡가들은 여전히 어떤 고전음악에 새로운 가사를 붙이거나 록 음악 비트를 넣어 새로운 멜로디로 변형한다. 같은 방법으로 베토벤 9번 교향곡은 다양한 록 음악으로 편곡되었다.

일반적으로 창의적 집단에 속하는 코미디언들은 농담과 말투를 개발하기 위해 개인적인 기법을 사용한다. 로드니 댄저필드(Rodney Dangerfield)는 "나는 어떤 관심도 받을 수 없다."라는 화법을 사용하고 자기를 깎아내림으로써 계속해서 자신을 창피하게 만든다("지난주에 여자 친구와 길을 가다가 우연히 그녀의 옛 애인을 만났어요. 그녀는 이렇게 말했어요. 스티브! 당신에게 로드니를 소개시켜 주고 싶었어요. 로드니, 잘 가!"). 보브 호프(Bob Hope)는 자신에게 대사를 알려 주는 사람이나 유머러스한 모욕으로 자신에게 대꾸해 주는 무표정한 인물을 사용한다. 놈 크로스비(Norm Crosby)는 말을 우스꽝스럽게 오용하는 화법으로 유명하다. 예를 들어, 그는 가벼운 맥주로 '덧칠이 되어' 있다. 그리고 그는 "조니 카슨을 위해 매우 큰 불행(a very great affliction for Johnny Carson)"을 겪고 있다. 크로스비는 실제로 이런 종류의 기법을 사용하고 있다. 잘 웃기는 보브 뉴하트(Bob Newhart)는 고의적으로 말을 삼가는 화법을 사용한 일상적인 전화통화로 명성을 얻었다. 그는 "아닙니다, 사장님, 아닙니다… 이 놈은 사장님이 생각하는 그런 종류의 영장류가 아니에요."라고 말하며 자신의 건물을 기어오르고 있는 킹콩에 대해 조용히 보고하였다.

정치 만화를 그리는 만화가들도 의도적인 은유적 사고라는 개인적인 기법을 종종 사용한다. 은유적 사고는 새롭고도 재미있는 관계를 이끌어 내기 위해 어떤 상황에서 나온 아이디어를 새로운 맥락으로 옮기는 것이다. 1980년에 나온 어떤 만화는 피터 팬에서 따온 아이디어를 내무부 장관이던 존 앤더슨을 묘사하는 데 이용하였다. 이 만화에서 앤더슨은 해적선의 돛대 위에 앉아서 "자! 여러분들이 이것이 정말 어렵다고 생각하신다면 박수를 쳐 보세요…."라고 말하고 있다. 1980년에 나온 또 다른 만화는 미국의 샘 아저씨를 이용하였다. 샘 아저씨는 반바지만 걸치고 "이보게, 샘. 나는 당신의 몸값을 다시 한번 올리겠어!"라고 말하는 아야톨라 호메이니(Ayatollah Khomeni)와 포커를 치고 있다. 이 말은 호메이니가 미국인 인질을 석방하기 위한 요구사항을 계속해서 늘리는 것을 은유적으로 말한 것이다.

유머러스한 정치 만화를 그리는 부크월드(Buchwald)는 은유법을 자주 사용한다. 예를 들어, 그는 미식축구에서 개념을 따와 애그뉴 부통령의 사임—비신사적인 행동 때문에 경기장 밖으로 쫓겨남—을 묘사하였다. '친애하는 존에게'라는 편지는 리처드 닉슨을 용서해 달라는 포드의 말에 대한 국민들의 실망감을 표현하기 위해 사용된 것이다. 섹스 판타지라는 책에서 영감을 받은 세금 판타지에 관한 4월 15일자 칼럼은 세무감사와 탈세에 관한 코믹한 꿈을 묘사한 것이다. 하나의 꿈은 신데렐라에서 아이디어를 따와 은유적으로 다음과 같이 말을 한다. 유리 구두가 발에 딱 들어맞자, 왕자는 "나는 H & R Block을 위해 일하고 있고 이 회사와 결혼하면 이 회사는 1년에 세금 345달러만 절약해 줄 것이다."라고 고백하였다. 피치 못할 난관을 극복하기 위해 신데렐라는 그 말을 받아들였고 그녀는 그 후 행복하게 살았다. 부크월드는 은유적인 정치적 유머의 셰익스피어다.

또한 작가들은 개인적이며 의도적인 아이디어 자극 기법을 사용한다. 어떤 작가는 새로운 스토리, 정치적 사건, 혹은 역사적인 해프닝을 깊이 탐색하여 소설이나 영화로 이런 정보를 변형시키기도 한다. 예를 들어, 트루먼

창의성과 영재성

커포티(Truman Capote)는 중서부에서 있었던 대량 살상 사건을 자신의 영화 〈냉혈한〉(In Cold Blood)의 토대로 사용했고, 워터게이트 사건은 〈대통령의 사람〉(All the President's Men), 제2차세계대전의 노르망디 상륙작전은 〈지상 최대의 작전〉(The Longest Day), 진주만 전쟁은 〈도라, 도라, 도라〉(Tora, Tora, Tora), 그리스 황제 클라우디우스는 〈클라우디우스 1세〉(Claudius 1)라는 영화의 소재가 되었다. 〈스타워즈〉와 〈황제는 뒤를 공격한다〉(The Empire Strikes Back)의 영화를 탄생시킨 천재적인 작가 조지 루카스(George Lucas)도 독특하면서도 효과 만점인 개인적인 창작 기법을 사용하였다. 『타임』지 작가 제럴드 클라크(Gerald Clark)에 따르면 조지 루카스는 〈스타워즈〉의 대본을 쓰는 동안 신화를 읽었는데, 그 이유는 그가 〈스타워즈〉를 서사시 같은 영화로 만들고 싶어 했기 때문이라고 한다(Time magazine, May 19, 1980. 5. 19.).

종종 개인적인 창작 기법들은 쉽게 학습되고 습관화되어, 이 기법을 사용하는 사람은 자신이 체계적인 전략을 사용하고 있음을 자각하지 못한다. 예를 들어, 미술가나 사진작가는 자신이 선호하는 방식, 관점, 재질, 매체, 화제, 색의 조합을 개발할 것이고, 이런 것들은 그동안 자신이 학습해 왔을 것이다. 결국 즐거움을 주는 창의적 결과물은 예술가들이 학습해 왔을 것들을 내놓는 것이다. 시, 소설, 심지어 교과서의 작가들은 효과적인 단어와 구절의 배열을 위해 단어, 구, 간혹 은유를 가지고 정신적 씨름을 한다. 성공한 실내장식가는 카펫, 가구, 벽지, 페인트, 커튼이나 식탁보의 주름을 배열하는 데 독특한 기법을 개발하여 사람에게 독특하면서도 미적인 즐거움을 준다. 의상 디자이너, 보석 디자이너, 혹은 건축가는 남북전쟁, 중국, 로마, 잉카, 고대 이집트, 우주 개발 계획 등에서 창의적 영감을 얻기 위해 박물관이나 도서관을 관람한다.

때로는 창의적인 영재학생도 개인적인 창의적 사고기법을 사용한다. 예를 들어, 창의적인 학생 미술가는 오리나 말을 섬세하게 그리거나 신속하게 만화 인물을 스케치하기 위해 개인적인 기법을 사용할 것이다. 학생 작곡가나 지휘자는 점차 자신이 선호하는 음의 배열 혹은 음악적인 앙상블이 무엇인지 발견할 것이며 이것을 발전시킬 것이다. 고등학생 록 기타리스트 혹은 재즈 색소폰 연주자는 자신이 좋아하는 즉흥적인 연주 패턴이 있겠지만 이런 것들도 거듭 연주하고 연습한 결과물이다. 창의적인 젊은 사진가 · 영화 제작자 · 시인 · 식물학자도 개인적인 기법, 방법, 스타일을 발전시켜 왔을 것이며, 그 결과 이들은 성공적이고 혁신적인 결과물을 내놓을 수 있었던 것이다.

창의적 사고기법의 훈련

이러한 예들의 핵심은 창의적인 사람은 개인적인 사고기법을 발전시키고 사용한다는 것이다. 또한 이것이 내일의 지도자가 될 우리의 영재아동들이 좀 더 창의적이면서 효율적으로 문제를 해결하고 개혁적인 사람으로 성장할 수 있도록 돕는 영재교육의 주된 목표이기도 하다. 그러므로 영재학생의 교육을 담당하는 교사는 개인적인 창의적 사고기법의 중요성을 인식해야 하며 학생이 이러한 전략과 기술을 발전시킬 수 있도록 준비해야 한다.

특히 창의적 사고가 습관이 되어 있지 않은 지적인 측면에서 영재학생을 교육할 때 이들의 창의성과 개인적인 창의적 사고기법의 발전을 격려하는 것에 역점을 두어야 한다. 총명한 어린 학생의 잠재력을 길러 주지 않는다면 이들의 잠재력은 사장될 것이고 이것은 사회적 차원에서도 손실이다.

개인적인 창의적 사고기법은 (a) 창조적인 일을 하는 과정에서 발전할 것이며, (b) 개인적인 창의적 사고기법의 기능을 이해하거나 이 기법들을 사용하는 누군가로부터 지도를 받는다면 아동의 기법들도 발전할 것이다. 그러므로 창의적이고 지적인 영재학생은 예술, 사진, 창의적인 저술 활동, 연기, 저널리즘, 연구 활동, 창의적 사고와 문제해결력이 필요한 심미적 · 전문적 활동에 좀 더 적극적으로 참여해야 한다.

창의성과 영재성

더욱이 창의적 재능을 가진 교사는 창의적인 사고기법으로 학생을 직접 지도할 수 있다.[2] 예를 들어, 미술 교사는 물감을 섞는 방법이나 더 좋은 작품을 만들도록 도와줄 수도 있으며, 은으로 된 장신구 만들기, 실크 스크린 날염, 유약을 섞어 도자기 만들기, 창의적인 사진을 찍어 혁신적인 방법으로 암실에서 인화를 하는 것 등을 도와줄 수도 있다.

　문학에 소양을 갖춘 교사는 훌륭한 작가, 콩트 작가, 저널리스트의 창의적인 스타일과 기법의 예를 들어 줄 수 있다. 과학 교사는 미래의 생물학자와 물리학자에게 도움이 되는 기법과 방법들을 많이 가지고 있다.

　학생의 개인적인 창의적 사고기법을 계발시키기 위해 영재교육에 필요한 심화와 속진의 전략들을 조사해 본다면 몇 가지 전략이 유망하다는 것을 즉각 발견할 것이다. 멘터 프로그램, 프로젝트식 수업, 도제식 수업은 특히 재능 있는 학생이 전문가—연구원, 예술가, 저널리스트, 사업가, 행정가 등—를 만날 수 있는 기회를 제공할 것이다. 전문가의 직접적인 지도는 여름학교(경영자의 학교, 어린이를 위한 대학, 음악 프로그램), 토요일 프로그램, 현장 견학에서도 가능할 것이다. 자기주도적 연구 프로젝트(Renzulli의 삼부심화학습), 학년을 앞서가는 미술·작문·영화 수업, 자석 학교(magnet (satellite) schools), 그리고 기타 등등의 참여 활동은 창의성을 길러 줄 것이다.

　개인적인 창의적 사고기법은 인간의 창의성에 지극히 중요한 요소이지만 연구 문헌을 보아도, 영재아동을 위한 창의성 계발 프로그램을 보아도, 많은 관심을 끌고 있는 주제는 아닌 듯하다. 잠재적으로 창의성을 갖고 있는 학생을 지도하는 교사를 포함한 모든 사람은 학생 자신의 창의적 방식과 기법을 개발하도록 도와주어야 한다.

---

2) 역자 주: 이 설명은 영재교육의 원리와 실제, 특히 예술영재교육의 실제에 매우 중요한 시사점을 제공한다. 초·중·고등학교의 창의성 육성을 위한 교육의 선결 조건은 그 교육을 담당하는 교사에게 창의적인 자질(창의적·비판적 사고 구사 기법과 관련 지식에 능통해야 하는 것)이 필요하다는 것이다. 즉, 창의성이 풍부한 교사가 학생의 창의성 자극과 육성을 제대로 지도할 수 있다는 것이다. 창의성은 길러질 수 있다. 즉, 창의성은 교육이 가능하다는 것이다.

참고문헌

Alexander, T. Synectics: Inventing by the madness method. In G. A. Davis and J. A. Scott (Eds.). (1978). *Training creative thinking*. Huntington, NY: Krieger.

Biondi, A. M. (1973). *Have an affair with your mind*. Buffalo: Creative Education Foundation.

Crawford, R. P. (1978). Techniques of creative thinking. In G. A. Davis & J. A. Scott (Eds.). *Training creative thinking*. Huntington, NY: Krieger.

Davis, G. A. (1973). *Psychology of problem solving*. NYC: Basic Books.

Davis, G. A. (1981). *Creativity is forever*. Cross Plains, WI: Badger Press.

Davis, G. A., & DiPego, G. (1973). *Imagination express: Saturday subway ride*. Buffalo: D.O.K Publishers.

Davis, G. A., & O'Sullivan, M. (1980). Taxonomy of creative objectives: The model AUTA. *Journal of Creative Behavior, 14*, 149-160.

Feldhusen, J. F., & Treffinger, D. J. (1980). *Creative thinking and problem solving in gifted education*. Dubuque, IA: Kendall/Hunt.

Gordon, W. J. J. (1961). *Synectics*. NYC: Harper & Row.

Osborn, A. F. (1963). *Applied imagination* (3rd ed.). NYC: Scribner's.

Shallcross, D. J. (1981). *Training creative behavior*. Englewood Cliffs, NJ: Prentice-Hall.

Stein, M. I. (1974). *Stimulating creativity. Volume 1: Individual procedures*. NYC: Academic Press.

Torrance, E. P. (1979). *The search for satori and creativity*. Buffalo: Creative Education Foundation.

06

일생에 걸친 창의적 사고과정의 촉진 – 생각할 거리[1]

Calvin W. Taylor
Diane Sacks

인생에는 적어도 두 번의 황금기가 있다. 첫 번째 황금기는 청춘이고, 두 번째는 풍부한 경험과 자유, 그리고 생각하고 창조할 시간적 자유가 풍부한 은퇴 이후의 시기다.[2]

미국의사협회는 제2차세계대전의 베이비 붐 세대가 40대가 되어 가듯이 미국인의 많은 숫자가 노인 인구 쪽으로 이동하고 있다고 지적하였다. 미국 사회는 이런 변화에 따라 정년퇴임 연령을 70세로 연장하였다. 평균수명이 증가하면서 미국인은 수년간을 일–소비 지향 사회(work-and-consumer oriented society)에서 실직 상태로 지내고 있다. 미국의 노인들이 감독권, 공

1) 편저자 주: Taylor., C. W., & Sacks, D. (1981). Facilitating lifetime creative processes –A think piece. *Gifted Child Quarterly, 25*(3), 116-118. ⓒ 1981 National Association for Gifted Children. 필자 승인 후 재인쇄.
2) 역자 주: 미국의 경제학자인 캘 브레이드는 은퇴(정년퇴직)는 한평생을 사회와 직장에 봉사한 보상으로 얻어지는 소중한 휴식이라고 했다. 따라서 노년을 즐기는 지혜와 품위 있게 늙기, 성공적인 노후(successful ageing) 맞이하기가 노인들에게 요구되는 덕목인 동시에 발달과업이다. 가난, 고독, 노인성 질병, 우울증은 품위 있게 늙기에 유해하다.

동체 의식, 그리고 직업을 통한 자기성취감의 기회를 상실한다면, 성숙과 자기성취의 목표점이라고 할 수 있는, Erikson이 말한 성격의 내재적인 통합감에 도달하기 위해 노인들은 어떤 내적 자원을 활용할 수 있을까?

학생 시절에 영재성과 재능을 지닌 교사와 교류한 사람은 자신의 창의적 과정을 사용하는 방법을 배우고, 창의적으로 생각하고 창의적으로 사는 것이 습관화되기 때문에 일생 동안—자신의 평생을 창조하는 데 바친 극단적인 예는 피카소인데 그는 자신의 생산적인 긴 인생을 창조 작업에 끊임없이 바쳤다—자신의 창의성을 사용할 것이다. 그러나 젊은 사람일지라도 도전해 보지 않았거나 새싹을 피우지 못했다면 비창의적인 행동 패턴이 형성될 것이다. 이러한 행동 패턴을 갖게 된 사람은 자아실현의 기회를 상실하고 사회는 그 사람이 공을 세웠을지도 모를 창의적 업적을 상실하게 된다.

영재아동의 교육을 담당한 교사는 학생의 창의성이 전문성을 발휘하는 시기뿐만 아니라 은퇴 이후까지 지속되도록 긍정적인 영향을 미쳤을 때 영웅이 된다.

각 개인의 창의성은 성숙한 인생을 위한 건강한 열정을 제공하는 원천일 수 있다. 그러나 창의적 삶을 영위하도록 영재아동을 가르치지 않는다면 이들의 잠재적인 창의성은 완전히 무디어지는가? 중년기에 자신의 희곡이 출판되기 전까지 무명작가였던 조지 버나드 쇼와 같은 '대기만성형'은 창의적 잠재력을 늦게라도 발휘할 수 있다는 증거가 된다.

그러나 창의성에 대한 생득적인 경향성을 가진 사람일지라도 이러한 경향성이 결정적인 시기까지 묶여 있거나 기능하지 않는다면 소질은 등을 돌릴 것이다. 우리는 McLeish(1976)의 「율리시언의 성인들: 중년기 이후의 창의성」이라는 논문을 검토한 『현대 심리학(Psychology Today)』에 게재된 한 논문(Taylor & Bennion, 1976)에서 왕성하게 활동하고 있는 과학자들의 창의성과 노화를 연구한 Anne Roe(1972)의 연구를 인용하였다. 창의성을 추구하는 데 익숙해져 있는 사람에게 삶의 기준은 전 생애에 걸친 창의적 생산성이었다.

McLeish(1976)에 따르면, 율리시언들(Ulysseans) 중에는 행동파도 일부 있지만 대체로 이들은 사고력과 통찰력을 추구한다. 이들은 마음, 신체 혹은 영혼을 위해 새로운 일을 추구하는 아이디어 탐험가들이다. 율리시언들은 항상 탐구하고, 찾고, 질문하고, 꿈꾸고, 성장한다. 행복한 병사들의 정신과 공격성은 시간에 따라 약해지지 않듯이, 율리시언들은 변화하는 현실을 받아들이고 불합리하고 특이한 세계에서 자유롭게 뛰어놀도록 마음을 풀어놓았다. 율리시언들은 인생을 마감할 마지막의 안락한 쉼터를 찾기보다는 흥분된 마음으로 인생의 여정을 바라보았다.

사람은 노년기에 시간, 풍부한 경험, 잘 계발된 재능, 보편적인 개념을 채택할 수 있는 넓은 시야와 인생에 대한 높은 안목을 지니고 있다. McLeish는 창의적인 정신을 자극할 수 있는 몇 가지 방법을 제안하였다. 그중에는 내적 자아를 탐색하고 계발하기, 브레인스토밍, 감수성 훈련과 참만남 집단에 참여하기, 상상하기, 개인적인 일기 쓰기 등이 포함된다.

위기와 잠재력이 균형을 이루는 노년기를 잘 보내는 방법을 조언한 McLeish는 대뇌의 기능은 일생 동안 의존할 수 있는 최고의 개인 비서라고 하였다. McLeish의 책에는 율리시언 노인들이 창의적 심성을 유지하는 다양한 방법들로 가득 차 있다. 결론으로, McLeish는 율리시언 방식의 인생에 필요한 내적·외적 조건들은 젊은 시절보다 노년기에 지켜야 할 것들이라고 확신하였다.

McLeish의 책에는 건강 증진과 장수에 관심을 갖고 있는 사람에게 특히 중요한 많은 자료가 담겨 있다. 사회적인 계층에 상관없이 노년기에 창의적인 삶을 사는 사람이 더 오래, 그리고 좀 더 충실하고 효율적으로 사는 경향이 있다. 이러한 결론은 건강전문가뿐만 아니라 젊은 세대를 위한 프로그램을 계획하는 교육자와, 성인들과 은퇴한 사람을 위한 교육 프로그램을 운영해야 하는 사람이 잘 새겨들어야 한다.

미국 사회, 특히 교육 분야는 각 개인의 후기 성인기를 어떻게 준비시키고 있는가? 최근의 동향은 영재아동의 많은 지적 재능을 발굴하고 키워 주는 추세인데, 일반적으로 교육 분야의 일차적 방향은 인지 기능이라는 비교적 좁은 기능의 발달에만 치중하고 있다. 학생의 창의적 재능을 발달시키고 실용화하여 뇌가 전체적으로 기능하도록 교육시키는 것이 더 낫지 않을까?

창의적인 활동은 통합적인 내적 과정으로서 집단적으로, 그리고 효율적으로 기능하는 지적·비지적인 자원들로 구성되어 있기 때문에 지극히 복잡하다(Ghiselin, 1955). 제대로 기능하는 창의적인 과정들의 저변에는 의심할 여지없이 무수히 많은 유전자가 있을 것이고 과거와 현재의 환경적 요인도 포함되어 있을 것이다. 그러나 창의성 연구자들은 최고 수준에서 창의성을 격려하고 촉진하려면 개인의 전체 내적 자원을 중시해야 한다고 거듭하여 강조한다(Taylor, 1966). 이렇게 한다면 창의성은 일생에 걸쳐 일관성 있게 기능할 것이다.

우리는 내적인 창의성이 불안, 외로움, 무력감 등을 경감시킬 것이라고 가정하였다. 개인의 내적 강점은 자신감과 확신을 가져다줌으로써 건강에 해로운 공포와 스트레스를 줄여 줄 것이다.

자신의 내적 세계에 대한 발견, 즉 심층적인 자기에 대한 지식은 교육과정의 핵심요소가 되어야 한다. 매우 창의적인 사람에게서 발견되는 몇 가지 특성을 살펴보면[3] 이들은 자기에게 충실하고, 자기를 신뢰하고, 자기 스스로를 안내하고, 자기를 수용하고, 자신감이 있고, 자기를 주장할 줄 알며, 생산적이며, 자기를 발전시키며, 스스로를 교육하고, 자신을 발견하는 경향이 있다. 또한 이들은 자기에 대해 더 많은 것을 배움으로써 자기에 대한 통찰력, 자기에 대한 인식, 자기에 대한 이해력이 뛰어난 경향이 있다. 이들은 일반적으로 다른 사람보다 긍정적인 자아개념을 가지고 있다. 이들은 자신의

---

3) 역자 주: 관련된 특징을 예시해 보면, 영재의 삶이 반드시 행복하지는 않다. 즉, 영광과 그늘이 공존한다. 수월성은 수월성을 매료시키며 위대한 운명이 될 인물은 자신의 재능, 수월성에 종복(servant)이 된다고 할 수 있다. Ludwig(1995)는 위대성(greatness)을 영재성의 충분 조건, 구성 요건으로 제시했으며, 발견되지 않은 영재는 존재하지 않는다고 주장했다(김정휘 옮김, (2007). 천재인가, 광인인가―저명인사들의 창의성과 광기의 연관성 논쟁에 대한 연구―. 서울: 이화여자대학교 출판부).

경험과 생각으로부터 배우고 창의성에 영향을 주는 자신의 내적 충동에 개방적이며 이를 잘 인식한다. 이들은 다양한 것을 찾아 나서고 계발하며, 새로운 길을 개척하는 활동에 매력을 느낀다(Taylor & Holland, 1962, 1964).

McLeish가 말한 율리시언 성인들처럼 매우 창의적인 사람은 생각하는 것을 좋아하고, 아이디어를 가지고 놀이를 하고, 필요할 때 아이디어를 낚아채는 효율적인 행동가다. 이들은 거의 무한대의 내적 자원을 스스로 계발하는 경향이 있으며 자신을 투자할 수 있는 영역에 기꺼이 위험을 감수하면서 행동한다. 이들은 자신의 노력에 따라 성공의 가능성이 바뀔 수 있다고 생각한다. 이들은 자신의 힘으로 더 좋은 완성품을 희망하기 때문에 모호함, 무질서, 혼돈을 인내하고, 미완성인 채로 조기에 일을 끝내는 것과 타인을 통해 견고해지는 것에 저항하며, 궁극적인 목표를 향하여 장기간의 노력을 투입하는 효율적인 작업 습관을 갖고 있다.

창의적인 많은 사람은 단 하나의 중요한 과제에 깊이 몰입하고 오랫동안 생각하는 것을 중요시한다. 노벨상 수상자인 Shockley(1957)는 자신은 큰 방해 없이 단 하나의 중요한 문제를 놓고 40~50시간 동안 일을 하도록 훈련되어 있다고 말했다. 그는 또한 대부분의 사람이 이런 식으로 일하는 것을 몸에 익히지 않았기 때문에, 문제가 해결될지도 모르는데 너무 일찍 포기하는 경향이 있다고 말했다. 또 다른 창의적인 사람인, 폴라로이드의 에드윈 랜드(Edwin Land)는 방해 없이 오랫동안 한 가지 문제를 놓고 일을 할 때만 자신의 모든 아이디어를 한데 모을 수 있고 시너지 효과를 얻을 수 있다고 말했다. 에드윈 랜드는 노력이 지속되지 않으면 1~2주일 내로 해결할 수 있는 일이 몇 년씩 걸릴 수도 있고 각각의 아이디어를 통합할 수도 없다고 말했다(Taylor et al., 1963).

창의성에 호의적인 분위기를 만들고 창의적 환경을 조성함으로써 창의적 수업에 유용한 새로운 접근과 새로운 교구들이 개발되어 왔다. 그 결과, 사고력, 궁극적으로는 창의적 사고력이 교실에서 촉진되고 길러질 것이다(Taylor, 1981). 이런 식으로 창의성의 잠재적인 지적 자원은 부분적으로나마 활성화될 것이다. 우리들은 대학에서 창의성을 가르칠 때 고차원적인 창의적 과정 저변에 성격, 태도, 동기, 정의적인 내적 자원과 같은 비인지적 특성이 있다고 가르친다(Taylor, 1964).

창의성의 다양한 인지적·비인지적 요소들을, 초기에 개발된 검사지를 토대로 좀 더 철저하게 잘 설계된 자서전적 검사(예, U자형 자서전적 검사)를 가지고 측정할 수 있다(Taylor & Ellison, 1967). 이것은 초등학교 고학년부터 성인기까지의 창의적 잠재력을 측정하는 가장 좋은 도구다. 이 검사는 창의적 직업 척도와 .50~.60의 다양한 상관관계가 있다. 그러므로 자서전적 접근법과 다양한 재능의 수행력을 교실에서 평가하는 방법으로 창의적 잠재력을 확인할 수 있으며 이런 잠재력이 평생 사용될 수 있도록 어떠한 연령에서라도 계발시킬 수 있다.

교사는 학생을 학습자로만 생각하지 말고 사색가, 프로듀서, 창조자로 바라보아야 한다. 매우 어린 학생일지라도 성인처럼 창의적이고 생산적으로 기능할 수 있는 놀라운 준비를 갖추고 있다. 타고난 창의적 재능이 자연스럽게 성장하고 기능할 때, 학생들은 점점 더 생기 있고 더 건강해지고 더 행복해질 것이며 더 큰 자존감을 느끼며 자기관리를 더 잘할 수 있을 것이다.

창의적인 산출을 위한 교육은 다재다능함을 계발하고 효율적으로 기능하는 유능한 직업인으로 교육시킨다는 목표를 향해 나아가고 있다. 이런 교육은 학생과 교사, 그리고 교육행정가에게 활기를 불어넣어 줄 것이며 풍요롭게 만들어 줄 것이다. 따라서 창의성에 대한 교육은 전체 교육 체계를 인간화하는 것이다(Taylor, 1973). 창의성 훈련을 통하여 아동은 세월을 낭비하지 않을 수 있고 그 밖에도 자기주도력과 자기계발 기술이 촉진될 것이며 이 기술은 다시 은퇴 이후의 여가생활을 풍요롭게 만들어 줄 것이다. 이렇게 훈련된 사람은 '여가를 창의적으로 보내는 방법(Frank Sessions가 제안한 책의 제목이기도 함)'을 배울 수 있다. 이러한 교수법을 성인뿐만 아니라 아동과 퇴직자에게도 적용할 수 있다.

이런 교수법은 자발적 창조를 경험하도록, 그리고 창조 과정에서 나온 결과물을 즐기도록 격려하고 지지할 수 있다. 성공적인 창의적 노력은 자발적인 창조의 경험을 반복할 기회를 만들거나 찾아 나서려는 욕망을 자극할 수 있다.

창의성을 역사 창조의 재능이라고[4] 기술한 Toynbee(1964, 1968, 1974)는 미국이 자국의 운명을 완전히 구현하려면 국민 안에 있는 모든 창의성을 발굴하고 촉진해야 한다고 말했다. 우리는 모든 국민의 재능이 창의적으로 기능할 때 국민이 효율적으로 기능한다고 확신한다. 지금 미국은 앞날이 창창한 젊은이들의 창의성을 감히 무시해도 되는 것일까? 일에 쏟아 부었던 에너지가 정치와 문화로 향할 수도 있고 자아실현의 목표를 향할 수도 있는, 가장 경험 많은 국민의 창의적 잠재력을 무시하는 것은 위험한 일이 아닐까?

다양한 창의성 연구에 참여하고, 창의성 프로젝트를 개발하고 적용하며, 세계 최정상급 창의성 권위자들을 초청하여 창의성에 관한 학회를 아홉 번이나 개최한 후에, 우리가 느낀 것은 과거와 미래의 역사를 창조하는 일에 창의성은 매우 중요하고 창의성의 잠재력이 무궁무진하다는 것이다. 그러므로 위에서 고찰한 것같이, 우리는 교육 현장에서 창의성을 평생 가르치는 것이 가장 최선의 연구를 위한 영웅적 행동이라고 생각한다.

참고문헌

Ghiselin, B. (1955). *The creative process*. NYC: Mentor.
McLeish, J. A. B. (1976). *The Ulyssean adult: Creativity in the middle and later years*. NYC: McGraw-Hill, Ryerson, Ltd.
Roe, A. (1972). Maintenance of creative output through the years. In C. W.

---

[4] 역자 주: 창의적인 천재가 역사를 만드는지 또는 역사가 천재를 만드는 것인지 궁금한 이 문제 제기에 대한 결론으로서 Tannenbaum(1983)은 둘 중의 하나라는 방식으로 생각하기보다는, 천재도 역사도 주도권을 갖지 않으며 이 둘의 실제 관계는 상호의존적이라고 생각하는 것이 합리적인 판단이라고 하였다. 이 책의 역자 서문 참조.

Taylor, *Climate for creativity*. Elmsford, NY: Pergamon Press.

Shockley, W. (1957). On the statistics of individual variations of productivity in research laboratories. *Proc. IRE, 45*, 279-290.

Swift, P. (1977). Keeping up with youth. *Parade Magazine*, July 31, 11.

Taylor, C. W. (1964). Developing creative characteristics. In series, Clues to creative teaching. *The Instructor*, May, 5.

Taylor, C. W. (1966).Creativity through instructional media: A universe of challenges. Parts I and II. In C. W. Taylor & F. E. Williams (Eds.), *Instructional media and creativity*. NYC: Wiley.

Taylor, C. W. (1973). Developing effectively functioning people: The accountable goal of multiple talent teaching. *Education, 94*(2), 99-110.

Taylor, C. W. (1981). Increasing creative minds and creative mindpower producers in creativity movement. The faces and forms of creativity. Proceedings from the First National Conference on Creativity and the Gifted/ Talented. Ventura, CA: County Schools.

Taylor, C. W., & Bennion, L. (1976). Review of the Ulyssean adult: Creativity in the middle and later years. In *Psychology Today*, October, 121-123.

Taylor, C. W., & Ellison, R. L. (1967). Biographical predictors of scientific performance. *Science*, March 3, *155*(3766), 1075-1080.

Taylor, C. W., & Holland, J. (1964). Predictors of creative performance. In C. W. Taylor (Ed.), *Creativity: Progress and potential*. NYC: McGraw-Hill.

Taylor, C. W., Smith, W. R., & Ghiselin, B. (1963). The creative and other contributions of one sample of research scientists. In C. W. Taylor & F. Barron (Eds.), *Scientific creativity: Its recognition and development*. NYC: Wiley.

Toynbee, A. (1964). Is America neglecting her creative talents. In C. W. Taylor, *Widening horizons in creativity*. NYC: Wiley.

Toynbee, A. (1967). *On the role of creativity in history*. Salt Lake City, UT: University of Utah Press.

Toynbee, A. (1968). Creativity in our schools (interviewed by Margaret Mason). *The Instructor*, April, 21, 132.

07

신화: 창의성은 측정하기가 너무 어렵다!¹⁾

Joe Khatena

정신기능에서 가장 흥미로운 차원은 창의성이다. 이 말은 다른 인지적 차원이 창의성과 무관하거나 중요하지 않다는 말은 아니다. 지능의 구조모형론(Guilford, 1967)처럼 창의적 정신기능에 대하여 형태학적 도표로 된 모형으로 만들려는 시도가 있었다.²⁾ 이 모형에서는 다른 모든 정신적 조작이 창의적 지능 밑에 편입되어 있다. 이 모형에 따르면, 인지, 기억, 수렴적 사고의 결과, 확산적 사고의 결과, 그리고 입출력되는 다양한 형태의 정보를 조직화하는 평가라는 다섯 가지 유전적인 기본 정신적 작용을 창의성이라 하였다.³⁾ 그러나 창의성은 능력 그 이상의 것이다.

Arieti(1971)는 창의성의 출현을 북돋아 주는 창의적인 사회가 중요하다

---

1) 편저자 주: Khatena, J. (1982). Myth: Creativity is too difficult to measure! *Gifted Child Quarterly, 26*(1), 21-23. ⓒ 1982. National Association for Gifted Children. 필자 승인 후 재인쇄.

2) 역자 주: 독자의 이해를 돕기 위해서 Guilford 지능구조 모형론의 함의(含意)를 예시한다.
   ① 지적 능력을 구조화하고, ② 지적 능력과 사고기능의 유관성을 분석하고 함의를 중시했으며, ③ 지능을 양적으로, 즉 측정 가능한 능력으로 분석·접근했고, ④ 지능과 창의성 간의 유관성을 중시했다고 할 수 있다.

3) 역자 주: 작용 차원(평가력, 수렴적 사고, 확산적 사고, 기억 파지력, 기억력, 인지능력)을 여섯 가지로 구분하여 설명하고 있다.

고 주장했다. 이 말은 개인이 문화를 주도하고 다시 문화가 개인을 주도하는 문화의 영향력을 관찰한 Ruth Benedict의 선행연구와 일치한다(Benedict, 1935). 그러나 창조가 임박한 순간에 발견과 발명의 출현에 가해지는 우주 인력의 영향력에 관한 위대한 예술가나 과학자(예, 콜리지, 브람스, 아인슈타인)의 증언을 수용한다면, 더 높은 수준에서 창의성에 작용하는 세 번째 차원의 존재를 부인하기 어려울 것이다.

그렇다면 창의성은 **개인**(individual, 모든 성격 차원과 능력을 포함), **환경**(environment, 가장 넓은 의미에서 사회와 문화를 포함), **우주**(cosmos, 종교적 신앙에 따라 다양한 이름으로 일컬어지는 초월적인 힘을 포함)로 구성되어서 삼차원적이다. 이 차원들은 가장 낮은 이성부터 가장 높은 초월적인 힘에 이르기까지 창의적 수준에 따라(Torrance & Hall, 1980), 혹은 증가하는 작동 질서에 따라 위계적으로 조직화되어 있다(Gowan, 1980). 이 창의성 모형은 우주인력이 작용하는 천재의 창의성부터 가장 인간적인 수준의 창의성에 이르기까지 다양한 수준의 창의성을 설명해 준다. 모형에서는(John Does에게서 발견되는) 보통 사람의 이성적인 창의성(rational creativity)과 미켈란젤로, 베토벤, 아인슈타인의 영감에 따른 창의성(inspired creativity)을 구분한다. 결과적으로 측정 가능한 창의성을 생각할 때 우리는 잘 알려진 이성적인 창의성을 지칭한다. 알려진 것이 거의 없는 매개 변인, 그러나 존재하는 다른 차원의 창의성이 존재함을 부인할 수 없다. 언젠가 '창의적 잠재력의 심연을 측정'할 수 있는 날이 다가올 것이다(Torrance & Hall, 1980).[4]

1960년대에 있었던 측정 가능한 구성개념으로서의 창의성에 대한 논쟁이 최고조에 달했을 때 기본적인 쟁점 중의 하나는 지금까지 반론의 여지가 없었던 IQ에 대한 심한 반박이었다(예, Getzels & Jackson, 1962; Hassan & Butcher, 1966; McNemar, 1964; Wallach & Kogan, 1965). 다른 학회에서 이

---

4) 역자 주: 명성(fame)을 이룩한 성인의 창의적인 업적을 측정하도록 고안된 척도이지만 매우 바람직한 척도를 Ludwig(1995)가 개발하여 연구에 이용했다(Creative Achievement Scale; CAS).

주제를 정신기능 측정에서 중요시하는 검사 조건뿐만 아니라 이론적 근거, 차원, 타당도, 신뢰도 문제와 관련지어 논의하였다(예, Khatena, 1971, 1973; Treffinger, 1980; Treffinger & Poggio, 1972; Treffinger, Renzulli, & Feldhusen, 1971; Wallach, 1970). 창의성의 미묘한 특성과 문제점을 인정한다. 그러나 우리가 지능처럼 창의성의 성질을 측정하려고 시도하는 것은 아니다. 이것은 우리의 영역을 벗어난 것이며 앞으로도 수년 동안 논란이 계속될 것이다. 20세기 초까지만 해도 지능의 측정에서도 똑같은 논란이 있었다고 말하는 사람도 있다. Alfred Binet가 지능과 학교에서의 학습능력 간의 연계성을 주목하고 지능검사를 만들었는데, 그때부터 창의성에 대한 측정은 논란거리가 되었다. 창의성에 관한 한 Binet도 정신기능 속에 창의성이 존재하는 것을 인식하지 못한 것은 아니다. 그러나 Binet가 지능 척도 개발에 관한 작업을 할 당시에는 창의성을 측정하는 것과 관련된 어려움이 오늘날보다도 더 컸을 것이며, 그리고 이 문제는 그가 해결해야 할 임무도 아니었다. 그밖에도 당시 학교교육은 창의성과 거의 관계가 없었다.

창의성 측정도구의 개발을 위한 계기를 처음으로 마련해 준 선구자로 Guilford(1959)와 Torrance(1961)가 포함된다는 사실은 잘 알려져 있다. Guilford는 그의 지능구조모형론에서 구체적으로 창의성을 확산적 사고라고 기술하면서 창의성을 지능의 핵심요소로 보았다. 이렇게 함으로써 측정 가능한 창의성의 발견을 위한 연구가 활발하게 진행되었다. Guilford의 확산적 사고를 측정하는 검사는 맨 처음에는 성인용(1967)으로 만들어졌고 나중에 아동용(1973)도 개발되었다. 이러한 측정도구는 지능구조 모형(the Structure of Intellect model; SOI) 내에서 구인타당도를 확인할 수 있었다. 확산적 사고 측정도구를 개발하는 과정에서 요인 분석이 시도되었고, 그 결과 유창성, 융통성, 독창성, 정교성과 같은 요인들이 확인되었으며 이것이 Torrance(1966~1974)가 개발한 창의적 사고력 검사의 주된 범주가 되었다. Torrance는 창의적 사고를 단일한 능력으로 보지 않았다. 그 대신에 그가 창의성 측정도구를 개발하기 위한 이론적 근거로 사용한 것은 조기 완결에 대한 저항, 구조화, 통합, 명백하고 평범한 것으로부터 벗어나기 위한 정신적 도약이 필수적인데 이때 수반되는 긴장에 대한 조절력, 새로운 것을 창조하기 위해 틀을 깨는 경향성, 처음부터 명확한 목표를 갖고 있는 것은 아니지만 점차 정교하게 다듬어 나가 그 목표에 도달하는 방향으로 나아가는 목표 발견 능력과 같은 과학적인 문제해결력이었다(Torrance, 1971).

Torrance 창의적 사고력 검사(Torrance Tests of Creative Thinking)는 창의적 사고과정을 측정하려고 시도한다. 이 검사를 가지고 20년 이상 성공적으로, 그리고 조심스럽게 창의성을 측정해 온 우리는 '개인의 창의적 정보처리 과정이 어떻게 진행되는지를 말해 주는, 높은 예언력을 가진 검사가 여기 있다'라고 자신 있게 말할 수 있다.

우리는 유창성, 융통성, 독창성, 정교성을 측정할 때 실제로 창의성을 측정하고 있는지 질문해야 할 것이다. 그리고 이 질문에 대한 대답은 '그렇다'일 것이다. 그러나 특정 수준까지의 창의성으로 제한될 것이며, 이것을 측정하기 위해 앞에서 논의했던 본래의 창의성과 에너지를 제공해 주는 다른 차원의 창의성을 요구하는 과제에 대한 정신기능을 측정하는 문항을 표집해서 사용해야 할 것이다. 창의성을 측정하려고 할 때는 우리가 말하는 창의성이 무엇을 의미하는지, 어떤 차원의 창의성을 측정할 수 있는지, 그리고 측정도구를 개발할 수 있도록 조작할 수 있는 창의성인지를 먼저 판단해야 한다. 몇 년 전에 Rhodes(1961)는 창의성을 과정, 사람, 산출물, 환경(4Ps; Process, Person, Product, Press)을 가지고 측정할 수 있다고 제안하였다. 이 네 가지 중에서 가장 좋은 것은 측정치를 구할 수 있는 과정과 사람이다. Guilford(1969, 1973), Torrance(1974), Torrance, Khatena 그리고 Cunnington(1973)의 검사로 창의적 사고과정에 접근하여 창의성을 측정할 수 있다. 이러한 검사에서는 창의성을 확산적 사고력, 유창성, 융통성, 독창성, 정교성과 그 밖에도 Torrance가 제안한 차원인 조기 완결에 대한 저항, 풍부한 심상, 환상, 확산, 경계 허물기, 특이한 시각적 관점으로 정의하였다(Torrance & Hall, 1980). 그러나 이러한 검사들은 인쇄된 매뉴얼이 만들어지

창의성과 영재성

기까지 좀 더 정교하게 다듬어져야 한다. 창의적 학습과 산출물을 평가할 때도 이러한 창의적 사고능력이 매우 유용하면서도 유의미한 것으로 밝혀졌고 이런 창의적 사고력은 이 수준에서의 창의성을 측정하는 토대가 될 수 있다.

과정, 사람, 산출물, 환경 중에서 사람 변인을 가지고 창의적인 사람을 선발하는 방법들은 매우 유용한 것으로 밝혀졌다. 출판된 검사도구 중에 선발에 적합한 것은 Khatena와 Torrance(1976), Schaefer(1970), 그리고 Taylor와 Ellison(1966)과 그의 동료들이 개발한 검사다. 이런 유형의 검사는 형태가 다양하지만 기본적으로 개개인의 과거 행동에 대한 지각을 분석하고 이를 근거로 그 사람이 어느 정도 창의적일 것으로 예상되는지 알아보는 방식을 취한다.

지적 기능이 다양한 측면을 갖고 있듯이 창의성 측정에도 항상 문제가 수반된다. 지능의 경우처럼 우리는 본래의 창의적 잠재력과 조작적으로 정의한 창의적 사고력을 구분하는 문제에 직면한다. 이 문제는 개인의 이성적 · 정서적 동기체계와 영향을 주고받는 초월적이고 우주적인 힘을 고려하면 좀 더 복잡한 문제가 된다. 실용적인 목적을 위해, 이용 가능한 이러한 도구를 가지고 학교 학습에서 매우 중요하다고 알려진 창의성을 측정할 수 있을 때 이 문제를 극복할 수 있다. 심리측정학적, 실용적 근거가 확실할 때 우리는 이러한 도구로부터 도움을 받을 수 있다.

참고문헌

Arieti, S. (1971). *Creativity: The Magic synthesis*. NYC: Basic Books.

Benedict, R. (1935). *Patterns of culture*. London: Routledge & Kegan Paul.

Getzels, J. W., & Jackson, P. W. (1962). *Creativity and intelligence: Explorations with gifted children*. NYC: John Wiley.

Gowan, J. C. (1980). *Operations of increasing order.* Westlake Village, CA: Author as Publisher.

Guilford, J. P. (1967). *The nature of human intelligence.* NYC: McGraw-Hill.

Guilford, J. P. (1973). *Creativity tests for children.* Orange, CA: Sheridan Psychological Services.

Hassan, P., & Butcher, H. J. (1966). Creativity and intelligence: A partial replication with Scottish children of Getzels' and Jackson's study. *British Journal of Psychology, 57,* 129-135.

Khatena, J. (1971). Some problems in the measurement of creative behavior. *Journal of Research and Development in Education, 2*(3), 74-82.

Khatena, J. (1973). Creativity: Concept and challenge. *The Education al Trends, 8*(1-4), 7-18.

Khatena, J. (1982). *Educational psychology of the gifted.* NYC: John Wiley.

Khatena, J., & Torrance, E. P. (1976). *Manual for Khatena-Torrance creative perception inventory.* Chicago, IL: Stoelting.

McNemar, Q. (1964). Lost: Our intelligence? Why? *American Psychologist, 18,* 871-882.

Schaefer, C. E. (1970). *Biographical inventory: Creativity.* San Diego, CA: Educational and Industrial Testing Services.

Taylor, C. W., & Ellison, R. L. (1966). *Manual for alpha biographical inventory.* Salt Lake City, UT: Institute for Behavioral Research in Creativity.

Torrance, E. P. (1966). *Thinking creatively with words,* booklet A. Princeton, NJ: Personnel Press.

Torrance, E. P. (1971). Examples and rationales of test tasks for assessing creative abilities. In G. A. Davis and J. A. Scott (Eds.), *Training creative thinking.* NYC: Holt, Rinehart & Winston.

Torrance, E. P. (1974). *Torrance tests of creative thinking: Norms-technical manual.* Lexington, MA: Personnel Press.

Torrance, E. P., & Ball, O. E. (1979). Streamlined scoring and interpretation guide and norms manual for figural form A, Torrance tests of creative thinking (4th ray.). Unpublished manuscript, University of Georgia.

Torrance, E. P., & Hall, L. K. (1980). Assessing the further reaches of creative potential. *Journal of Creative Behavior, 14*(1), 1-19.

Torrance, E. P., Khatena, J., & Cunnington, B. F. (1973). *Thinking creatively with sounds and words.* Lexington, MA: Personnel Press.

Treffinger, D. J. (1980). The progress and peril of identifying creative talent among gifted and talented students. *Journal of Creative Behavior, 14*(1), 20-34.

Treffinger, D. J., & Poggio, J. P. (1972). Needed research on the measurement of creativity. *Journal of Creative Behavior, 6*(4), 253-267.

Treffinger, D. J., Renzulli, J. S., & Feldhusen, J. F. (1971). Problems in the assessment of creative thinking. *Journal of Creative Behavior, 5*(2), 104-112.

Wallach, M. A. Creativity. In P. H. Mussen (Ed.), (1970). *Carmichael's manual of child psychology.* NYC: John Wiley.

Wallach, M. A., & Kogan, N. (1965). *Modes of thinking in young children.* NYC: Holt, Rinehart & Winston.

08

학생 안에 있는 창의적 수월성의 계발:
소홀했던 역사 – 위기에 처한 국가를
구할 수 있으며 역사를 만드는 창의성[1]

Calvin W. Taylor

어떤 국가든 위기에 처한다는 차원에서 Toynbee(1964, 1967)는 다음과 같은 말을 하였다. "잠재적인 **창의성에 공정한 기회를 주는 것은 모든 사회의 생사가 걸려 있는 문제다.** 전체 인구 중에서 지극히 소수에 지나지 않는 뛰어난 창의성을 지닌 사람은 궁극적으로 인류의 자산이기 때문에 매우 중요하다." 일반적인 학교 시험과 성적은 창의적인 잠재력의 소유자를 가려 낼 수 있는 좋은 예언인이 아니기 때문에 가능하다면 모든 학생에게 그들의 재능을 발휘하고 계발할 기회를 주어야 한다.

지난 5년 동안 베네수엘라의 Luis Alberto Machado 박사는 베네수엘라의 교육을 담당하는 제2장관(국무위원의 일원)을 지냈다. '지능 계발을 위한

---

1) 편저자 주: Talyor, C. W. (1984). Developing creative excellence in students: The neglected history-making ingredient which would keep our nation from being at risk. *Gifted Child Quarterly, 28*(3). 106-109. ⓒ 1984 National Association for Gifted Children. 필자 승인 후 재인쇄.

장관(Minister for the Devellopment of Intelligence)' 지력관리 총사령관(The Total Brainpower)으로 임명된 것은 인류 역사상 그가 최초였다. Machado 박사는 국가의 가장 큰 자원은 '검은 황금(black gold, 석유)'이 아니라 '회색 황금(gray gold, 뇌의 회백질)'이라는 말을 자주 하였고 그런 글도 많이 썼다. 그는 임기 동안 어떠한 국가에서도 가장 중요한 자원은 그 나라 모든 국민의 머릿속에 들어 있는 잠재적인 역량인 회색 황금이라는 메시지를 전 세계에 전파하였다.

미국 케임브리지대학교의 Edward deBono 박사는 베네수엘라에 자신의 프로그램을 최초로 도입하여 Machado 장관을 도왔다. 또한 deBono박사는 30~40개 국가로부터 워크숍이나 강연을 해 달라는 요청을 받고, 생각하는 존재로서 학생을 어떻게 대할 것인지와 학생의 사고력을 어떻게 계발시켜야 하는지에 대해 조언해 주었다.

Sam Proctor는 "**정신이야말로 매우 낭비되고 있다.**"라고 말하였다. 학생 마음의 상당 부분, 특히 사고력과 창의성이 학교 학습을 통해 계발되거나 활용되지 못하고 있기 때문에 '**모든 사람의 정신의 상당 부분은 낭비하기에 너무나도 아까운 것**'이라는 말도 맞는 말이다.

아이오와 주 Heartland Area Education Agency(#11) 소장인 Bill Clark 박사는 "생산적인 방법이 아닌 전통적인 방법을 통한 지식의 습득을 우수 학생을 위한 지도 목표로 삼는다면 교육 체계는 결실을 거두지 못할 것이다."라고 말하였다.

'수월성 교육' 혹은 '양질의 교육'이라는 슬로건은 논란의 여지없이 광범위하게 확실한 교육 목표로 인식되고 있다. 그러나 때로는 수월성 교육이라는 슬로건이 실제로 무엇을 의미하는가에 관해 의문을 갖는 매우 호기심 많은 몇몇 사람이야말로 현명한 사람일지도 모른다.[2] 양질의 교육이라는 슬로

---

2) 역자 주: 역자는 수월성(excellence)을 지력과 창의성, 재능의 상호작용의 소산이고 조합으로 생각한다. Tannenbaum(1983)은 영재교육에서 수월성을 주장하고 강조하는 것이, 영재학생이 자신의 잠재력을 실현시킬 권리를 인식하는 것을 의미한다고 하였다.

건을 내걸고 여러 가지 방식으로 추구하는 교육은 질적으로 어떤 종류의 교육인가? 이러한 슬로건을 내건 사람은 많은 다른 사람이 생각하는 의미와는 다른 의미로 이해하고 생각할 수 있다. 이러한 경우에 이 슬로건을 내건 사람은 이상적으로 가능한 것보다는 교육을 통해 촉진해야 하는 것이라는 좁은 의미로 생각했을 것이다. 많은 사람이 마음속에 갖고 있는 이상적인 이 슬로건을 마음에 받아들이고 실행에 옮길 때는 희미해지거나 목표를 벗어난 그 무엇이 될 수도 있다.

과학자들의 업적과 중요한 과학적 업적을 다룬 연구들을 검토한 다음 단원에서 이 딜레마를 좀 더 깊이 생각해 보자.

중요한 과학적 업적의 핵심적인 특징

과학자들에 대한 연구에서 우리는 **의미 있는 과학적 업적의 본질**을 분석하였다. 그 결과 한 가지 중요한 사실이 발견되었다. 양적으로 좋은 업적을 위한 첫 번째 요구 조건은 세상의 다른 사람뿐만 아니라 연구하는 다른 과학자에게도 유용한 그 무엇인가를 내놓아야 한다는 것이다. 의미 있는 업적을 결정하는 또 다른 속성은 전혀 다른 두 가지 **질**이 우수하다는 것이다.

첫 번째의 결정적인 질은 창의적인 질이라고 일컬어진다. 이것은 특이하고 전통에서 **벗어나** 있으며 관습적이지 않은 질이다. 이것은 잘 확립된 패턴이나 표준에서 벗어나 있으며 널리 통용되고 있는 아이디어와도 **거리가 멀다**. 넓은 의미에서 이것은 단순히 다르다는 것 그 자체만으로 특이함을 강조하는 것이 아니라 창의적이고 독특한 그런 종류의 질이다. 우리는 과학적 업적에 포함된 이런 창의적인 질을 생산성이라고 종종 기술한다. 이런 업적은 **상상력을 자극**하고 그것을 보는 사람의 **마음을 들쑤셔 놓는 흥분**으로 가득 차 있다. 업적물이 생산적이라면 그 안에 새롭지 않은 그 무엇도 포함되어 있어야 한다. 그 대신에 창의적인 질이 확보된 업적에는 새싹이 될 만한 씨앗과 아직 눈에 보이지는 않지만 새로운 그 무엇이 내포되어 있으며, 아직 다가오지 않았지만 흥분되고 놀라운 새로운 비전을 제시한다.

　중요한 과학적 업적물이 될 수 있는 **두 번째 질**은 **정교화**다. 새로 나온 업적물의 초안이나 제시 형태가 거칠다면 좀 더 깔끔하게 마무리되도록 다시 생각하고 다시 작업하고 다시 진술하고 다시 손질하고 광을 내야 한다. 관행적인 기준과 전통적인 패턴에 부합하도록 정교화의 차원에서 충분한 질이 보장될 수 있는 형태를 위해 다른 사람의 도움을 받을 수도 있다. 과학자가 자신의 초기 연구를 좀 더 다듬어 빛을 내고 수용될 수 있는 최종적인 산물로 만드는 데 도움을 줄 수 있는 이미 훈련된, 그리고 재능을 갖춘 다른 사람이 있다. 어떤 전문가는 문장을 다듬는 것을 도와줄 수 있다. 또 다른 사람은 그래프, 차트, 그림의 형태가 단순하면서도 의미 있게 제시되었는지 검토해 줄 수 있다. 또 다른 사람은 문법, 구두점, 표현이 맞는지, 그리고 세련된 영어 규칙에 맞는지 편집적 측면을 도와줄 수 있다. 실제로 과학적인 연구를 기술한 보고서는 일반적으로 교정, 손질, 확증과 같은 마지막 단계를 거쳐야 한다. 이런 일은 이와 같은 일에 유능한 다른 사람에게 위임할 수도 있다.

　일반적으로 업적물이 유의미하게 되려면 두 가지 질이 어느 정도 확보되어야 할까? 우리의 연구에 따르면, 이에 대한 대답은 **세 부분**으로 구성된 그 무엇과 같다. 첫 번째 **창의적 질**은 최종적인 모양을 만들어 내어 과학사에 유의미한 업적이 되게 만드는 정교화된 **업적의 질**의 다른 한 축이다(벡터 방

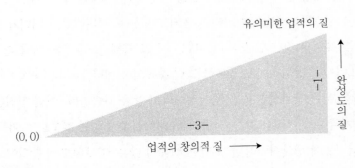

[그림 8-1] 유의미한 업적의 두 가지 질적 요소

식의 [그림 8-1] 참조).

요약하면, 결과물은 정교화와 창의성이라는 두 종류의 질이 확보되어야 한다. 업적물이 과학사에 유의미한 위치를 차지하기 위해서는 한 가지 질은 또 다른 한 가지 질을 필요로 한다. [그림 8-1]에 정확한 비례 관계가 수치로 표시되지 않았지만 일반적으로 과학자의 새로운 아이디어든, 산물이든, 과정이든 이것이 과학사에 정말로 유의미한 업적물이 되려면 완성도 정교화의 질보다는 창의적 질이 더 중요하다.

산출된 사고반응의 질적 분석

영재학생을 위한 교육은 생산적 사고, 유창성, 브레인스토밍, 혹은 언어적·비언어적 반응의 흐름이 요구되는 또 다른 활동을 유도해야 한다. 학생의 이런 활동은 작문, 대화, 제스처 혹은 다른 비언어적 반응으로 표현될 수 있다. 이렇게 하면 학생은 일련의 흐름으로 대답을 내놓을 수 있다. 학생이 내놓는 산출의 흐름을 비교해 보면 학생의 대답이 매우 다양하다는 것을 알 수 있다. 이것은 학생이 하나의 대답에서 그 다음 대답으로 얼마나 다양한 마음들이 작동하고 있는지를 보여 준다. 이러한 대답들을 범주로 분류할 수 있으며 다양한 종류의 범주가 발견될 것이다. 그 밖에도 하나의 대답에서 또 다른 대답으로 이어지는 흐름 속에 나타난 일련의 반응을 분석하는 것과 같은 독특한 방법으로 대답들을 범주로 분류할 수 있다. 어떤 사람은 반응의 흐름을 유지하는 데 다양한 방식을 사용하고, 어떤 사람은 반응의 흐름을 유지하는 데 비슷한 방식 혹은 한 가지 방식을 사용한다. 두 가지 유형의 흐름은 각기 다른 산출 방식으로 연결되어 있으며 산출 방식에 따라 반응의 흐름은 크게 달라질 수 있다. 이러한 반응들에 대한 초기 연구는 흔히 산출 반응에 나타난 단어나 아이디어의 양을 계산하는 것이었다. 산출된 반응의 양, 즉 질적 측정치가 아닌 양적 측정치에서 일관된 개인차가 발견되었다. 그 다음에 다양한 종류의 질을 분석하려면 우선 첫 번째로 할 일은 평범한 반응(흔한 반응)과 특이한 반응(흔하지 않은 반응)으로 범주를 구분하는 것이다. 이 것은 간단한 반응의 분류 즉, 하위점수를 매기는 것이다. 일반적으로 산출된 단어들은 완전히 평범한 반응(모든 사람이 하는 반응) 혹은 완전히 특이한 반응(단 한사람으로부터 나온 반응)으로 깨끗하게 **분류되지 않고**, 대체로 완전히 평범한 반응과 완전히 특이한 반응 사이의 연속선에 위치한다. 교사는 온 갖 종류의 질적으로 다른 반응들을 찾아낼 수 있을 것이다. 예를 들어, 유머러스한 단어, 단어의 연결 순서가 독특하거나 특이한 것, '창의성'이라고 이름 붙일 만한 가치가 있는 특이한 반응과 독특한 반응 등을 발견할 수 있을 것이다.

Toynbee(1964)는 다음과 같은 말을 하였다. "창의성은 사회를 건설하는 힘을 갖고 있기 때문에 사회를 흔들어 놓는다.[3] 창의성은 새로운 것을 건설하기 위해 기존의 질서를 뒤집어 놓는다. 이러한 활동은 사회를 위해 유익한 것이다. 실제로 창의성은 사회의 건강을 위한 핵심이다. 인간사에 대한 한 가지 확실한 사실은 계속 변화한다는 것이다. 그리고 창의적인 정신이 하는 일은 사회가 파괴적인 방향 대신에 건설적인 방향으로 나아갈 수 있도록 불가피한 변화에 방향을 제시하는 것이다."

또한 Toynbee는 다음과 같이 말했다. "무엇이 적절한 민주주의의 기능인가? 진정한 민주주의는 개개인들에게 그들의 특이한 재능을 많이 계발하도록 동등한 기회를 제공하는 것을 의미한다."

Toynbee는 "창의적인 정신은 도넛 속의 효모와 같은 역할을 한다. 그러나 이러한 가치 있는 사회적 서비스에 대해 어떤 사회에서는 배반이라며 저주를 퍼붓기도 한다. 이런 사회에서 창의적인 힘은 스스로 출렁이는 삶의 파도를 멈추게 한다. 이러한 사회에서의 창의적 활동은 (궁극적으로) 실패로 끝나게 되어 있다."라는 견해를 표현하였다.

---

3) Toynbee는 역사의 연구에서 창의적인 행위를 삶을 지속시키는 문명의 힘(life-sustaining force of civilization)으로 간주하였다.

창의성과 영재성

전통적인 수월성 대 창의적인 수월성 :
두 가지 수월성의 장려[4)]

여러 범주로 구분하던 개념으로 교육적 수월성을 다시 살펴보면, 가장 흔한 유형이 **전통적인 수월성**(conventional excellence)이다. 몇 가지 **특이한 수월성**(uncommon excellence)도 있다. 특이한 수월성 중 어떤 것은 중요하지 않거나 심지어 널리 퍼진다면 해로운 것도 있다. 독특하지만 해로운 수월성 (harmful excellence)의 예를 들어 보면, 전 세계를 정복하려고 노력한 히틀러[5)]와, 가이아나(Guyana)에서 추종자들에게 대량살상을 감행하도록 영향을 준 짐 존스라는 종교지도자가 있다. 과거의 청량음료 첨가제와 저칼로리 인공감미료 같은, 처음에는 우수한 것처럼 보였지만 나중에 넓은 시각에서 보면 해로운 신제품이나 신물질도 있었다. 즉각적인 효과 때문에 생산자와 사람에게 처음에는 건강에 유익한 것처럼 보였기 때문에 그런 것들을 선택하였다. 그러나 나중에 더 넓은 시각에서 이런 첨가제들은 나쁜 생산품이며 심지어 장기적인 차원에서 생명을 단축시킨다는 사실이 알려지면서 건강한 삶에 해를 미치는 제품으로 판명되었다. 그리하여 청량음료 회사에서는 이런 첨가제 사용을 즉시 **중단**하였다.

전통적인 수월성은 전통적인 방식을 형태만 바꾸거나 향상시키거나 좀 더 완벽하게 만드는 것—완벽한 과거를 향하여 이동하는 것 혹은 과거 그 자체로 이동하는 것—을 의미한다. 전통적인 수월성은 끝까지, 심지어 미래에도 따라야 할 토대 혹은 전체 패턴으로 과거를 사용한다.

---

4) 이 부제목은 다른 논문에서 우리가 사용했던 제목과 함께 쓰인다. '교육 지식 대 교육 재능 대 이 두 가지를 동시에 하는 수월성의 교육'.

5) 역자 주: Tannenbaum(2000)도 인류의 삶(생존)에 유해한 영재성(bad creativity)에 관한 논문을 다음과 같이 발표하였다. Abraham J. Tannenbaum. Giftedness: The Ultimate Instrument for Good and Evil. K. A. Heller, F. J. Mönks, R. J. Sternberg, and R. F. Subotnik (Eds.) (2000). *International Handbook of Giftedness and Talent*. Amsterdam: Elsevier.

전통적인 수월성 개념만을 중시하는 사회나 단체는 과거를 완벽하게 만들기 위해—기존의 패턴, 인습, 관습을 완벽하게 만들기 위해—분투 노력할 것이다. 이런 사회는 단지 과거를 영속화하고 완벽하게 만든 '현 상태'의 미래를 만들 것이다. 이런 유형의 수월성은 연구를 통한, 그리고 과거를 개선하는 다른 방법을 통한 새로운 통찰력을 토대로 하지 않을 것이다. 이런 사회는 미래에 등장할 새로운 유형의 역사를 창조하는 일에 초점을 맞추지도 않고 우선시하지도 않을 것이다. 그 대신에 이런 사회는 과거에 가장 좋았던 통찰력과 과거에 가장 좋았던 패턴에 머물러 **과거를 넘어서지 못하는 벽**에 부딪칠 것이다.

그 반면에 **창의적 수월성**(creative excellence), 즉 평범하지 않은 수월성은 Toynbee의 말대로 미래 역사를 만드는 원천이며 역사를 만드는 재능인 창의적 재능(새로운 아이디어, 새로운 통찰력, 새로운 접근)을 토대로 한다. 실제로 모든 국민 속에 들어 있는 창의적인 사고과정, 창의적 수행, 창의적 산출을 위해 잠재력을 발굴하고 계발하는 데 효율성을 극대화하는 것을 가장 중요시하고 노력하는 국가나 사회가 미래의 주인공이 될 것이다. 미국이 국제 경쟁에서 선두를 차지하고 싶다면, 그리고 창의성에서 국제적으로 중추적인 역할을 맡고 싶다면 이제 **교육을 통해 창의적 수월성을 발전**시키는 일은 뜨거운 논제가 되어야 한다.

근시안적으로 바라보면, 창의적인 접근은 위험하고 안전하지 못한 길처럼 보일 수도 있다. 그러나 멀리서 시간을 두고 지켜보면 위험하지 않은 길임이 입증될 것이다. 그 이유는 예전에 사용하던 낡은 길이 지금에서야 가장 위험해 보이기 때문이다. 로버트 프로스트(Robert Frost)는 ('가지 않은 길'에서) 이에 대해 다음과 같이 말했다.

숲 속에 두 갈래 길이 있었습니다. 그리고 나는—
아무도 가지 않은 길을 선택했고,
그리고 이것이 나의 모든 것을 바꾸어 놓았습니다.

전통적인 수월성은 중요한 역할을 하지만 이것이 창의적인 수월성이 출현하지 못하도록 전체 사회를 뒤덮어 버린다면, 그 사회는 미래를 진보적으로 만드는 일에서 세계의 다른 나라보다 뒤처질 것이다.

그러므로 한 사회의 최선의 지혜는 **전통적 수월성과 창의적 수월성** 둘 다를 조화롭게 배양하는 것이다. 이렇게 할 때 미래에 우리가 만들 더 나은 세계를 향한 길이 열릴 것이다. 다시 말해, 전통과 진보 사이에서 긴장과 균형을 잘 조합하는 것이 우리의 목표가 되어야 한다(Kuhn, 1963).

Machado와 Toynbee에게서 얻을 수 있는 또 다른 교훈

세계 최초로 지능 계발을 위한 장관으로 임명되었던 Machado는, 각 개인의 잠재적 역량 모두를 계발할 권리는 모든 국민이 누려야 할 인간으로서의 가장 중요한 권리라고 말했다. 모든 국가는 국민의 권리를 실현시켜야 할 의무를 갖는다. Machado는 전체 지능을 계발하는 일이 범세계적으로 우선시되어야 할 중요한 과업이라고 생각했다.

정치가, 과학자, 교육자 그리고 다른 전문가로서 그는 신생아기(그리고 아기의 부모를 포함하여)부터 전 생애에 걸친, 베네수엘라의 국민을 위한 프로그램을 갖고 있었다. 그의 두 번째 프로그램은 모든 국민이 점진적으로 학교의 전 과정을 마치게 하는 것이며, 다른 한편에서는 취업하거나 은퇴한 사람을 대상으로 하는 세 번째 프로그램을 시작하였다.

Machado는 많은 열정을 가지고 인간의 권리를 구현하기 위해 전 세계가 참여한 팀을 만들려고 노력해 왔다. 그러나 미국은 카터 대통령의 임기 동안에 Machado의 인간의 권리에 대한 주장에 냉담한 반응을 보였다. Machado는 최근에도 미국의 관심을 끌기 위해 더 많은 노력을 기울였다. 그러나 미국의 고위 관리들은 어느 누구도 그와의 만남으로 별다른 영향을 받지 않았다.

그는 "미국이 제3세계 국민들의 능력 계발에 도움을 줄 수 있다면 이것이야말로 미국이 할 수 있는 인류에 대한 가장 큰 기여"라고 주장하였다.

그는 라틴 아메리카는 창의성 없이 단순한 사실들을 암기하고 반복시키는 교육을 하고 있으며, "제3세계 안에서도 우리가 뒤처지는 것은 이런 교육 체계 때문이다."라고 말했다. 그는 언젠가는 베네수엘라가 석유보다 효과적으로 사용한 국민들의 지능 때문에 널리 알려질 것으로 확신하였다.

Machado의 프로그램은 전 국민의 사고기술의 발달을 강조하였기 때문에, 지능이 높은 소수의 사람만 성장하고 이들이 권력을 잡고 교육받지 못한 대중을 이끌어 가는 것을 차단하였다. 그러므로 그의 프로그램은 파시스트 지도자였던 베니토 무솔리니 체제하에서 번성하던 엘리트 주의가 득세하는 것을 막을 수 있는 안전판 역할을 하였다.

베네수엘라는 교육 분야에서 극적으로 새로운 기준을 적용하고 이를 시험하고 있다. 낡고 정적인 교육은 **사람을 자유롭게 만들지 못하고 차라리 감옥에 가두었다.** Machado는 자신의 작업이 새로운 형태의 혁명이라고 생각하였다. 적어도 그의 프로그램은 사람의 발달에 접근하는 새롭고도 놀라운 것이었다.

그는 코스타리카에서 자신의 제안을 채택한 국가 중에 가장 모범적인 국가는 불가리아와 중국이라고 말했다. 중국은 60억의 중국 학생을 대상으로 Machado식 창의성 교육을 계획하였다(Geyer, 1981; Machado, 1978, 1980, 1983; Science, 1981).

Toynbee는 과거 역사에 대해 다음과 같은 말을 하였다. "미국의 위대함은 시기적절하고 건설적인 변화가 예상될 때 주저하지 않고 변화를 환영하고 주도한 창의적인 지도자를 따라 혁신적인 국가로 성장했다는 데 있다. 대략 두 세기가 흐르는 동안 미국의 혁명은 전 세계로 퍼져 나갔다. 1975년 4월에 서막을 알리는 총성이 전 세계에 울려 퍼졌다. 그것은 전 인류에게 놀라운 것이었다. 그 혁명은 오늘날에도 세계적인 규모로 진행되고 있으며 이제는 세계적인 혁명적 지도자가 필요하다."

창의성과 영재성

"독창적인 진정한 미국 정신으로부터 전 세계가 영감을 받았던 시대가 있었는데, 그런 미국이 지독하게 혁명적인 역사를 만든 다음에는 이런 미국의 모습에 등을 돌리고 세계에서도 지독하게 보수적인 힘을 행사하고 있다. 이것은 비극적이면서도 아이러니다."

"지금 미국이 진실로 필요로 하는 것은 미국의 위대함의 원천이었던 고유한 이상으로 다시 돌아가는 것이다. 조직의 이상은 미국의 설립자이며 개척자인 이주민에게 혐오스러운 것이었다. 버지니아 권리장전에 나와 있는 경제의 목표는 풍요가 아니라 검소함이었다. 개척자들은 일차적으로 돈을 버는 데 관심을 기울이지 않았다. 만일 이들이 돈을 버는 데 관심을 기울였다면 이들이 성취한 것을 이루지 못했을 것이다. 오늘날 미국과 세계가 필요로 하는 것은 미국의 개척정신이 새로 타오르는 것이다. 그리고 지금은 하나의 대륙에 제한되지 않고 전 세계에 미국의 개척정신이 타올라야 할 때다."

"미국의 다음 역사를 채울 미국의 운명은 과거에 꿈도 꾸어 보지 못했던 더 나은 삶을 향하여 투쟁하고 있는 많은 가난한 사람을 돕는 것이다. 이런 일을 실행에 옮기려면 19세기 미국의 기독교 정신이 필요하다. 이런 일이 가능해지려면 미국은 미국 안에 있는 모든 창의적인 능력을 발굴하고 길러 주어야 한다." 6)

📇 참고문헌

Geyer, G. A. (1981). "Creative thinking" aid third world? *Salt Lake Tribune*, October 24.

Kuhn, T. S. (1963). The essential tension: Tradition and innovation in scientific

---

6) 케네디 대통령은 임기 말인 1963년 10월 22일, 국립과학학술원의 연설에서 창의성의 잠재적 가치에 관해 비슷한 연설을 했다. "우리가 현대 과학의 잠재성을 정복해 가기 시작함에 따라 우리는 과학이 창의적인 약속을 실현해 줄 수 있으며 인류가 이전에 알지 못했던 가장 행복한 사회가 되도록 도울 수 있는 새로운 시대로 옮겨 가고 있다."

research. In C. W. Taylor, & F. Barron (Eds.), *Scientific creativity*. NYC: Wiley, 341-354.

Machado, L. A. (1978). The revolution of intelligence. Madrid Colloquium. Ibero-American Bureau of Education, Madrid, Spain.

Machado, L. A. (1980). *The right to be intelligent*. Great Britain: Pergamon Press.

Machado, L. A. (1983). Intelligence for peace. *Agora: Informatics in a Changing World, 5*.

Proctor, S. D. (1978). A mind is a terrible thing to waste. *Phi Delta Kappan*, (November), 201-203.

A Plenipotentiary for human intelligence. (1981). *Science*, (November 6), *214*, 640-641.

Toynbee, A. (1964). Is America neglecting her creative talents? In C. W. Taylor (Ed.), *Widening horizons and creativity*. NYC: Wiley.

Toynbee, A. (1967). On the role of creativity in history. Unpublished speech at Taylor's Summer Creativity Workshop.

창의성과 영재성

09

영재 판별에서
중요한 역할을 하는 창의성[1]

E. Paul Torrance

40년 전부터 나는 창의성이 영재를 판별하는 기준 중의 하나가 되어야 한다고 항상 주장해 왔다. 내가 이런 결론을 내리고 더욱 확신하면서, 이 결론을 영재학생(아동) 판별의 절차와 정책을 포함한 교육 체계를 안내하는 가장 중요한 원리로 삼게 된 계기가 된 몇 가지 사건을 간단하게나마 다시 언급할 수 있게 되어서 매우 감사한다.

문 제

역사적으로 예술, 과학, 사회 개선, 기술 분야에서 놀라운 업적을 남긴 평범한 사람들이 있다. 이들의 공통적인 특징은 창의성이었다. 미래학자(Polak,

---

1) 편저자 주: Torrance, E. P. (1984). The role of creativity in identification of the gifted and talented. *Gifted Child Quarterly, 28*(4), 153-156. ⓒ 1984 National Association for Gifted Children. 필자 승인 후 재인쇄.

1973), 과학자(Seaborg, 1963), 교육자(Torrance, 1979), 그리고 Toynbee(1964)와 같은 역사학자는 창의성의 판별과 계발을 역설하였다. 오늘날 창의적인 아동, 젊은이, 성인에게 공정한 기회를 제공해야만 하는 또 다른 여러 가지 이유가 있다. 우리는 천연자원이 고갈되고 핵전쟁의 위협을 받으며 상호의존하고 평준화된 급변하는 시대를 살고 있다. 이런 모든 요인들 때문에 우리는 천재성과 창의성을 계발하고 사용해야만 한다.

이런 문제는 널리 알려진 사실이지만 법률가, 교육자, 심지어는 영재교육학자들조차도 창의성을 기준으로 영재학생을 판별하고 이들의 창의적 기능을 향상시키고 촉진하는 노력에 양가적인 반응을 보이고 있다.

수세기 동안 불교에서는 훈련에 적합한 뛰어난 후보를 선발하기 위해 일종의 창의성 검사(koans)를 실시해 왔다. 고대 중국과 일본에서는 달밤의 자두꽃과 같은 주제를 주고 시를 짓게 하여 영재를 발굴하였다. 서구 사회는 일반적으로 상반된 반응을 보여서 종종 창의적 재능을 판별하고 계획적으로 계발하려는 노력에 반대하기도 하였지만, 이탈리아, 그리스, 프랑스에서는 창의성 계발을 적극 후원하여 창의성을 꽃피운 황금기가 있었다.

아마도 창의적 업적에 일반적으로 거부감을 느끼는 미국의 국가적 분위기가 창의적 영재를 판별하는 데 가장 큰 걸림돌인 것 같다. 이런 문제는 특정 종목의 운동을 제외하면 잠재력의 만개를 좌절시키는 미국의 국가적 분위기와 뒤얽혀 있다. 이런 문제는 특히 미국 남부에서 심각하며, 오래전에 나온 Lillian Smith(1949)의 『Killers of the Dream』이라는 책에 잘 기술되어 있다. Smith는 아름다운 것들을 만들어 내기를 열망하고 있는 미국 아동을 모독하는 동양이나 유럽으로부터 미국인들이 아름답다고 생각하는 것을 수입해야 하는 패러독스를 꼬집었다. 우리는 창조하는 손을 두려워하였지만 파괴하는 손을 수용하고 존경하였다. 다른 어느 곳보다도 미국 남부에서 창의성은 죄스러운 것이었다. 우리는 오랫동안 새로운 것을 배우는 것과 과학을 죄스럽게 생각해 왔다. 나는 그런 환경 중 하나인 조지아 주에서 성장하였다. 내가 대학에 가고 싶다는 생각을 하며 대학에 갈 수 있는 방법을 찾

창의성과 영재성

고 있을 때 많은 친구들은 내가 죄스러운 과학을 접할까 봐 걱정하던 일을 생생하게 기억하고 있다. 호기심은 어리석은 일이었다. 유머도 어리석은 일이었다. 춤추는 것도 어리석은 일이었다. 창의적인 **모든 것**은 어리석은 일이었다.

그러나 이런 패러독스는 남부에만 국한된 것이 아니었다. 1957년 이전까지 아름다움을 창조하는 것은 어리석은 일이었다. 심지어는 경제위기에 몰린 오늘날에도 미국의 발명가나 연구자들은 초라한 대접을 받고 있으며, 미국의 많은 회사들은 발명가나 연구자가 자신의 기술을 개발하는 것보다 일본이나 독일로부터 고부가가치를 창출하는 첨단(고도 과학)기술을 사들이는 것을 선호한다. 그 결과 1978년 이래로 무수히 많던 미국 시민의 특허권과 발명권은 그 수가 줄어들고 있다.[2] 1967년 이래로 일본은 매년 특허권과 발명권의 수에서 미국을 앞지르고 있다. Orkin(1978)과 동료들은 이 문제를 발명가를 보호해 주지 않고 착취하는 후진적인 법 탓으로 돌렸다.

나의 개인적인 오디세이

나는 대학 2년을 마친 후 1936년에 교사 생활을 시작하였고 그때 8학년과 9학년을 가르쳤다. 나는 가르치려고 무척 노력했던 몇몇의 창의적 영재

---

2) 역자 주: 최근에 우리나라에서도 이와 비슷한 조사 자료가 발표되었다. 20대 젊은 연구자들의 발명 특허가 줄고 있다. 특허청이 발표한 2006년 한국의 특허 동향(2007)에 따르면, 국내 출원된 특허의 발명가별 연령 분포에서 20대 연령 연구자들의 출원 비율이 급속히 줄었다. 1990년과 1991년에 절반 이상이던 이 비율은 이후 감소를 보이면서 2000년 이후에는 17% 안팎으로 대폭 줄었다. 이에 비해 30대 발명가의 발명 비율은 2006년에 47.9%로 비중이 가장 컸다. 40대의 발명은 1997년까지 10%에 못 미쳤다가 이후 점차 늘어나 2000년 이후에는 25%대로 상승했다. 특히 전체 발명의 76%를 차지하는 기업 발명에서 20대의 기여도가 두드러지게 줄었다. 기업 발명의 경우에 1990년 절반에 육박하던 20대 발명가의 비율이 2005년에는 20% 이하로 떨어졌다. 기업 발명특허의 55.3%는 30대 발명가의 몫이었다. 특허청의 이병엽 정보협력팀장은 1990년에 활약한 20대 발명가들이 장년의 현역으로 두터운 층을 이루어 온 반면, 대학의 이공계 기피현상이 심해지면서 연구·개발 조직에 젊은 세대의 공급이 충분히 이뤄지지 않아서 생긴 현상이라고 해석했다.

학생이 왜 그렇게도 힘들어하는지 그 이유를 알고 싶었다(영재성을 판별하는 문제는 아니었다. 이들은 나를 놀라게 할 정도로 많은 것들을 만들어 냈고, 이들은 분명히 창의성이 풍부했다.). 나는 이들을 계속해서 야단쳤다. 그 당시 내가 할 수 있는 것은 이들을 야단치는 것밖에 없었다. 그들이 영재라는 것을 알았지만, 내가 이들의 욕구를 충족시켜 줄 수 없다는 사실 때문에 무척 괴로워하였다(놀랍게도 창의적 영재아동이었던 이 문제 아동들은 나중에 교육감, 노무사, 장관이 되었으며 그들 중 한 사람은 포드 대통령 시절에 노동부 장관을 역임하였다.).

나의 이런 문제는 조지아 군사고등학교에서 근무하던 2년차 교사 시절에 좀 더 심각해졌다. 이 학교는 남학생을 위한 학교이며 기숙사가 있었고, 일차적으로 자기 지역 고등학교에서 적응하지 못한 남학생을 위한 지방학교였다. 일반적으로 이들의 창의적 영재성은 행동과 학습에 문제를 일으켰다. 나는 어느 정도 효과적인 몇 가지 교수법을 개발하였다. 특히 첫 학기 동안 기하학과 같은 특정 과목에 실패한 학생을 가르치는 데 성공하였다. 나는 이들에게 두 번째 학기에 기하학을 가르쳤고 이들 중 대부분은 실패하지 않았던 같은 반 친구들을 앞질러 갔다. 내가 이러한 특수한 학급을 가르칠 때 동료 교사는 가르칠 수 없는 학생이 나에게 그렇게 많이 배정된 일에 유감을 표하였다. 그러나 이 교사는 그해 말에 표준화된 학력고사에서 내가 가르친 학생이 자기가 맡은 학생보다 높은 점수를 받자 화를 냈다. 나는 학생의 창의적 강점을 이용하였고 학생은 특정 과목을 싫어하던 태도를 극복하였다. 이들은 한 학기 동안에 다른 학생이 두 학기 동안 배운 것보다 더 많은 것을 배웠다.

1943년에 나의 첫 번째 창의력 검사를 개발한 것은 이 무렵이었다. 그 이전에 나는 상담, 검사, 측정 등에 관한 것을 훈련받았다. 나는 많은 학생이 보인 영재성을 기존의 검사도구로는 측정할 수 없다고 생각하였다.

이 일은 제2차세계대전 중에 내가 군복무를 했기 때문에 중단되었다. 종전 후에 나는 상이군인을 상담하고 공군에게 가르칠 비상사태와 극한의 상황에서 생존하는 방법을 연구하였고, 훌륭한 전투 비행사의 요건을 탐색하였다. 전쟁 동안 군에서 내가 맡은 일은 군법회의에 회부된 사람을 면담하고 분류하고 이들이 교도소를 출소하여 다시 생업에 종사할 수 있도록 준비시키는 프로그램을 개발하는 일이었다. 이때 다시 나는 이들 중 많은 사람이 창의성 때문에 문제를 일으켰고, 사회에서의 성공적 적응은 이러한 창의성을 어떻게 이용하는가에 달려 있다는 사실을 발견하였다. 창의적 재능을 측정할 도구가 없었기 때문에 내가 상이군인들의 미래를 위한 적절한 계획을 지원하는 데는 어려움이 있었다. 비상사태와 극한 조건에서의 생존심리학 (Psychology of Survival)을 연구하기 시작하면서 내가 발견한 것은 생존 훈련에는 창의적 문제해결에 대한 훈련이 포함되어야 한다는 사실이었다. 그러므로 우리가 개발한 평가도구와 훈련 절차들은 창의력을 토대로 한 것이다. 나와 공동연구자들이 한국전쟁에서 성공적으로 임무를 마친 전투 비행사들의 성격을 집중적으로 연구한 결과, 이들에게서 중요한 특징을 발견하였는데 바로 창의성이었다.

1958년에 나는 미네소타 대학교 교육연구소 소장을 맡았다. 이 연구소의 고문단은 우리에게 영재성에 관한 연구 프로그램을 개발해야 한다고 조언하였다. 교육대학장은 다양한 영재성의 개념에 동의하였고 고문단은 이 연구를 승인하였다. 이때 창의적 영재학생을 발굴하고 이들의 영재성을 계발하는 작업을 착수하기로 결정하였다.

창의적 재능의 측정을 위한 검사도구의 개발

동료 연구자들과 나는 모든 교육적 수준에서 학생과 함께 작업을 시작하였다. 나는 이 연구의 과학적 성과가 창의성 측정도구의 개발에 달려 있다고 생각하였다. 우리는 **다양한 창의적 사고력 검사**와 창의적 동기 척도를 개발하였고, 또한 창의적 사고기술, 창의적 동기, 과제집착력이 발달하는 인생

경험에 관한 우리의 이론을 토대로 자서전적 검사지도 개발하였다. 우리가 만든 검사의 예언타당도를 검증하기 위해 유치원에서 대학교와 직장인에게도 사용할 수 있는 창의적 사고력 검사의 일반적 타당성을 측정하였다.

예언타당도 검증에 대한 우리의 첫 번째 중요한 연구(Torrance, Tan, & Allman, 1970)는 초등교육 전문가를 대상으로 8년 동안 종단적으로 창의성을 측정한 것이다. Tan과 나는 초등학교 교사가 보이는 창의적 행동에 관한 체크리스트(checklist)를 개발하였다. 이것을 이용하여 114명의 초등학교 교사의 창의적 행동을 조사하였고 나중에 이들에게 질문지를 보내 작성하여 반송하라고 했다. 이 교사가 신참이었을 때 측정한 언어적 창의성과 창의적 교수행동은 나중에 측정한 것과 .62와 .57의 상관관계가 있었다.

초등학교 교사들에 대한 연구가 시작된 같은 시기에 나는 초등학생과 고등학생을 대상으로 한 종단연구를 시작하였다. 고등학생에게는 12년 후인 1970년에 추수연구(Torrance, 1972)를 실시하였고, 초등학생에게는 22년 후인 1980년에 추수연구(Torrance, 1981)를 실시하였다. 이 두 연구 모두에서 고무적인 결과를 얻을 수 있었다. 초등학교와 고등학교에서의 창의성 점수와 성인기 때 실생활 속에서의 창의적 업적 사이에서 분명한 상관이 발견되었다.

고등학교 연구에서 230명의 연구대상자로부터 추후 연구 자료를 수집하였다. 이 자료에는 대중적으로 알려진 창의적 업적에 관한 정보(특허권과 발명권, 새로운 생산품의 개발과 판매, 출판된 책, 과학적인 발견, 예술과 과학에서의 수상경력, 새로운 분야의 창업 등), 자신이 기술한 자신의 최고 창의적인 업적 세 가지, 미래 직업관과 같은 것이 포함되어 있다. 창의성 측정치와 이러한 준거의 전체 예언타당도는 .51이었다. 남성의 예언타당도는 .59였고, 여성은 .46이었다(Torrance, 1972).

초등학교 연구에서 220명의 연구대상자로부터 추수연구 자료를 수집하였다. 추수연구에서 고등학교 연구에서와 같은 자료들을 수집하였다. 또한 좀 더 개인적이지만 대중적으로 알려지지 않은 창의적 업적에 관한 자료를 수집하였다. 이 연구는 22년 동안 진행되었지만 타당도 검증을 위한 연구는 12년 동안 진행되었다. 남성의 전체 타당도는 .62였고 여성은 .57이었다. 전체 표본의 전체 타당도 계수는 .63이었다. 창의성 검사의 예언인 중에는 설명되지 않는 변량이 상당히 많았지만 지능, 성취도 검사 혹은 유사한 다른 예언인의 더 높은 예언타당도를 확보하기 위해서 이 정도는 있을 수 있다고 받아들였다. 이 연구에서 지능 척도의 예언타당도는 −.02~.34에 분포하였으며 평균은 .17이었다. 이 연구에서 창의성을 격려한 교사를 만난 일, 멘터가 있었던 일, 초등학생 때의 미래 직업관, 외국에서 살았거나 공부를 했던 경험과 같은 사건에 따라 설명되는 부가적인 변량이 발견되었다. 그러므로 나는 우리가 개발한 창의성 검사의 예언타당도가 성인기 때의 어떠한 창의성이라도 예언해 줄 수 있을 정도로 높다고 확신한다(Torrance, 1981).

다른 창의성 예언인과 Torrance 창의적 사고력 검사를 가지고 예언타당도를 연구한 것이 몇 가지 있지만 Howieson(1981, 1984)의 두 가지 연구를 제외하면 비교적 연구 기간(대체로 5년 정도)이 짧았다. Howieson(1981)은 오스트레일리아에서 1965~1975년의 10년 동안 추수연구를 하고 이를 보고하였다. Howieson의 연구대상자들은 400명의 중학교 1년 학생이었고 준거 자료로는 Wallach와 Wing(1969)의 학교 밖에서의 창의적 업적 체크리스트에 대한 반응을 사용하였다. 이 반응의 전체 점수와 Torrance 창의적 사고력 검사의 전체 점수의 상관은 .30이었다. Torrance의 연구에서처럼 예언력은 여성보다 남성의 경우에 좀 더 정확했다. Howieson(1984)은 Torrance가 1960년에 오스트레일리아 서부에서 수집한 예언인 자료를 사용하여 23년간의 추수연구를 완성하였다. **Torrance 창의적 사고력 검사** 중에서 언어 점수는 성인이 되어 질문지를 회송한 306명 연구대상자의 창의적 업적을 만족스러운 수준에서 설명하지 못했지만, 도형 문제는 성인기의 창의성을 상당히 잘 설명해 주는 편이었다. Torrance 창의적 사고력 검사와 대중적으로 알려진 창의적 업적의 질을 평가한 점수와의 중다상관계수는 .51이었다. 동일한 Torrance 검사와 (대중적으로 알려지지는 않은) 개인적인 창의적 업적의 양과의 중다상관계수는 .33이었고, Torrance 검사와 개인적인 창의적 업적의 질에 대한 점수와의 중다상관계수는 .44였다.

오늘날에도 창의성 검사로 영재를 선발할 수 있을 정도로 창의성을 정확하게 측정하기는 어렵다. Yarborough와 Johnson(1983)은 36개 주 교육청을 조사하고 영재 판별에 유용한 109가지의 프로그램을 보고하였다. 그중 87개 프로그램에서 적절한 자료를 구할 수 있었다. 87개 중 31%는 영재아동 판별을 위해 창의성 검사를 사용하고 있었다. 몇몇 주에서 사용하는 창의성 검사는 영재 판별의 준거로 적합하였고, 몇 개 주에서 사용하는 창의성 검사는 판별 준거로서 적합한 것인지 판단하기 어려웠으며, 또 다른 몇 개 주에서 사용하는 검사는 확실히 판별 준거로 부적합하였다. 대부분의 경우에 여러 가지 판별 준거 중 일부분으로써 **Torrance 창의적 사고력 검사**, 창의적 재능에 관한 또 다른 검사, 영재성에 대한 몇 가지 지수에 가중치를 부여하고 이 지수들을 조합하는 **Baldwin 영재 판별 매트릭스**(Baldwin & Wooster, 1977)를 사용하고 있었다. 어떤 교육청에서 처음에는 영재 판별을 위해 집단지능검사를 사용하였고, IQ 130, 135, 140과 같은 높은 지능이 아닌 정해진 지능(115 정도 혹은 그 이상) 이상인 학생에게만 다시 창의성 검사를 실시하였다.

영재 판별 준거로서의 창의성에 대한 타당성

IQ 115~130의 학생이 창의적 영재로 판별되었다. 이들은 영재교육 프로그램을 잘 따라왔고, IQ 130 이상이지만 창의성이 떨어지는 학생만큼이나 성적이 좋았다. 이 사실을 지지해 주는 증거로, 나의 초기 연구(Torrance, 1962)와, IQ 130 이하인 창의적 영재아들이 IQ 130 이상인 아이들(같은 기준에서 창의적인 영재아로 분류된 아이들) 만큼 잘 성취한다는 사실을 보여 준 Getzels과 Jackson(1962)의 연구에서 알 수 있다.

하지만 더 설득력 있는 연구는 지적 능력과 창의력이 뛰어나다고 판별된 아동이 성인이 되었을 때 나타나는 창의적 성취에 대한 종단연구다(Torrance & Wu, 1981). 성인의 창의적 업적에 관한 네 가지 준거(대중적으로 알려진 창의적인 업적의 수, 개인적인 창의적 업적의 수, 가장 높은 창의적 업적의 질, 미래 직업관의 질) 모두에서 매우 창의적인 집단은 단순히 지능이 높은 집단을 능가하였으며, 창의성과 지능 모두 높은 사람과 동등하였다. 매우 창의적인 집단은 학업성취 면에서, 장학생으로 선발되는 면에서, 임원을 맡는 면에서 지능이 높은 집단과 비슷하였다.

영재 판별 절차와 정책에서 지켜야 할 원리

요약하면 지금까지 기술한 연구와 나의 경험에 비추어 영재를 판별할 때 지켜야 할 다섯 가지 절차와 정책을 다음과 같이 제안한다.

1. 창의성은 영재 판별의 유일한 준거가 아니라 항상 여러 가지 준거 중의 하나이어야 한다. 일반적으로 창의성 지수를 사용할 때 놓치기 쉬운 학생을 배제하기보다 포함시켜야 한다.

2. 다양한 종류의 수월성을 평가해야 한다. 사회는 다양한 종류의 재능을 필요로 하므로, 학교는 다양한 재능을 격려해야 한다.

3. 장애인과 어떤 감각에 장애가 있는 아동과 유아(3~6세)가 검사를 받으러 왔다면 이들이 반응할 수 있는 검사인지 세심한 주의가 필요하다.

4. 문화적으로 다른 환경에서 성장하여 검사 받기에 불리한 아동이 왔다면 그 문화권에서 우선시하는 것의 수월성을 측정할 수 있는 과제를 선택해야 한다.

5. 창의성 검사를 사용할 때도 단 하나의 지수보다는 다양한 지수를 고려

해야 한다. 예를 들어, Torrance 창의적 사고력 검사(Torrance & Ball, 1984; Howieson, 1984) 중 그림으로 제시되는 문제를 다섯 가지 기준과 열세 가지 기준에서 점수를 내는 방법이 새로 고안되었다. 네 가지 기준에서 점수를 내던 초기 채점 방법보다 다섯 가지 기준과 열세 가지 기준을 사용하는 방법이 예언타당도가 더 높다.

📝 참고문헌

Baldwin, A. Y., & Wooster, J. (1977). *Baldwin identification matrix inservice kit for the identification of gifted and talented students.* Buffalo, NY: DOK Publishers.

Getzels, J. W., & Jackson, P. W. (1962). *Creativity and intelligence.* NYC: John Wiley.

Howieson, N. (1981). A longitudinal study of creativity: 1965-1975. *Journal of Creative Behavior, 15*, 117-135.

Howieson, N. (1984). The prediction of creative achievement from childhood measures: A longitudinal study in Australia, 1960-1983. Unpublished doctoral dissertation, University of Georgia.

Orkin, N. (1974). Legal rights of the employed inventor: New approaches to old problems. *Journal of the Patent Office Society,* December.

Orkin, H. (1981). The legal rights of the employed inventor in the United States: A labor-management perspective. In J. Phillips (Ed.), *Employees' inventions: A comparative study.* Sunderland, England: Fernsway Publications.

Polak, F. L. (1973). *The image of the future.* NYC: Elsevier.

Seaborg, G. T. (1963). Training the creative scientist. *Science Newsletter, 83,* 314.

Smith, L. (1949). *Killers of the dreams.* NYC: Norton.

Torrance, E. P. (1962). *Guiding creative talent.* Englewood Cliffs, NJ: Prentice

창의성과 영재성

Hall.

Torrance, E. P. (1972). Career patterns and peak creative achievements of creative high school students 12 years later. *Gifted Child Quarterly, 16,* 75-88.

Torrance, E. P. (1974). *The Torrance tests of creative thinking: Norms-technical manual.* Bensenville, IL: Scholastic Testing Service.

Torrance, E. P. (1979). *The search for satori and creativity.* Buffalo, NY: Creative Education Foundation.

Torrance, E. P. (1981). Predicting the "creativity" of elementary school children (1958-80)—and the teacher who "made a difference." *Gifted Child Quarterly, 25,* 55-62.

Torrance, E. P., & Ball, O. E. (1984). *Torrance tests of creative thinking: Streamlined (revised) manual, figural A and B.* Bensenville, IL: Scholastic Testing Service.

Torrance, E. P. Tan, C. A., & Allman, T. (1970). Verbal originality and teacher behavior: A predictive validity study. *Journal of Teacher Education, 21,* 335-341.

Torrance, E. P., & Wu, T. H. (1981). A comparative longitudinal study of the adult creative achievements of elementary school children identified as highly intelligent and as highly creative. *Creative Child and Adult Quarterly, 6,* 71-76.

Toynbee, A. (1964). Is American neglecting her creative minority? In C. W. Taylor (Ed.), *Widening horizons of creativity.* NYC: John Wiley.

Wallach, M., & Wing, C. W., Jr. (1969). *The talented student.* NYC: Holt, Rinehart & Winston.

Yarborough, B. H., & Johnson, R. A. (1983). Identifying the gifted: A theory-practice gap. *Gifted Child Quarterly, 27,* 135-138.

10

창의성에 관한 연구[1]

Donald J. Treffinger

(Buffalo State University College and Center for Creative Learning)

창의성과 영재 행동은 어떤 관계가 있을까? 저자는 이 분야의 선행연구에 중요한 질문을 던지고 있다. 저자는 창의성을 인내력이 필요한 특수한 수행의 하나로 보는 관점을 옹호한다.

창의성은 교육학과 심리학 분야의 연구에서 지난 수십 년 동안 많은 흥미를 끈 주제였다. 이 분야에 방향을 제시하고 동력을 제공한 몇몇 선구적인 연구로는, Guilford(1950, 1959, 1977) 지능구조 연구, Torrance(1962, 1974, 1979, 1984b) 창의적 사고력 검사와 촉진에 관한 연구, 다중재능 모형 개발에 관한 연구(Taylor, 1978), 창의적 문제해결 모형 개발에 관한 연구(Osborn, 1963; Parnes, 1967; Parnes, Noller & Biondi, 1977; Parnes, 1981; Isaksen & Treffinger, 1985), 창조공학 모형 개발(Gordon, 1961; Gordon & Poze, 1979, 1980)가 있다. 1960년대와 1970년대에는 창의적 사고력과 문제해결력 배양을 위한 프로그램 개발을 많이 연구했다. 여기에는 창의적 문제해결 모형의 확장 연구(예, Parnes & Noller, 1973; Reese, Parnes, Treffinger & Kaltsounis,

---

1) 편저자 주: Treffinger, D. J. (1986). Research on creativity. *Gifted Child Quarterly*, *30*(1), 15-19. ⓒ 1986 National Association for Gifted Children. 필자 승인 후 재인쇄.

1976 참조)뿐만 아니라 생산적 사고 프로그램(Covington, Crutchfield, Davies, & Olton, 1972), Purdue 창의적 사고력 프로그램(Feldhusen, Treffinger, & Bahlke, 1970), CoRT 사고기술 프로그램(deBono, 1973, 1976, 1983)이 포함된다. 이런 프로그램들과 연구들을 Davis와 Scott(1971), Torrance(1972), Mansfield, Busse 및 Krepelka(1978), Rose와 Lin(1984)이 집중적으로 검토하였다. 또한 Isaksen, Stein, Hills 및 Gryskiewicz(1984)는 창의성을 공식화하는 연구를 위한 촉매가 될 만한 모형을 제안하였다. 연구자들은 분석 단위(연구가 개인, 두 사람 관계, 소집단, 조직, 사회/문화적 집단 중 어느 것을 설명하고 있는가?), 연구의 주된 맥락(개념/이론, 자극/훈련, 도구개발/평가, 적용/산출, 확인/선발), 인지과정(자료 인출, 문제 파악, 사고/생산, 결정/평가, 응용)이라는 삼차원으로 구성된 형태학적 모형을 내놓았다.

창의성의 이론

아직까지 모든 연구를 포괄적으로 아우를 수 있는 창의성에 관한 단일한 이론은 없다. 실제로 창의성의 구성개념(construct)은 복잡하고, 일상생활 속에서 창의성이 다양하게 표출되기 때문에 창의성에 관한 일반적인 이론은 있을 수 없다. 그럼에도 불구하고 지난 수십 년 동안 이 분야에서 중요한 발전이 있었다. 많은 이론들을 크게 다섯 가지 범주로 분류한 Gowan(1972)의 창의성 이론에 관한 분석이 이와 관련된 중요한 연구였다. Gowan이 분류한 범주를 다른 연구자가 좀 더 심층적으로 연구(예, Treffinger, Isaksen, & Firestein, 1982, 1983)하였고, Roweton(1972)과 Taylor(1976)는 창의성에 관한 다양한 이론들을 종합하는 중요한 성과를 올렸다. Davis와 O'Sullivan (1980), Treffinger와 Huber(1975), Isaksen과 Treffinger(1985)는 창의성의 목표를 분석하는 구체적인 틀을 제공하였다. 이러한 연구들이 이루어진 덕분에 우리는 좀 더 체계적으로 창의성에 관한 이론과 정의를 이해하고 기술

창의성과 영재성

하고 범주화할 수 있게 되었다.

창의성의 판별

창의성에 관한 단일한 이론이 없듯이 보편적으로 받아들여지는 단일한 측정도구도 없다. 실제로 창의성의 다양한 측면을 측정할 목적으로 만들어진 도구들(우리의 파일에 적어도 60개 이상 등재되어 있다)은 많다. 이런 도구들 중 많은 것은 증거를 통해 지지되었다. 어떤 연구는 단일한 연구처럼 규모가 작은 연구이고 또 다른 연구들은 수년 동안 확장되고 발전해 왔다. 많은 연구 활동 중 중요한 과제는 완벽한 창의성 검사를 만드는 것이다. 그러나 다음의 두 가지 조건을 충족시키지 못한다면 앞으로 새로운 도구를 설계하는 것보다 기존의 많은 도구들의 성격, 유용한 조건, 타당도, 신뢰도를 집중적이고 비판적으로 조사하는 연구가 필요할 것이다. 새로운 도구의 개발을 위해 다음 두 가지 중요한 조건을 충족시켜야 한다. 첫째, 도구 개발은 기존의 변인들을 더 잘 측정하기보다는 새로운 개념을 측정하는 방향으로 나가야 한다. 둘째, 검사 개발자는 검사의 엄격한 기준을 충족시키기 위해 수년간에 걸쳐 시간과 인적 자원을 투입할 수 있어야 한다.

영재 판별을 위한 창의성 기준이 안고 있는 가장 큰 문제는 특정 학생을 영재 프로그램에 포함시킬지 배제할 것인지를 단일한 점수나 지수로 알려 주는 평가도구가 있어야 한다는 헛된 신념과 관련이 있다. 이 신념을 창의성 지수(CQ)에 대한 환상(Creativity Quotient Fallacy)이라고 명명하자. 다음 인용문은 우리 사무실에 보내 온 편지에서 발췌한 것이다. 우리가 받는 전형적인 편지는 이런 종류의 것이다. 이 글은 창의성 지수에 대한 환상을 잘 보여 주고 있다.

우리 교육청에서는 영재 프로그램에 포함될 학생을 선발하는 기준을 마련하고자 한다. 우리는 창의성을 고려하고 있다…. 창의적 사고력을 토대로… 개인용 · 집단용 지능검사 및 개인용 · 집단용 창의력 검사 혹은 창의적 행동 체크리스트에서 평균보다 적어도 표준편차 1 이상 이탈한 학생을 (점수에 따라) 선별하면 별 무리가 없을 것이다. 이러한 검사에서의 높은 점수는 비슷한 연령의 다른 아이들보다 높은 창의적 사고력을 보장해 줄 것이다. …자연적으로 우리는 빠르고 쉽게 시행할 수 있고 간편하게 채점할 수 있는 이런 도구를 선호한다.

영재교육에서 창의성 평가도구(아마도 대부분의 다른 측정도구도 마찬가지일 것이다.)를 사용하는 이점은 학생의 방식, 특성, 욕구에 관한 포괄적인 프로파일을 만드는 데 도움이 된다는 것이다. 즉, 창의성 평가자료를 단순한 학생 선발 기준이 아닌 교육지도 계획을 세우기 위한 진단 평가자료로 사용해야 한다. Rimm(1984)은 창의성을 평가하기 위해 특성을 측정하였고 이 자료를 진단 평가로 활용할 수 있다고 제안하였다.

그 밖에도 우리는 창의성이 인간의 가장 복잡한 기능 중 하나라고 생각한다. 그러나 창의성에서 적어도 표준편차 1이상 이탈한 사람을 가려내야 하는 교육자가 용이하게 시행하고 간편하게 채점할 수 있는 단 하나의 검사도구가 있다고 생각하는 것은 비현실적이다. Torrance(1984a)는 창의성 평가를 위해 다양한 지수를 사용해야 한다고 강력하게 주장해 왔다. 창의성 판별과 관련된 후속 연구는 다음과 같은 방향에서 이루어져야 한다.

- 검사 시행 및 채점과 같은 기술적으로 다양한 쟁점을 종합할 수 있어야 한다.
- 창의성에 대한 연구는 전 생애를 포괄해야 한다.
- 인지과정의 신경학적, 생물화학적 (좌뇌, 우뇌의 기능에 관한 단순한 기술을 넘어서) 연구가 필요하다.
- 창의적 사고에 영향을 주는 변인에 관한 연구가 확대되어야 한다.
- 개인용 창의성 검사와 이런 검사의 진단적 시사점에 더 많은 관심을 기

창의성과 영재성

울여야 한다.

- 다양한 영역에 걸친 창의적 산출물을 연구해야 한다.
- 실제 문제해결 상황에서 비판적 사고력과 창의적 사고력을 측정할 수 있어야 한다.
- 창의성의 다양한 요소를 다변량분석하고 여기에서 나온 자료를 조합하면 창의적 성취에 관한 장기적 예측력이 향상될 것이다.
- 창의성에 영향을 주는 다양한 심리적 유형 혹은 차원에 대해 더 많은 연구가 필요하다.

창의성의 육성

영재교육과 창의성에 관한 초기의 많은 연구들은 창의성 육성과 창의성 육성의 가능성에 관한 쟁점을 다루었다. 지금까지의 연구에 따르면, 학생의 창의적 사고력과 문제해결력을 향상시키는 것은 좋은 교육 목표가 될 수 있다(Torrance, 1972; Treffinger, 1980b; Feldhusen & Treffinger, 1985; Isaksen & Treffinger, 1985). 중요한 창의성 모형들을 여기에서 모두 다 검토하는 것은 지면의 한계로 불가능하다. 그러나 창의성 육성 문제에 대해서 좀 더 상세히 고찰하는 것과 창의성 학습(Treffinger, 1980b; Treffinger, Isaksen & Firestein, 1982, 1983)이라는 새로운 분야를 검토해 보는 것이 도움이 될 것이다. 이 모형은 **기본적인 사고도구의 학습, 문제해결 방법의 학습과 연습, 실제 문제해결과 도전**이라는 세 가지 수준으로 구성되어 있다.

1수준에서, 우리는 아이디어를 산출하고 분석하는 여러 가지 기본적인 도구들을 학생에게 가르치는 것이 매우 중요하다는 사실을 발견하였다. 우리가 가르쳐야 할 기본적인 도구들은 확산적 혹은 창의적 사고도구(브레인스토밍, 가능한 원인의 속성열거법, 연관짓기 등)와, 수렴적 혹은 비판적 사고(추론과 연역적 사고, 어떤 정보가 연관성이 있는지 판단하기, 유사한 형상

(analogies)을 유추하기, 증거를 사용하기, 범주화 등)가 포함된다. 2수준에서, 학생은 좀 더 복잡하고 체계적인 구조에 기본적인 사고를 적용하는 방법들을 학습하고 연습한다. 2수준에서의 활동의 예로는 소집단에서 창의적 문제해결 연습하기, 정신 오디세이(Odyssey of the Mind; O.M.), 미래 문제해결(Future Problem Solving; FPS)과 같은 창의적 문제해결 프로그램에 참여하기 등이 있다. 3수준에서 학생은 이제까지 배운 기본적인 도구와 문제해결 방법을 사용해서 실제 문제를 다룬다.

이 모형은 영재교육 프로그램의 개발과 관련하여 몇 가지 시사점을 제시하고 있다. 첫째, 영재교육 프로그램이 단지 학생에게 1수준의 활동을 제공하는 것에만 관심을 기울여서는 안 된다는 것이다. 비판적·창의적 사고를 위한 기본적인 도구들은 평재 학생이 배우는 정규 교실에서도 많은 학생에게 가르치고 사용할 수 있다. 교내에서 운영되는 영재교육 프로그램은 교사가 사고의 도구들을 인식하고 이것들을 교실에서 사용하도록 지지하고 격려하는 촉매제가 될 수 있다. 그러나 분명한 것은 모든 교실에서 많은 영재교육 프로그램을 효과적으로 사용할 수 있음에도 불구하고 대부분의 프로그램은 소수의 학생이 독립된 공간에서 많은 시간이 소요되는 활동으로 진행되고 있다는 것이다. 둘째, 2수준의 방법들은 안내서를 읽음으로써 습득할 수 있는 것이 아니다. 예를 들어, 창의적 문제해결 방법을 학생에게 효과적으로 가르치려면 교사는 그런 방법을 사용한 경험이 있거나 훈련을 받았어야 한다. 셋째, 학생은 3수준으로 바로 건너뛸 수 없기 때문에 3수준을 성공적으로 수행하려면 1수준과 2수준에서의 사전 경험이 매우 중요하다.

창의적 학습모형은 영재교육에서 교사의 전문적 활동과 책임감에 대한 이해가 중요하다고 제안하였다. 근래에는 영재교육 전문가를 학습의 촉진자로 보아야 할지 정보의 분배자 혹은 전통적인 교사로 보아야 할지에 관한 논의가 많이 있었다. 창의적 학습모형은 교사의 역할이 무엇이든지 간에 영재교육을 전문적 활동으로 기술하기보다는 다양한 수준에서의 다양한 활동으로 보아야 한다고 제안하였다. 따라서 우리는 학생이 비판적, 창의적인 사고의 기본 도구를 습득할 수 있으려면 1수준에서의 교수활동이 매우 적절하고 필수적이라는 가설을 세울 수 있다. 그러나 2수준에서 학생이 좀 더 복잡한 방법들을 학습하고 연습함에 따라 교사는 점차 지도자 역할(지도자 행동에도 다양한 수준과 차원이 있지만)을 감당해야 할 것이다. 2수준에서 교사는 사고기술을 가르치는 역할을 벗어나 학생이 점차 복잡한 문제해결 방법을 숙지하고 적용할 수 있도록 안내해야 한다. 3수준에서 교사의 역할은 다시 한번 바뀌어야 한다. 지금부터 교사는 무비판적이고 지지적인 촉진자로서 학생의 문제해결 노력을 안내해야 한다.

지난 20년 동안(1986년 기준 – 역자)의 창의성 훈련에 관한 연구 자료로부터 영재교육에 관한 중요한 시사점을 얻을 수 있었다. 이러한 시사점은 '수업을 통하여 학생의 창의성을 향상시킬 수 있을까?'라는 일반적인 질문에 답변을 제시하는 것 이상이다. 또한 이 시사점들은 창의성과 영재교육에 관한 후속 연구를 위한 방향을 제시해 주었다.

1. 우리는 1수준의 도구들을 가르칠 수 있고 학습시킬 수 있으며 이런 도구를 배운 학생의 확산적 사고와 창의적 태도가 향상된다고 확신한다. Isaksen(1983), Isaksen과 Parnes(1985)에 따르면, 많은 교육자와 교육과정 전문가들이 1수준의 기법들을 인식하고 있으며 교사들에게도 1수준에서의 교수활동과 교구개발을 강조한다. 이런 연구들은 창의성 프로그램(포괄적으로 묶어서)의 효과가 연령별, 성별 혹은 다양한 측정 기준에 상관없이 일률적으로 나타나는 것은 아니라고 제안하였다. 어떤 연구는 창의성 육성 프로그램이 특정 학년의 유창성 점수에 유의미한 영향을 주었다고 보고하였고, 또 다른 연구는 융통성이나 독창성에 유의미한 영향을 주었거나 다양한 학년에서 유의미한 소득이 있었다고 보고하였다. 일반적인 학생 지도 프로그램이 모든 변인 혹은 모든 학년에 걸쳐 유의미한 결과를 가져오기는 쉽지 않다. 그 밖에도 훈련 효과가 상대적으로 작다는 보고도 있고, 훈련 효과가 장기간에 걸쳐 지속되지 않는다는 보고도 있으며, 다른 영역으로 훈련 효과가

쉽게 전이되지 않는다는 보고도 있다(Speedie et al., 1971; Mansfield et al., 1978; Rose & Lin, 1984). 이러한 차이는 각 연구가 조사한 프로그램에 포함된 활동의 수와 유형의 차이에서 기인한 것 같다. 창의성 육성 프로그램에 포함된 활동의 성격과 빈도를 상세하게 분석한 연구는 아직까지 나오지 않았다. 대부분의 관련 연구는 확산적 사고기술(유창성, 융통성, 독창성, 언어적, 도형적[2] 맥락에서의 정교화)을 육성해 주는 것으로 추정되는 1수준(1수준의 활동은 수가 많고 성격도 다양하다.)의 훈련 프로그램을 비체계적으로 선별하여 연구한 것이다. 다음은 후속 연구에 필요한 잠재적인 연구 영역들이다.

- 어떤 경우에 1수준의 기술이 가장 잘 발휘되는가?
- 1수준의 일부 도구들(tools)은 다른 선행지식에 의존하는가?
- 1수준의 일부 도구들은 다른 연령보다 특정 연령의 학생에게 더 적합한가? 1수준의 도구 내에서도 발달적 순서가 있는가?
- 1수준의 어떤 도구들이 더 효과적인가?(즉, 어떤 도구들이 학생의 언어적 기술을 도와주고 어떤 도구들이 도형적 기술을 도와주는가? 어떤 도구들이 융통성을 더욱 향상시키고, 어떤 도구들이 독창성을 더욱 향상시키는가?)

2. 창의성 혹은 문제해결력 향상 프로그램을 통해 얻은 학습효과는 다른 영역으로 전이되지만 반드시 자동으로 전이되는 것은 아니다. 전이를 위해서는 교사의 또 다른 노력이 필요하다. 학생이 2수준과 3수준의 문제에 1수준과 2수준의 기술을 적용해야 할 때를 알고 이를 사용할 수 있으려면, 응용과 전이를 향상시키는 활동과 경험을 학생에게 명확하게 제공해야 한다. 연구자는 다음과 같은 특수한 몇 가지 질문을 던져 보면서 연구를 진행해야 할 것이다.

---

2) 역자 주: Torrance 창의적 사고력 검사도구(TTCT)는 언어형, 도형형으로 개발되어 있다.

- 학생이 2수준의 좀 더 복잡한 문제해결 방법을 사용하기 시작할 때, 어떻게 하면 1수준의 적절한 방법을 인식하고 사용하는 능력을 최대한 이끌어 낼 수 있을까?
- 문제해결자(problem solvers)는 좀 더 복잡한 문제를 해결하는 동안에 1수준의 도구 중 어떤 것이 가장 유용하고 적절한지를 어떻게 판단할 수 있을까?
- 창의성과 문제해결 능력이 요구되는 상황을 인식하는 학생의 능력을 어떻게 극대화시킬 수 있을까? 그리고 어떻게 하면 학생이 확신을 갖고 1수준과 2수준의 방법들을 생각해 내고 사용할 수 있을까?
- 1수준, 2수준의 기법을 전통적인 학습내용과 효율적으로 연관 지을 수 있는 방안은 무엇인가? 학생이 3수준의 활동을 더 많이 하도록 안내하려면 교육과정에 어떤 새로운 개념과 접근이 필요한가?

3. 3수준의 활동에 참여한 학생에 관한 연구도 거의 없고 교육자가 3수준의 창의적 학습의 촉진자로서 어느 정도 성공적으로 기능할 수 있는지에 대한 연구도 거의 없다. 그러나 멘터십(mentorship) 경험(혹은 이런 경험의 부재)이 창의적 산출에 영향을 준다는 사실을 발견한 중요한 연구가 있었다(Torrance, 1984b). 다음과 같은 쟁점들에 대해 앞으로 많은 후속 연구가 필요하다.

- 리더십과 촉진의 관계 및 촉진을 위한 적절한 기법과 같은 문제를 포함하여 효과적인 촉진 방법과 역동성에 대한 이해를 넓혀야 하고, 교사의 **개인적인 정향성**이 어떤 영향을 주는지(개인적 방식이나 취향은 타인과의 활동 방식뿐만 아니라 문제 선택과 전개에 영향을 줄 것이다.)에 대해서도 더 많은 연구가 필요하다.
- **문제의 소유권**(영향력, 흥미, 상상력)을 파악해야 하며(Isaksen & Treffinger, 1985), 실제 문제해결에 이 요소들이 얼마나 중요한지를 조사해야 한다.

- 실제 문제를 정의하고 선택하며 해결하는 학생의 능력에 대한 발달적·실험적 연구가 필요하다. 또한 **다양한 연령층**과 다양한 영역에서 실제로 문제가 되는 것은 무엇인지 알아야 한다.
- 새로운 멘터십 프로그램을 개발해야 하며, 지속적인 멘터십 경험이 학생 스스로 이룩한 창의적 성취에 어떤 영향을 주는지도 평가해야 한다.

4. 우리는 다양한 연구를 통해 비판적, 창의적 사고가 효율적인 문제해결에 어떤 영향을 주는지에 대해 많은 것을 알 수 있었다. 우리는 이러한 과정들을 대립적이거나 경쟁적인 차원이라기보다 중요한 상호보완적 과정으로 본다(Treffinger, 1984). 확산적(창의적) 사고도, 수렴적(비판적) 사고도 그 자체만으로 효과적인 사고와 문제해결에 그렇게 유용한 것은 아니다. 분명히 이 두 가지 사고를 조화롭게 사용해야 한다(Isaksen & Treffinger, 1985). 이런 연구를 거치면서 창의적인 문제해결 모형이 좀 더 정교해졌고, 효과적인 문제해결의 기본적인 단계를 찾아낼 수 있었다. 이와 관련하여 다음과 같은 새로운 연구가 필요하다.

- 비판적 사고와 창의적 사고 모두가 상호작용적으로, 혹은 독립적으로 효과적인 문제해결의 본질에 어떤 영향을 주는지에 대한 실험적 검증이 필요하다.
- 해결책−발견(Solution-Finding)과 수용−발견(Acceptance-Finding)이 창의적인 문제해결에 어떤 영향을 주는지 좀 더 정확하게 이해해야 하며, 이를 토대로 아이디어와 응용력을 향상시키는 기법과 방법에 대한 확장된 연구가 필요하다.

5. 창의성에 관한 후속 연구에 영향을 줄 수 있을 정도로 기술적 차원과 **과정 개발에서는 많은 진전이 있었다.** 프로그램화된 교수법에 대한 관심이 높아진 시기에 이러한 틀은 창의성 교육 프로그램의 개발에도 이용되었다. 이

러한 초기 연구는 창의성 프로그램을 개발하는 데 기술적, 과정적으로 지속적인 영향을 주었으나 산출물 그 자체에는 그렇게 큰 영향을 주지 못했다. 이 밖에도 그동안 개발된 사고와 문제해결을 설명하는 다양한 모형들은 계속 확장될 것이며, 이것들은 창의성 프로그램의 새로운 내용으로 개발될 것이다(예, deBono, 1976, 1983; Gordon & Poze, 1980; Khatena, 1984). 그동안의 연구들은 후속 연구에 다음과 같은 통찰력을 제공해 준다.

- 창의성과 문제해결에 관한 여러 모형을 혼합하거나 확장한 새로운 모형을 토대로 다양한 연령층의 학생을 위한 새로운 교육 프로그램을 개발하고 이를 평가해야 한다.
- 마이크로컴퓨터 기술을 창의성 교육 프로그램 개발에 적용할 수 있다는 시사점을 연구해야 한다(Tisone & Wismar, 1985 참조).
- 학생의 학습방식에 관한 연구에서 발견된 것들을 창의성 교육 프로그램 개발과 평가에 적용할 수 있다.

결 론

지난 30여 년간 창의성에 대한 연구가 진행되고 프로그램이 개발되면서, 창의성은 사회과학과 행동과학 분야뿐만 아니라 교육자에게도 상당히 흥미로운 주제가 되었다. 최근에 와서야 우리는 인내력이 요구되는 모든 분야에서 탁월한 재능을 발휘하기 위해 창의적 생산성이 중요하다는 사실을 깨달았다. 창의성은 앞으로도 계속 모든 분야의 영재성에 포함될 것이고 포함되어야 한다. 그동안 창의성의 본질, 평가, 육성에 대한 우리의 이해의 폭이 계속 넓어져 왔으며, 이런 결과는 앞으로도 창의성 관련 연구와 개발을 위한 기회를 풍부하고 다양하게 제공할 것이다.

🖼 참고문헌

Covington, M., Crutchfield, R., Davies, L., & Olton, R. (1972). *The productive thinking program.* Columbus, OH: Charles E. Merrill.

Davis, G. A., & O'Sullivan, M. I. (1980). Taxonomy of creative objectives: the model AUTA. *Journal of Creative Behavior, 14,* 149-160.

Daivis, G. A. & Scott, J. A., (Eds.). (1971). *Training creative thinking.* New York: Holt, Rinehart & Winston.

deBono, E. (1973). *The CoRT thinking skills program.* Elmsford, NY: Pergamon.

deBono, E. (1976). *Teaching thinking.* New York: Penguin.

deBono, E. (1983). The direct teaching of thinking as a skill. *Phi Delta Kappan, 64,* 703-708.

Feldhusen, J. F., & Treffinger, D. J. (1985). *Creative thinking and problem solving in gifted education.* (3rd ed.). Dubuque, IA: Kendall-Hunt.

Feldhusen, J. F., Treffinger, D. J., & Bahlke, S. J. (1970). Developing creative thinking: the Purdue Creative Program. *Journal of Creative Behavior, 4,* 85-90.

Gordon, W. J. J. (1961). *Synectics.* New York: Harper & Row.

Gordon, W. J. J., & Poze, T. (1979). *The metaphorical way of learning and knowing.* Cambridge, MA: Porpoise Books/SES Synectics.

Gordon, W. J. J., & Poze, T. (1980). SES Synectics and gifted education today. *Gifted Child Quarterly, 24,* 147-151.

Gowan, J. C. (1972). *The development of the creative individual.* San Diego, CA: R. Knapp.

Guilford, J. P. (1950). Creativity. *American Psychologist, 5,* 444-454.

Guilford, J. P. (1959). Three faces of intellect. *American Psychologist, 14,* 469-479.

Guilford, J. P. (1977). *Way beyond the IQ.* Buffalo, NY: Bearly Limited.

Isaksen, S. G. (1983). A *curriculum planning schema for the facilitation of creative thinking and problem solving skills.* Unpublished doctoral dissertation, State University of New York at Buffalo.

Isaksen, S. G., & Parnes, S. J. (1985). Curriculum planning for creative thinking and problem solving. *Journal of Creative Behavior, 19*, 1-29.

Isaksen, S. G., Stein, M. I., Hills, D. A., & Gryskiewicz, S. S. (1984). A proposed model for the formulation of creativity research. *Journal of Creative Behavior, 18*, 67-75.

Isaksen, S. G., & Treffinger, D. J. (1985). *Creative problem solving: the basic course.* Buffalo, NY: Bearly Limited.

Khatena, J. (1984). *Imagery and creative imagination.* Buffalo, NY: Bearly Limited.

Mansfield, R. S., Busse, T. V., & Krepelka, E. J. (1978). The effectiveness of creativity training. *Review of Educational Research, 48*, 517-536.

Osborn, A. F. (1963). *Applied imagination.* New York: Scribners.

Parnes, S. J. (1967). *Creative Behavior Guidebook.* New York: Scribners.

Parnes, S. J. (1981). *The magic of your mind.* Buffalo, NY: Bearly Limited.

Parnes, S. J., & Noller, R. B. (1973). *Towards supersanity: channeled freedom.* Buffalo, NY: DOK.

Parnes, S. J., Noller, R. B., & Biondi, A. M. (Eds.). (1977). *Guide to creative action.* New York: Scribners.

Reese, H., Parnes, S., Treffinger, D., & Kaltsounis, G. (1976). Effects of a creative studies program on Structure-of-Intellect factors. *Journal of Educational Psychology, 68*, 401-410.

Rimm, S. (1984). The characteristics approach: identification and beyond. *Gifted Child Quarterly, 28*, 181-187.

Rose, L. H., & Lin, H. T. (1984). A meta-analysis of long-term creativity training programs. *Journal of Creative Behavior, 18*, 11-22.

Roweton, W. E. (1972). *Creativity: a review of theory and research.* Buffalo, NY: Creative Education Foundation, Occasional Paper #7.

Speedie, S. M., Treffinger, D. J., & Feldhusen, J. F. (1971). Evaluation of components of the Purdue Creative Thinking Program: a longitudinal study. *Psychological Reports, 29*, 395-398.

Taylor, C. W. (1978). How many types of giftedness can your program tolerate? *Journal of Creative Behavior, 12*, 39-51.

Taylor, I. A. (1976). Psychological sources of creativity. *Journal of Creative Behavior, 10*, 193-202 + 218.

Tisone, J. M., & Wismar, B. (1985). Microcomputers: how can they be used to enhance creative development? *Journal of Creative Behavior, 19*, 97-103.

Torrance, E. P. (1962). *Guiding creative talent.* Englewood Cliffs, NJ: Prentice-Hall.

Torrance, E. P. (1972). Can we teach children to think creatively? *Journal of Creative Behavior, 6*, 236-262.

Torrance, E. P. (1974). *Torrance Tests of Creative Thinking: Norms and Technical Manual.* Bensenville, IL: Scholastic Testing Service.

Torrance, E. P. (1979). *The search for Satori and creativity.* Buffalo, NY: Bearly Limited.

Torrance, E. P. (1984a). The role of creativity in identification of the gifted and talented. *Gifted Child Quarterly, 28*, 153-156.

Torrance, E. P. (1984b). *Mentor relationships.* Buffalo, NY: Bearly Limited.

Treffinger, D. J. (1980b). *Encouraging creative learning for the gifted and talented.* Ventura, CA: Ventura County Supt. of Schools/LTI.

Treffinger, D. J. (1981). Fostering independence and creativity. *Journal for the Education of the Gifted, 3*, 214-224.

Treffinger, D. J. (1984). *Critical and creative thinking: mutually important components of effective problem solving.* Baltimore, MD: Maryland State Education Dept.

Treffinger, D. J., & Huber, J. R. (1975). Designing instruction for creative learning: preliminary objectives and learning hierarchies. *Journal of Creative Behavior, 9*, 260-266.

Treffinger, D. J., Isaksen, S. G., & Firestien, R. L. (1982). *Handbook of Creative Learning: Volume I.* Honeoye, NY: Center for Creative Learning.

Treffinger, D. J., Isaksen, S. G., & Firestien, R. L. (1983). Theoretical perspectives on creative learning and its facilitation: an overview. *Journal of Creative Behavior, 17*, 9-17.

11

창의적 사고를 가르치기 위한
교수활동과 교수목표[1)]

Gary A. Davis(University of Wisconsin-Madison)

아마도 당신은 영재학생이 창의적인 사람이 되도록 가르치고 있을 것이다. 당신은 예술이나 과학 분야에서 연구과제에 대한 연구계획을 직접 구상해 만든 독립적인 프로젝트로 영재학생을 가르치고 있는가? 이러한 프로젝트는 가치 있는 기술과 함께, 예컨대 독립심, 문제정의, 정보수집, 아이디어 생성, 평가하기, 의사결정, 의사소통과 같은 창의적 문제해결 태도와 기술을 개발하도록 도와주어야 한다. 다양한 확산적 사고가 필요한 문제를 가지고 교실에서 브레인스토밍을 하는가? 학생이 탁구공이나 낡은 책들을 특이하게 사용한 적이 있는가? 학생이 욕조나 자전거를 조잡한 수준일지라도 개조해 본 적이 있는가? 어떤 학생은 학교에 도난방지 장치를 달거나 복도 청소에 기발한 아이디어를 발휘하기도 한다. 당신은 '머리 뒤에 눈이 하나 더 달려 있다면 어떤 일이 일어날까?'와 같은 '~하면 어떻게 될까?'라고 학생

---

1) 편저자 주: Davis, G. A. (1989). Objectives and activities for teaching creative thinking. *Gifted Child Quarterly, 33*(2), 81-84. ⓒ 1989 National Association for Gifted Children. 필자 승인 후 재인쇄.

에게 질문해 본 적이 있을 것이다. 토요일 아침에 만화영화가 방영되지 않는다면? 어느 누구도 기술과 재능을 개발하지 않는다면? 확산적 사고력 훈련은 창의적 기술과 능력(그것이 무엇이었든지 간에)을 강화하고 창의적인 사고에 흥미를 느끼게 만든다.

창의적인 사람의 자서전적 정보는 어떤가? 당신은 에디슨과 아인슈타인의 생활 방식, 태도, 사고습관에 대해 학생과 토론해 본 적이 있는가? George Betts(1985)의 자율적 학습자 모델에서는 학생 스스로가 창의적인 사람의 인생을 조사하고, 그 다음에 창의적 성격, 사고양식, 업적을 설명해 주는 학습 센터를 설계하고 만든다. 그리고 어느 날 학예회에 부모님을 초대하고 마치 창의적인 유명 인사처럼 부모님 앞에서 설명한다. 이러한 자서전적 접근의 목표는 창의성과 창의적인 사람에 대한 이해를 돕고, 창의적인 사람의 인생을 통해 창의적인 태도와 재능을 습득하도록 동기를 부여하는 것이다.

당신은 창의적 드라마를 시도해 본 적이 있는가? 눈을 가리고 (다른 사람의 도움을 받으며) 걸어갈 때의 감각을 느껴 보게 한 적이 있는가? 예를 들어, "한 학생이 동물 흉내를 내면 다른 학생은 무슨 동물인지 알아맞혀 봅시다." "나에게는 치과의사, 보조원, 불안해하는 환자, 커다랗고 무딘 드릴이 필요합니다. 이것들을 가지고 동작과 표정으로 치과병원을 만들어 봅시다." 와 같은 동작과 표정연기로 억제된 학생의 생각을 표현하게 해 본 적이 있는가? 그리고 드라마에는 항상 기계 역할을 할 사람이(뻥튀기 기계는 좋은 예다.) 가 필요하다. 시간이 충분하다면 드라마를 직접 만드는 것도 가능하다. 예를 들어, 아동들은 동작, 선, 표현을 사용하여 금발의 미인, 곰 아저씨를 연기해 봄으로써 문제해결 기술과 상상력을 발산할 수 있다.

이런 모든 전략들은 창의성의 신비로운 속성들을 가르치려는 상식적이면서도 논리적인 시도다. 창의성 훈련의 주된 목표를 정의하고 각각의 목표 달성에 필요한 방안을 검토해 본다면, 창의성 훈련이 무엇인지 더욱 명료해질 것이다. 다음에 예시한 목록은 간단한 교수목표들이다.

- 창의성에 대한 인식을 고양하고 창의적 태도를 가르친다.
- 창의성에 대한 상위인지적 이해를 향상시킨다.
- 창의적인 사고기술들을 가르친다.
- 창의적 활동에 학생을 참여시킨다.

창의성 육성을 위한 훈련에는 이 모든 목표와 이를 위한 활동이 포함되어 있어야 한다. 우연히 위에 예시한 교수목표 및 관련 학습활동 순서는 다음에 설명할 주제들의 순서와 정확하게 일치한다.

창의성에 대한 인식을 드높이고 창의적 태도를 가르치기

교사는 학생의 창의적 발달을 위해 창의성에 대한 인식을 고양하고 창의적으로 생각하고 행동하는 태도를 습득하도록 도와주어야 한다.

창의성에 대한 인식은 다행스럽게도 대부분의 다양한 교실활동 속에서 자연스럽게 발달할 수 있다. 또한 창의적 혁신의 역사처럼 보이는 문명의 역사 속에서 창의성의 중요성을 학생이 이해할 수 있다면 창의성에 대한 인식이 학생에게 도움이 될 것이다. 어떤 학생은 개개인의 발달에도 창의성이 매우 중요함을 깨달을 것이다. 인간중심주의 심리학자인 Carl Rogers(1962)와 Abraham Maslow(1954)는 자아실현과 창의성은 기본적으로 같은 것이라고 주장하였다. 독자 여러분도 알겠지만 자아실현은 자신의 잠재력을 계발하고, 누군가가 되는 것이며, 독립적이고, 미래지향적이며, 충분히 기능하고, 민주적인 마음을 갖고 있으며, 정신적으로 건강한 것을 의미한다. 인생에 만족하기 위해 자아실현보다 더 중요한 것은 없다. 즉, 자아실현은 좀 더 창의적인 사람이 되는 것이다.

수업시간에 창의적인 활동을 하는 것이 너무 복잡하여 학생이 스스로 창의성을 기르기 위한 활동을 하고 있다는 사실을 인식하지 못한다면, 학생의 창의성에 대한 인식은 발달할 수 없을 것이다. 학생이 해결할 문제는 창의성을 위한 활동이라고 소개되어야 하며, 비인습적이고 신기한 학생의 사고를 분명하게 격려해야 한다. 부모님을 모신 학예회 때 "오늘 학교에서 너는 무엇을 했니?"라고 아버지가 물었을 때 아동은 "우리는 창의성 훈련을 했어요. 스팀의 특이한 용도에 대해 생각해 보았어요."라고 대답할 수 있어야 한다. "브래드는 눈 덮인 보도 블록에 열을 가하여 눈을 치울 수 있다고 말했어요. 제니퍼는 사막에 물을 수출하는 좋은 방법이라고 말했어요. 저는 워싱턴 동상의 코에서 스팀이 품어져 나온다면 멋있어 보일 거라고 말했어요. 3시 30분의 증기 목욕은 선생님들을 위한 것이라고 말씀하셨어요."

창의적이고 생산적인 사람은 한결같이 창의적 태도를 가지고 있었다. 미래의 창의적 생산자인 영재학생은 창의적 아이디어와 혁신을 중시해야 한다. 이들은 다른 사람의 것과 전혀 다른 특이한 아이디어를 잘 받아들이는 경향이 있다. 이들은 창의적으로 사고하는 정신적인 갖춤새(mental set)를 갖고 있으며 아이디어를 가지고 놀이를 하며 물건의 상하를 바꾸어 보고 속을 뒤집어 보기도 한다. 이들은 창의적 활동에 참여하는 것을 중시한다.

창의성의 장애물─습관, 전통, 규칙, 정책, 특히 동조의 압력─을 인식하는 것도 창의성에 대한 인식과 태도의 발달에 도움이 된다. 대학에 개설된 창의성 과정과 전문가 워크숍에서 항상 강조하는 것은 창의성에 대한 인식, 적절한 창의적 태도, 창의적 사고와 행동에 대한 일상적인 장애물이다.

창의성에 대한 상위인지적 이해를 향상시키기

사고기술을 가르치는 가장 놀라운 프로그램, 특히 deBono(1973, 1983)의 CoRT 전략 [2]과 교실철학(Lipman, Sharp, & Oscanyan, 1980)은 학생의 사고

---

2) 역자 주: CoRT는 Cognitive Research Trust를 의미한다. CoRT Thinking Program은 Edward deBono가 개발한 인지사고 프로그램이다. 여기서 CoRT 전략이란 아이디어나 제안

기술에 대한 상위인지적 이해를 촉진한다. 학생은 생각하는 기술이 무엇을 의미하고 왜 언제 어떻게 사용해야 하는지를 배운다. 창의성, 창의적인 사람, 창의적인 사고에 대한 학생의 상위인지적 이해를 돕는 일은 중요하다. 학생이 창의성을 잘 이해할수록 창의성에 대한 인식이 증가하고, 창의성을 신비한 것으로 보지 않으며, 주어진 현재 능력을 가지고—흥미를 갖고 노력하여—좀 더 창의적으로 생각하고 행동하는 것이 가능하다고 확신할 수 있다. 예를 들어, 학생이 다음과 같은 것을 이해할 수 있도록 도와주어야 한다.

- 창의성은 아이디어를 수정하고 조합하며 유추적 사고를 산출하는 것인데, 학생은 창의적 아이디어의 이러한 성격을 알아야 한다.
- 창의적인 태도와 성격적 특성은 창의적 의식, 자신감, 위험 감수, 모험, 유머, 개방된 마음, 호기심과 같은 창의적 산출과 창의적 상상력에 기여한다.
- 창의적인 인물은 자신의 직관과 즉각적으로 떠오른 상상력을 확장하기 위해 의도적인 기법을 사용하는데, 학생은 이들이 이런 기법을 어떻게 사용하는지 알아야 한다.
- 창의성 검사, 예를 들어 Torrance 창의적 사고력 검사 등으로 측정되는 것이 무엇인지 알아야 한다(Torrance, 1966).
- 창의적인 과정은 Wallas(1926)가 말한 준비, 부화, 조명, 검증의 단계 혹은 좀 더 유용한 창의적 문제해결 모형(Isaken and Treffinger, 1985; Parnes, 1981)의 단계를 거치는데, 학생은 이러한 단계의 성격을 이해해야 한다. 그리고 그림 만화책[3]을 이용하는 것과 같이, 지각적 변화

을 다룰 때, 열린 마음으로 다루도록 의도적으로 사용하는 방법이다. 즉, 긍정적 측면, 부정적 측면, 재미있는 측면 등으로 대안의 모든 측면을 고려해 본 다음 결정하게 하는 것이다. 이 방법을 통해 시야가 넓어질 수 있으며, 아이디어를 탐색하기 전에 결정하는 오류를 범하지 않게 한다. 또한 결정한 아이디어가 지닌 약점을 볼 수 있고, 감정적인 판단에서 벗어나 아이디어의 가치를 고려하게 한다. 자세한 내용은 http://www.edwarddebono.com 참조.
3) 역자 주: 여기서 만화책(Far Side cartoon)은 책의 종이를 이용하여 그림이 오목하거나 볼록하게 보이는 시각적 효과가 있는 만화책을 의미한다.

혹은 정신적 변형으로 볼 수도 있다. 이런 것들의 공통점은 새로운 의미, 새로운 조합, 새로운 수정이 갑자기 보인다는 것이다. 또한 창의적인 기법들은 의식적으로 이루어지는 창의적인 과정으로 설명된다.

그리고 학생의 나이와 능력에 따라 창의성의 정의와 이론을 가르칠 수 있다. 창의적 표현의 저변에 숨어 있는 능력에 대해 혹은 창의성 발현을 돕거나 방해하는 습관과 사회적 압력에 대해 가르칠 수 있고, 학생은 이런 가르침을 통하여 자신과 사회에 창의성이 얼마나 중요한지를 깨달을 수 있다.

창의적 능력의 훈련

작문, 수학, 컴퓨터, 야구를 가르치듯이 연습과 훈련을 통하여 창의적 기술과 능력을 가르칠 수 없다는 논리적인 이유는 없다. 가장 잘 알려진 네 가지 창의적 인지력은 **유창성**, **융통성**, **독창성**, **정교성**이다. 이 능력들은 **Torrance 창의적 사고력 검사**(1966)를 가지고 측정할 수 있는 점수 차원이다. 이런 능력들은 브레인스토밍과 앞에서 언급한 확산적 사고력 계발 기법, 산출물 개선법, '~라면 어떻게 될까?식 질문 등등으로 훈련시킬 수 있다. Stanish(1979), Torrance(1979), Myers와 Torrance(1965), Torrance와 Myers(1970)가 만든 교재와 워크북에는 확산적 사고와 브레인스토밍을 위한 활동이 많이 수록되어 있다.

훈련이 가능한 창의성의 목록에는 다음과 같은 것들이 포함된다. Gordon(1974), Gordon과 Poze(1972), Stanish(1977)의 워크북으로 훈련시킬 수 있는 **유추적 사고**, **시각화와 상상력**(예, Bagley & Hess, 1984; DeMille, 1955; Eberle, 1971), 학생에게 현상에 대해 질문—별(구름, 알, 공룡, 식물의 성장)에 대해 우리가 모르는 것은 무엇일까?—을 함으로써 향상되는 **문제에 대한 민감성**, **문제해결 결과에 대한 예측**, **평가**에 대한 훈련이 포함될 것이다. 아마도 평가를

창의성과 영재성

연습하기 위해서는 Stanish(1981)의 **미래 문제해결** 프로그램에서처럼 6점 혹은 그와 비슷한 점수에 따라 아이디어를 평가하는 평가 매트릭스를 이용할 수 있을 것이다.

　창의력과 관련된 능력으로써 훈련 가능한 또 다른 많은 능력들이 있다. 예컨대 Bloom(1956)의 분류에 따르면, **분석과 종합**, **논리적 추론**, **계획**, **우선순위 매기기**, **적합성 인식**, **추론하기**, **비판적 사고** 등등이 있다(사고기술에 관한 것을 검토해 보려면 Davis and Rimm, 1989 참조).

창의적 사고기법 가르치기

　전부는 아니지만 창의적인 사람의 다수가 의식적 혹은 무의식적으로 아이디어 발견 기법을 사용한다. 성인이나 아동이 생소한 생각이나 생소한 문제해결 전략을 재빨리 채택하기란 쉽지 않다. 그러나 방법은 있다. 나는 얼마 전에 브레인스토밍, 유추적 사고, '무슨 일이 생길까?', 가치와 도덕적 사고를 가르치기 위한 시각화와 같은 창의적 절차를 이용한 900여 개의 활동을 만들기 위해 도표로 형태적인 통합 방법인 매트릭스 기법을 사용하였다(Davis, 1989). 나는 다소 코믹한 대화 작문을 가르치기 위해 의도적 유추를 사용하곤 했다. 이에 대해서는 다른 두 권(Davis, 1983, 1986)의 책에 몇 개의 장이 소개되어 있다.

　아마도 가장 흔하고 널리 사용되는 아이디어 발견 기법은 의도적 유추일 것이다. 모든 신문의 쟁점은 창의적인 정치만화 혹은 한 칸 만화로 표현된다. 이 만화들은 대중음악, TV 광고, 역사적 사건, 현재의 새로운 사건을 유추적으로 사용한다. 한 예로, 기저귀를 찬 아기가 통통한 거미를 향해 독이 묻은 망치를 들고서 "해 봐! 그랬다가는 죽을 줄 알아!(Go ahead, make my day!)"라는 영화에서의 클린트 이스트우드의 유명한 대사를 유추적으로 말하고 있다. 유명한 미국국가(성조기여 영원하라; Star Spangled Banner)는 술을 마시며 부르는 영국의 노래를 비슷하게 개작한 것이다. 지면의 제약으로 다른 중요한 창의적 사고기법−브레인스토밍, 속성열거법, 형태학적 통합, 아이디어 체크리스트, 직접적인 유추 방법으로의 창조공학(synectics) 고안, 개인적 유추, 환상적 유추−을 상세하게 다루기는 어렵다. 그러나 중요한 것은 각각의 이런 기법들이 창의적인 사람이 개인적으로 사용하던 아이디어 발견 기법에서 유래했다는 사실이다. 창의적 전략들은 의식적으로 사용할 수 있고 배울 수 있고 가르칠 수 있다. 이러한 사고기법을 가르치는 몇몇의 워크북과 컴퓨터 프로그램은 다음과 같다. 『상상력 표현(Imagination)』 (Davis and Dipego, 1973), 『선플라워닝(Sunflawening)』(Stanish, 1977), 『말 몸통에 독수리 머리와 날개가 달린 괴물의 깃털(Hippogriff Feathers)』 (Stanish, 1981), 『황무지 여행가(The Hearthstone Traveler)』(Stanish, 1988), 『이상하게 만들기(Making It Strange)』(Gordon, 1974), 『가르치는 것은 듣는 것이다(Teaching Is Listening)』(Gordon & Poze, 1972), 창의적 사고와 문제해결(computer program; Davis, 1985). 창의력 향상 기법에 대해 좀 더 상세히 알고 싶다면 Davis(1986), Feldhusen과 Treffinger(1985)를 참조하기 바란다.

창의적 활동에 학생을 참여시키기

'어떻게 창의성을 가르칠 수 있을까?'라는 질문에 가장 적절한 대답은 '창의적 사고와 문제해결력을 필요로 하는 활동에 학생을 참여시켜라'다. 여러분은 창의적 태도, 능력, 기술이 이러한 창의적 활동에 참가하는 과정에서 강화될 것으로 확신할 것이다.

삼각형 모형을 확장한 Renzulli(1977) 삼부심화학습모형(Type III Enrichment from the Triad model), Renzulli 회전문 모형(Revolving Door model) (Renzulli, Reis, and Smith, 1981), Renzulli 학교전체 심화학습모형 (Schoolwide Enrichment Model)(Renzulli & Reis, 1985)이 모두 다 개인별 · 소

집단별 활동 프로젝트와 실제 문제를 통한 창의성 계발에 초점을 맞춘 것은 우연한 일이 아니다. '미래 문제해결'과 '정신 오디세이'라는 프로그램도 실제 문제와 프로젝트를 통해 창의성을 가르치기 위해 계획적으로 설계된 것이다.

　매우 효과적인 창의적 문제해결 모형(Isaken and Treffinger, 1985; Parnes, 1981)은 사실 발견, 문제 발견, 아이디어 발견, 해결책 발견(아이디어 평가), 수용 발견(아이디어 적용)이라는 다섯 단계에서 학생이 확산적, 수렴적 사고에 참여하도록 유도한다. 이 모형은 성인의 문제해결 모형으로 설계되었고, 또한 중등학생용 실제 문제해결 모형으로도 개발되었다. 초등학생용은 『아동을 위한 CPS』(CPS for Kids)에 잘 기술되어 있다(Eberle and Stanish, 1985).

요 약

　나는 이 장에서 창의적 태도, 기술, 능력을 강화하는 몇 가지 유용한 접근의 목표를 명료화하려고 시도하였다. 실질적으로 관련 연구는 부재한 상황이지만, 어떠한 접근법이나 접근법들의 결합이 가장 빠르고 효율적으로 가장 큰 이익을 창출하는지의 문제에 관하여 이상적인 처방을 내놓는 것은 불가능하다. 앞에서 언급했듯이, 나는 앞서 기술한 목표를 모두 다 사용하고 제시된 순서대로 관련 활동을 도입할 것을 권고한다. 학생은 창의성이 무엇인지 알 필요가 있고 창의적으로 사고하는 태도를 습득해야 한다. 학생은 창의적인 사람과 창의적인 사고에 대해 상위인지적으로 이해할 필요가 있다. 이들의 창의력과 기술을 훈련시켜야 하고, 몇 가지 아이디어 발견 기법을 보여 주어야 한다. 그리고 창의적 사고와 문제해결력이 요구되는 활동에 참여시켜야 한다.

📖 참고문헌

Bagley, M. T., & Hess, K. K. (1984). *200 ways of using imagery in the classroom*. New York: Trillium Press.

Betts, G. (1985). *Autonomous learner model: For the gifted and talented*. Greeley, CO: Autonomous Learning Publications and Specialists.

Bloom. B. S. (1965). *Taxonomy of educational objectives, Handbook I, Cognitive domain*. New York: McKay.

Davis, G. A. (1983). *Student study guide to accompany Educational Psychology: Theory and Practice*. New York: Random House.

Davis, G. A. (1985). *Creative thinking and problem solving* (computer disk and manual). Buffalo, NY: Bearly Limited.

Davis, G. A. (1986). *Creativity is forever* (2nd ed.). Dubuque, IA: Kendall/Hunt.

Davis, G. A. (1989). *Creative teaching of values and moral thinking*. East Aurora, NY: DOK.

Davis, G. A., & DiPego, G. (1973). *Imagination express: Saturday subway ride*. East Aurora, NY: DOK.

Davis, G. A., & Rimm, S. B. (1989). *Education of the gifted and talented* (2nd ed.). Englewood Cliffs, NJ: Prentice-Hall.

de Bono, E. (1973). *CoRT thinking*. Elmsford, NY: Pergamon.

de Bono, E. (1983). The direct teaching of thinking as a skill. *Phi Delta Kappan, 64*, 703-708.

DeMille, R. (1955). *Put your mother on the ceiling*. New York: Viking/Compass.

Eberle, B. (1971). *Scamper*. East Aurora, NY: DOK.

Eberle, B., & Stanish, B. (1985). *CPS for kids*. Carthage, IL: Good Apple.

Feldhusen, J. F., & Treffinger, D. J. (1985). *Creative thinking and problem solving in gifted education* (3rd ed.). Dubuque, IA: Kendall/Hunt.

Gordon, W. J. J. (1974). *Making it strange*. Books 1-4. New York: Harper &

창의성과 영재성

Row.

Gordon, W. J. J., & Poze, T. (1972). *Teaching is listening.* Cambridge, MA: SES Associates.

Isaken, S. G., & Treffinger, D. J. (1985). *Creative problem solving: The basic course.* Buffalo, NY: Bearly Limited.

Lipman, M., Sharp, A. M., & Oscanyan, F. S. (1980). *Philosophy in the classroom* (2nd ed.). Philadelphia, PA: Temple University Press.

Myers, R. E., & Torrance, E. P. (1965). *For those who wonder.* Boston, MA: Ginn.

Maslow, A. H. (1954). *Motivation and personality.* New York: Harper & Row.

Parnes, J. S. (1981). *The magic of your mind.* Buffalo, NY; Creative Education Foundation.

Renzulli, J. S., & Reis, S. M., & Smith, L. H. (1981). *Revolving door identification model.* Mansfield Center, CT: Creative Learning Press.

Renzulli, S. J., Reis, S. M. (1985). *The schoolwide enrichment model.* Mansfield Center, CT: Creative Learning Press.

Rogers, C. R. (1962). Toward a theory of creativity. In S. J. Parnes & H. F. Harding, *A source book for creative thinking.* New York: Scribner's.

Stanish, B. (1977). *Sunflowering.* Carthage, IL: Good Apple.

Stanish, B. (1979). *I believe in unicorns.* Carthage, IL: Good Apple.

Stanish, B. (1981). *Hippogriff feathers.* Carthage, IL: Good Apple.

Stanish, B. (1988). *The hearthstone traveler.* Carthage, IL: Good Apple.

Torrance, E. P. (1966). *Torrance tests of creative thinking.* Bensenville, IL: Scholastic Testing Service.

Torrance, E. P. (1979). *The search for satori and creativity.* Buffalo, NY: Creative Education Foundation.

Torrance, E. P., & Myers, R. E. (1970). *Creative learning and teaching.* New York: Dodd, Mead.

Wallas, G. (1926). *The art of thought.* New York: Harcourt, Brace & World.

12

고등학생의 창의적 생산성: 에너지, 흥미, 상상력의 조합[1]

Marcia A. B. Delcourt(University of Virginia)

이 논문은 질적인 연구로서 창의적, 생산적 사고력이 우수한 18세의 고등학생에게 초점을 맞출 것이다. 이 연구에서는 흥미를 갖고 학업을 철저하게 완수하는 젊은이의 특성을 연구하기 위해 창의적/생산적 행동을 조사하였다. 자료는 가족, 학교, 학생에게서 구하였다. 연구방법으로는 서류 분석, 질문지, 학생 면접을 이용하였다. 영재교육 프로그램을 경험한 학생은 어떻게 하면 흥미가 지속되는지 그리고 노력을 통하여 무엇을 배울 것인지에 대한 통찰력을 획득하였다.

서 론

명성이 있는 성인의 창의적인 생산성을 기술하는 것도 영재성을 연구하는 한 가지 방법이다(Goertzel, Goertzel, & Goertzel, 1978; MacKinnon, 1978; Roe, 1952; Sternberg, 1988). 또한 연구자들은 청소년의 창의적 행동에 관심을 기울여 왔다. 예를 들어, Walberg(1969, 1971)는 학생이 수상한 상을 토대

---

1) 편저자 주: Delcourt, M. A. B. (1993). Creative productivity among secondary school students: Combining energy, interest, and imagination. *Gifted Child Quarterly*, 37(1), 23-31. © 1993 National Association for Gifted Children. 필자 승인 후 재인쇄.

로 과학과 예술 분야에서의 영재를 판별하였다. Torrance(1980)는 창의성 검사의 점수를 바탕으로 초등학생의 창의적 행동을 조사하였다. 이러한 자료에서 나온 일반적 사실을 바탕으로 창의성이 높을 가능성이 있는 어린 세대는 식별할 수 있지만, 성인과 청소년의 영재행동 사이에 어떤 상관관계가 있는지에 대해서는 아직 불확실하다(Milgram, 1984; Siegler & Kotovsky, 1986). Sternberg(1986)는 "특정한 미래 행동의 가장 좋은 예언인은 같은 행동의 과거 행동"이라고 주장하며 연구자가 장기간에 걸쳐 행동을 관찰하고 조사해야 한다고 제안하였다(p.147). 그러나 학생이 창의적인 생산자인지 아닌지에 대한 의문이 있다. 실제로 몇몇 연구자들은 창의적인 생산성을 성인의 특성으로 보았다. 이들은 청소년들은 성인기의 영재성을 보여 줄 잠재력을 갖고 있지만, 정확하게 말하면 정보 자료(지식)의 생산자가 아니라 소비자라고 주장하였다(Simonton, 1983; Tannenbaum, 1983). 다른 연구자들은 창의적 생산성은 영재행동의 증거이며 이런 행동은 학생과 성인 모두에게서 나타나고 또 육성될 수 있다고 주장한다(예, Haensly & Roberts, 1983; Renzulli & Reis, 1985, 1986). 이 연구에서는 창의적/생산적 행동을 다음과 같은 두 가지 목적에서 조사하였다. (a) 추천받은 학생을 정보의 생산자로 규정함으로써 청소년의 생산성을 기술, (b) 창의적/생산적 행동과 연관성이 있는 개인적·환경적 특성을 규명함으로써 학생의 행동을 조사하는 것이다.

어떤 요인이 창의적/생산적 행동을 증진하는가?

창의적 생산성에는, 청중에게 영향을 줄 목적으로 독창적인 결과물을 개발하려는 의도를 갖고 개인적으로 흥미를 느끼는 영역에 자신의 능력을 투입하는 과정이 수반된다(Renzulli, 1986, p. 58). 영재행동의 이런 관점은 평균 이상의 능력, 과제집착력, 창의성이라는 세 가지 특성 간의 상호작용에 초점을 맞춘다. 이런 영재 개념은 확장된 삼부심화학습모형을 사용한 교육

창의성과 영재성

연구의 활용도

이 연구는 다음 두 가지 중요한 개념을 지지한다. 첫째, 학생은 정보의 소비자일 뿐만 아니라 생산자다. 이 말은 이들의 프로젝트가 학생과 성인으로 구성된 지역, 주, 혹은 범국가적 청중에게 영향을 끼친다는 것을 의미한다. 이러한 프로젝트를 완성하는 데 필요한 학생의 가장 중요한 특성 중의 하나는 지속성이고, 성인의 가장 중요한 특성 중의 하나는 참을성이다. 이 연구에서 분석한 학생은 많은 프로젝트를 시도하였고 어떤 모험은 성과가 미미하였다. 그러나 이들은 새로운 것을 시도하고 지속할 만큼 융통성이 있었다. 또한 이 학생을 지지하는 부모와 교사는 학생 스스로 흥미를 추구할 수 있도록 자유를 주었고 몇 년씩이나 걸리는 탐색 활동과 질문을 격려하였다.

둘째, 이 연구는 프로그램 전략과 일치하는 행동을 확인하는 연구를 조명해 보았다. 본 연구의 대상인 학생이 창의성/생산성의 잠재력을 갖고 있는 것으로 확인되었고, 이들은 이 행동을 개발시키려는 프로그램에 참가하였으며 프로그램은 효과가 있었다. 좀 더 구체적인 여러 기준을 사용하여 프로그램에 참가할 학생(평균 이상의 능력, 창의성, 과제집착력)을 선발하였다. 프로그램 내용은 리서치 기술, 비판적·창의적 사고기술, 그리고 상위 주제로 구성되었다. 학생 스스로 지적하였듯이 영재교육 프로그램과 프로젝트에 참여한 덕분에 조사의 질과 일반적인 기술이 향상되었으며, 개인적인 특성들도 양호했고 잠재적인 직업을 탐색할 수 있었다.

계획의 일부다. 이 모형의 핵심에는 1유형(일반적인 탐색 활동), 2유형(기술 개발 활동), 3유형(자신이 선택한 주제를 개인적으로나 소집단 속에서 연구)이라는 세 가지 유형의 활동이 있다.

몇몇 연구는 이 모형이 창의적 생산성에 끼치는 효과를 검토하였다. Reis(1981)는 창의적이며 생산적인 행동과 영재성의 관계를 조사하였다. Reis는 상위 5%에 속하는 학생과 그 아래 15~20%에 속하는 학생의 산출물에서 질적인 차이를 발견하지 못했다. 또한 Reis의 연구에 포함된 1,162명의 학생 중 64%는 앞선 수준의 과제를 선택하거나 완성하지 못했다는 점을 주목해야 한다. 이것은 스스로 선택하는 과제에 참여한 학생 중 프로젝트를 시작하거나 완성하지 못한 학생의 개인차를 연구할 필요가 있음을 암시한다.

Gubbins(1982)는 재능 있는 학생의 특성을 연구하는 마지막 자료 수집 단계에서 결과물을 완성하지 못한 학생에게 질문지를 던졌다. Gubbins는 질문지에 대한 반응을 토대로 산출을 방해하는 요인이 낮은 흥미도, 낮은 과제집착력, 부적절한 시간 할당, 낮은 인간적·물질적 자원임을 확인하였다. Schack(1986)은 창의적 생산성을 증진시키는 요인을 조사하였다. 지각된 수행력에 가장 큰 영향을 주는 것은 유사하거나 동일한 과제에 대한 과거의 수행 경험이라는 Bandura(1977)의 자기효능감 이론이 Schack의 신념을 지지해 주었다. 리서치 능력을 향상시키기 위해 설계된 처치를 적용하였음에도 불구하고, Schack은 3유형의 활동에서 실험집단과 통제집단 간의 유의미한 차이를 발견하지 못했다. 그 반면에 Burns(1990)의 연구에서는 프로젝트 관리하기, 초점 맞추기, 계획하기의 훈련을 받은 학생이 훈련을 받지 않은 학생보다 프로젝트를 더 많이 시도했다는 결과가 나왔다.

또한 Starko(1988)도 창의적 생산성과 프로젝트 활동 사이의 상관관계를 조사하였다. Starko는 학교에서 3유형의 과제를 마친 학생과 그렇지 못한 학생을 비교한 후, "학교에서 창의적 생산성을 보이는 학생은 창의적 생산성에서 자기효능감이 높고 학교 밖에서도 창의적 생산성을 추구하는 경향이 있다."라고 결론지었다(1986, p. 92). Roeder, Haensly 및 Edlind(1982)는 가정과 학교의 환경에 대해 조사하였다. 네 명의 생산적인 영재 초등학생을 분석한 후에 연구자들은 부모가 아동의 흥미를 잘 알아야 하고 교사는 학생이 위험을 감수하는 창의적 행동을 할 수 있도록 격려해야 한다고 제안하였다.

연구방법과 절차

연구과제

창의적/생산적 행동을 연구하는 이 연구의 밑바탕에는 다음과 같은 핵심 질문이 있다. 첫째, 어떤 요인들이 창의적/생산적 행동과 관련이 있을까? 둘째, 다양한 사례들 간에 어느 정도 일치할까?

연구 설계와 자료 수집 절차

이 연구는 여러 사례를 질적으로 분석하였다. 하나의 방법을 사용할 때 발생할 수 있는 편차와 약점을 극복하기 위해 세 군데에서 자료를 수집하였다(Jick, 1979; Mitchell, 1986). 이 기법은 신뢰도와 타당도를 검증하기 위해 두 가지 이상의 출처와 수집 방법을 필요로 한다(Smith, 1975). 정보 제공자는 학생, 부모, 학교였다. 연구대상자에 관한 자료 수집 방법으로 서류 분석,

---

1. 자료 출처–학교
   방법–

   a. 서류 분석–영재교육 프로그램 정책, 학생의 능력과 성취에 대한 증빙 서류
   b. 학생의 행동과 활동에 대한 체크리스트와 기술

2. 자료 출처– 학생
   방법–

   a. 학교에 대한 태도와 자아개념
   b. 학생의 창의적 행동에 대한 자기인식을 묻는 질문지
   c. 구조화된 면접 기록물, 녹음테이프

3. 자료 출처– 부모
   방법–

   a. 학생의 가정환경에 대한 질문지
   b. 학생의 창의적/생산적 행동에 대한 부모의 인식을 묻는 질문지

[그림 12–1] 중다출처, 중다자료 수집법을 사용한 3차원 자료 수집 계획

질문지, 반구조화된 면접법을 사용하였다. 세 가지 자료를 수집하기 위한 계획은 [그림 12-1]에 제시되었다.

서류 분석을 제외한 [그림 12-1]에 열거된 모든 방법들에 대한 반응을 점수로 환산하고 이 점수를 분류하였다(Webb, 1966). 정보를 제공하는 정보원들(학생, 부모, 학교)은 이 연구에 참가하고 있기 때문에 의식적, 무의식적으로 자료를 왜곡시킬 수 있다. 그러므로 반응에 대한 측정치를 구하기 전에 자료 왜곡 효과를 줄이기 위해 학교에 대한 태도와 자아개념을 평가하였다. 그리고 한 집단의 연구대상자는 본 연구에 참여하지 않는 학생이었다.

연구대상자

연구대상자는 9~12학년 학생 18명이었다. 이들은 3개 주에 위치한 4개 영재 기관에 소속되어 있었다. 연령과 성에 따른 표본에 대한 기술은 〈표 12-1〉에 제시되어 있다. 연구대상 학생들은 자신들이 속한 기관의 전문가들로부터 추천을 받았고 영재아동을 위한 특수학교보다는 일반 고등학교에 속해 있었다.

학생 스스로 흥미를 느끼는 영역에서 생산성을 격려하는 각 프로그램은 확장된 삼부심화학습모형을 사용하였다(Renzulli, 1977). 각 기관에서 사용하는 프로그램에는 개인별 과제 수행능력에 따라 학생이 들어갈 수 있는 속진과정, 우수반, 특수 세미나반, 멘터십이 포함되어 있다.

4개 기관 모두에서 영재아동을 담당하는 교사 중 한 명을 연구 협력자로 선정하였다. 이들 교사는 영재교육에 대한 전문 교육과정을 이수한 사람이

표 12-1 학년과 성에 따른 표본의 분포

n=18 연구대상자	학 년			
	9	10	11	12
여자	0	1	5	2
남자	1	1	5	3
합 계	1	2	10	5

창의성과 영재성

었다. 교사들에게 창의성/생산성 체크리스트를 주고 세 가지 기준을 토대로 연구에 적합한 학생을 지명하라고 하였다. 학생은 일반 고등학생 연령이 된 학생만 이 연구에 포함시켰다. 그 이유는 학생이 어떤 시기를 되돌아보고 창의적 과정에 관한 정보를 제공할 때, 이 시기의 경험과 연령이 중요하기 때문이다. 영재교육 프로그램의 목표를 잘 인지하고 있는 연구대상자를 선발하기 위해 한 프로그램에 4년 이상 참여한 학생들만 이 연구의 적격자로 판명하였다. 창의적/생산적 수행 혹은 프로젝트의 질과 양(최소한 세 개)을 기준으로 학생을 선발하였다. 프로젝트의 영향력은 특정 지방, 지역, 국가와 같은 청중의 유형에 따라 범주화하였다. 이러한 시스템을 사용하여 학생이 지역 유선방송 프로그램에 초대 손님으로 출연하거나, 그 지역 학생 신문을

표 12-2 연구대상을 선발하기 위해 교사가 사용한 학생의 프로젝트

	주 제	산 출	청 중
학생 #1	고등학생을 위한 인문학 세미나	조직화된 세미나에서 토론의 리더로 활약	특정 지방: 고등학생, 교사, 대학교수
	정치학	연구 보조원으로서 체계적 인턴십을 발휘	주: 주의 수도의 스태프와 주 의원
	작문과 정치적 의식	고등학생이 자신들의 쟁점을 인식할 수 있는 좋은 신문을 발간	주: 그 주의 고등학생
	정치학	세계적인 쟁점에 관한 학생회의 주최	지역: 그 주의 고등학생
학생 #2	컴퓨터 그래픽 프로그래밍	몇 개가 링크된 컴퓨터로 볼 수 있는 영화 제작	지역: 대중매체 축제 (상을 받음)
	전기공학	전기적 요소를 개발함	지역: 창의적 경쟁
	입체 영상(레이저, 사진술, Holography) 홀로그램 만들기	홀로그램 제작	전국: 국가의 승인을 받음 지역: 고등학생
	화공학	특수한 종류의 암세포 성장에 관한 컴퓨터 프로그램과 논문을 작성	전국: 동료들, 교수, 엔지니어 여름학교에 참가한 동기생들

편집하거나, 지역 화훼 농가를 위해 식물 접목 실험을 하거나, 전국에 배포되는 학생 잡지에 시를 발표하는 것과 같은 두드러진 수행을 토대로 학생을 선발하였다. 〈표 12-2〉는 교사가 학생을 지명할 때 근거로 삼은 프로젝트의 예다.

측정도구(instrumentation) 부모들은 두 개의 질문지를 작성하였다. 하나는 부모의 직업과 교육 수준을 포함한 상세한 가정환경에 관한 것이고 다른 하나는 학생이 학교 안팎에서 수행한 프로젝트의 질과 양, 그리고 학생이 그것에 쏟은 노력의 양을 알아보는 질문지다. 학생도 이와 유사한 질문지를 작성하였다.

각 학생은 1시간 30분~2시간 정도 면접을 하였고 이 면접은 녹화되어 나중에 녹취록으로도 만들어졌다. 36문항의 면접 질문에 대한 대답을 가족환경과 아동기, 교육 경험, 프로젝트 개발에 관한 견해라는 세 가지 범주로 분류하였다. 각 학생은 모든 질문에 응답하였다. 면접 동안의 반응을 좀 더 명확히 하기 위해 추후 면접을 실시하였고 면접상의 오류를 시정하기 위해 각 학생에게 녹취록을 복사하여 나누어 주고 확인하게 하였다(질문지와 면접 세부사항은 저자에게 연락하면 구할 수 있다.).

자아-평가 항목표(Self-Appraisal Inventory) 모든 연구대상자에게 고등학생용 자아개념 검사(Measures of Self-Concept K-12, 1972)를 시행하였다. 이 검사지에는 일반적인 것, 교우관계, 공부, 가족에 대한 네 개의 하위 검사가 포함되어 있다. 자아개념 검사의 내적 일치도는 .75였고 검사-재검사 신뢰도는 .87이었다. Gable(1986)은 정서적 평가를 위해 내적 일치도가 .70 이상이면 수용할 만한 검사라고 제안하였다. 이 검사지는 '적극적으로 반대한다(1점)'부터 '적극적으로 찬성한다(4점)'까지의 4점 Likert 반응 척도를 이용하였다. 학생들에게 전체 질문이 62개인 검사지를 돌렸다.

학교 정서 지수(The School Sentiment index) 각 연구대상자는 고

등학생용 학교에 대한 정서 검사(Attitudes Toward School K-12, ATS, 1972)를 작성하였다. 원래 이 검사지는 일곱 개 범주 82개 문항으로 구성되어 있지만 그중에서 학교에 대한 일반적인 태도, 교사의 지도 방식, 교사의 권위와 통제, 교사와 학생의 인간적 관계, 학습에 대한 태도, 동료 관계라는 여섯 개의 하위검사로 구성된 59개 문항만을 선별하여 사용하였다. 사회적 구조와 분위기에 대한 문항은 이 연구의 취지를 반영하지 못한다고 판단되어 사용하지 않았다. 이 검사에서도 위에 언급된 것과 동일한 4점 Likert 척도가 사용되었다. 이 검사의 전체 내적 일치도는 .88로 보고되었다.

자료 분석

자료는 연구계획서를 작성할 때 계획한 방법에 따라 분석하였다. 사생활을 보호하였고 모든 자료를 코딩 절차에 따라 입력하였다. 사례별 기록을 만들기 전에 자료를 분석하였다(Patton, 1980). 분석 단위는 각각의 학생이었다. 학생별 기록 내에서 객관적 방법에서 주관적 방법으로, 비반응적(nonreactive) 방법에서 반응적 방법으로 (이미 존재하는 정보, 서류, 평가결과, 질문지, 면접 반응) 연속선상에서 자료 수집이 이루어졌다. 질문지나 면접 자료에서 나온 좀 더 주관적인 정보는 주제와 패턴을 찾기 위해 내용 분석을 하였다(Spradley, 1979). 이 과정은 연구자가 정의한 코딩 계획에 따라 원 자료(text)를 정리하도록 설계된 컴퓨터 프로그램인 **에스노그래프**(ethnograph)를 사용하여 다시 손질하였다(Seidel & Clark, 1984; Seidel, Kjolseth, & Seymour, 1988). 예를 들어, 손으로 직접 작성한 면접 자료는 에스노그래프 컴퓨터 프로그램에 하나 혹은 그 이상의 코드를 붙여 모든 코드를 주제에 따라 분류하였으며 원래의 자료는 적절한 절차에 따라 인출할 수 있었다. 특정 코드가 붙은 모든 사례를 하나의 기록이나 모든 기록에 걸쳐 인출할 수 있었다.

반응의 일관성을 알아보기 위해 학생, 학교, 부모에게 나온 각각의 자료와 방법을 서로 비교하였다(Miles & Huberman, 1984; Swanson-Kauffman, 1986)([그림 12-1] 참조). 3차원적으로, 면접 때 학생의 반응을 질문지에 대한 반응, 혹은 다른 조사 자료와 비교하였다. 예를 들면, 신뢰도를 검증하기 위해 ATS(학교에 대한 태도)라는 코드가 붙은 모든 원 자료를 학교에 대한 정서 지수 및 학습에 대한 태도와 비교하였다.

결과 및 논의

결과를 크게 인구학적 자료와 가정환경, 교육 경험, 학생에 대한 인상이라는 세 가지 범주로 정리하였다. 연구대상이 된 학생에 관한 자료는 다른 연구나 다른 방법으로 수집된 자료를 통해 지지되었다.

인구학적 자료와 가정환경

부모의 교육 수준과 직업을 평가하였는데, 연구에 참가한 학생의 모든 가족은 중류층이었다. 부모 모두 고교 졸업 후에도 계속 공부를 하여 전문직에 종사하고 있었다. 이것은 학생의 창의적 생산성의 예언인이 아니라 그런 학생의 가족에 대한 기술 변인(descriptor)이었다. 이 표본에서 성의 비율은 남자는 56%, 여자는 44%였다.

부모의 지지 부모의 지지를 조사하기 위해 부모와 학생에게서 자료를 구하였다. 패턴과 주제의 일관성을 확보하기 위해 질문지에 대한 부모의 반응과 면접에서 학생의 반응을 비교하였다.

학생에게 "자신의 프로젝트와 흥미를 부모가 지지해 주는가?"라고 질문을 했을 때 11명의 학생이 "그렇다."라고 응답했고, 3명은 "부분적으로 그렇다."라고 응답했으며, 4명은 "아니다."라고 응답했다. 긍정적으로 반응한 모든 학생은 자신들이 흥미를 느끼는 어떤 주제를 선택하든지 간에 자유를

창의성과 영재성

느낀다는 말을 덧붙였다. 이러한 학생의 부모는 부모용 질문지에서 자녀가 추구하는 프로젝트에 대해 기쁨을 느낀다고 답하였다. 이렇게 응답한 부모 중 상당수는 자녀가 자랑스럽고 이런 흥미를 격려한다고 진술하였다. 가족으로부터 받는 지원 때문에 오히려 절망감을 느끼는 네 명의 학생은 부모로부터 학교에서 남보다 우수해야 한다는 압력을 받는다고 하였다. 일반적으로 프로젝트에 대한 학생과 부모의 생각은 일치하였다. 부모가 학교 안팎에서의 수행에 관심을 기울일 때 학생은 부모를 지지적인 사람으로 지각하였다. 비지지적인 부모라는 소리를 듣는 사람은 자녀의 프로젝트보다는 성적을 강조하는 것 같았다.

학생이 언급한 독립성에 대한 개념은 이들이 주제와 연구과제를 선택할 때 느끼는 자유를 기준으로 평가하였다. 부모의 지원과 비교해 보면 학생의 독립성은 부모가 **관심을 기울여 주지만 간섭은 하지 않는 것**을 의미한다. 실례로 독립성을 보고한 학생은 부모가 학교 안팎에서의 활동을 인정해주고 부모와 프로젝트에 대해 토론도 하고 간혹 아이디어를 부모에게 물어보기도 하지만, 기본적으로 자신의 방법을 사용하고 부모는 이를 방해하지 않았다고 보고하였다. 한 학생은 아무도 자신을 간섭하지 않는 것이 좋다고 말했다.

부모의 지원은 몇 가지 형태를 띤다. 독립심을 격려하는 것 이외에도 이 연구에 포함된 부모는 자녀에게 모험을 격려하고(Getzels & Jackson, 1962), 이른 시기부터 아이디어 탐색을 격려하고(McCurdy, 1960), 배움을 중시하고 사랑하라(Barbe, 1988)고 가르쳤다. 부모의 이런 지지적 요소들은 다른 연구에서도 발견되었다.

아동기의 흥미 아동기는 취학 전 기간과 초등학교를 포함한다. 아동기의 흥미에 대한 기술에서, 13명의 연구대상자가 일찍부터 글을 읽었고 12명은 아동기 때부터 음악에 관심을 가졌다고 말했다. 학생의 대다수(13명)는 초기 아동기 때 형성된 관심사가 지속되었다. 아래 글은 초기 관심사와 희망 직업의 관계를 보여 주는 사례를 기술한 것이다.

> 기본적으로 처음부터 과학을 선택했다(가능한 직업−기술자, 도시 건축가, 좀 더
> 특수하게 식물의 이종교배를 연구하는 것).
> 나는 다양한 흥미를 갖고 있는데 이것은 어린 시절 캠핑을 통해 얻은 것이다.
> 나의 주된 관심사는 캠핑과 거친 환경에서 살아남는 것이었다. 나는 이와 관
> 련된 직업을 찾을 것이다(가능한 직업−야생 사진작가).
> 나는 공학기술 분야에 대해 끊임없이 관심을 기울여 왔다(가능한 직업−천체물
> 리학자).

학생이 특수한 흥미를 잃지 않도록 타인이 어느 정도 영향을 줄 수 있는 지에 대해서는 아직 알려지지 않았다. 부모와 교사 모두 학생의 특수한 흥미에 관심을 기울여 주고 흥미를 유지하도록 지원한다. Bloom(1982)은 흥미와 경향성을 '단서(markers)' 라고 불렀다. Torrance(1981)가 시행한 창의적 개인의 종단연구에서는 아동기 때부터 이어지는 흥미의 패턴이 직업을 선택할 때 중요한 역할을 한다는 결과가 나왔다. Torrance의 연구에 따르면, 매우 창의적인 사람은 나중에 직업과 연결되는 특정 주제와 초등학교 때부터 "사랑에 빠진다." (p .61)라고 하였다. 이 연구의 대상이었던 학생이 아동기 때부터 좋아한 것이 고등학교 졸업 후 직업을 선택할 때 영향을 주었는지는 아직 입증되지 않았다.

학생의 교육 경험

프로그램 선택 기준인 일반적인 학교 관련 변인과 영재교육 프로그램 참여 여부를 조사하였다. 학생의 흥미, 태도, 대인관계, 동기, 학교에서의 학습방식도 조사하였다.

프로그램 선택 기준과 학생 기록 네 기관 모두 확장된 삼부심화학습모형을 토대로 프로그램을 만들었으며 여러 기준을 사용하여 학생을 선발하고

있었다. 어떤 한 가지 기준으로 학생을 선발하는 프로그램은 없었다. 그러나 IQ 130을 하한선으로 적용한다면 적어도 여섯 명은 영재교육 프로그램에서 나가야 했다. 12가지 IQ 점수 중에서 연구대상 학생은 104~154(평균=133) 범위에 분포하였다. 성취도 점수, IQ 점수, 학점은 일치하지 않는 것 같았다. 작문 견본이나 창의적 행동 측정치를 첨부하는 부모, 동료 또는 본인의 추천은 영재 프로그램에 들어갈 학생을 선발하는 비전통적 방식이다.

학교에 대한 태도(Attitudes Toward School K-12, ATS, 1972) 학생에게 **학교 정서지수**(School Sentiment Index)를 검사하였다. 대부분의 학생은 학교에 대해 긍정적인 태도를 갖고 있었다. 면접하는 동안 학교에 대해 좋지 않은 감정을 보고한 학생은 이 검사에서 낮은 점수를 받았다. 다음에 예시한 글은 이 검사에서 평균 이하의 점수를 받은 학생의 글로 이런 관계를 잘 보여 준다.

> 내가 왜 학교를 다니는지 정말 모르겠다. 나는 단지 정상적인 시기에 학교를 졸업하길 바랄 뿐이다.
> 일반적으로 나는 모든 것을 배운다. 학교 숙제가 문제다. 나는 숙제를 포기하고 학교를 그만두려고 했었다. 나는 정말로 너무 많은 것을 한다. 그래서 나는 아무것도 이해하지 못한다.
> (학교에 왜 다니니?) 졸업하기 위해서다. 학교를 졸업하는 것이 그렇게 중요한 것은 아니다. 졸업하려면 당신도 시험을 통과해야 한다. 내가 하고 있는 공부는 시험을 통과하기 위해서다.

학교에 대한 태도 검사에서 평균 이하의 점수를 받은 네 명 중 세 명은 부모의 지원이 부족하고 학교에서 다른 사람보다 앞설 것을 강요한다고 보고하였다. 이것은 학교에 대한 태도가 프로젝트에 대한 부모의 인식이나 학업 성적에 대한 부모의 지나친 기대와 상호작용하는 것을 암시한다.

대인관계 연구대상자 대부분은 교사나 동료와 긍정적인 관계를 맺고 있었다. 이러한 관계는 연구대상 학생이 모든 교사와, 혹은 모임에서 잘 어울리지 못할 것이라고 생각하고 있기 때문에 실질적으로 검토해 보아야 할 사항이다. 학생은 대체로 몇 년 동안 같은 모임에 참석하고 다양한 흥미에 따라 여러 가지 모임(즉, 드라마 클럽에 가입한 학생이 라디오 햄 동호회에서도 활동할 수도 있고 응급치료반에서 활동할 수도 있다.)에 참가하는 학생도 있다.

모든 학생은 자기가 똑똑하기 때문에 다른 사람이 자기를 싫어한다고 생각하고 있었다. 다음과 같이 반응한 연구대상자의 말은 이런 상황을 잘 설명해 준다.

나는 전체적으로 모든 사람과 장기간 관계를 유지할 수 없다. 그리고 그 관계를 즐기는가? 내가 정말로 관계를 즐기고 지속적으로 유지할 수 있는 사람은 많지 않다. 사람과의 관계는 힘들다.

위의 학생은 타인과의 관계 속에서 자신의 능력을 이해받고 싶은 욕구도 강조했다.

내가 처음에 말했듯이 중요한 것은 관점이다. 당신은 모든 것을 당신의 관점에서 볼 것이다. 그렇지 않으면 당신은 자기 프로젝트에 너무 깊이 파묻혀 밖을 내다볼 수 없다. 당신은 '사회의 블랙홀'에 갇혀 있다.

학교에 대한 학생의 흥미　대부분의 학생이 학교교과 중 자신이 가장 좋아하는 것에 흥미를 갖고 있을지라도 드물게는 정규 교육과정이나 학교 교과와 무관한 프로젝트를 선택하였다. 그런데 가장 좋아하는 수업, 가장 선호하는 프로젝트, 잠정적인 직업 사이에 일관성이 있는 것으로 나타났다.

교사는 교과목의 선호도에 중요한 역할을 하였다. 다섯 명이 가장 싫어하는 교과는 가장 싫어하는 교사와 연관이 있었다. 표본의 모든 학생은 같은 과목이라도 교사에 따라 다르다고 말했다. 이것은 수업이 얼마나 도전할 만하고 정보를 제시하는 패턴이 얼마나 체계적인지는 교사에게 달려 있다는 것을 의미한다.

학습 학습과정에 대해 질문했을 때 학생은 독서, 조사, 토론, 내용의 적용을 통해 가장 많이 배운다고 말했다. 학생의 말대로, 현재 교사는 이러한 방법들을 학교에서 정규 시간에, 그리고 제대로 충분히 사용하지 않고 있다.

학교공부에 영향을 주는 동기 요인은 성적과 대학입학에 대한 부모의 압력 같은 **외적인 것**이었다. 학교 밖에서 동기는 대부분 흥미, 과제집착력, 자발성과 같은 **내적인 것**이었다. 학교를 개선하기 위해 학생의 흥미에 초점을 맞추어야 하는 것은 놀랄 만한 일이 아니다. 학생에게 상위 수준의 코스(즉, 미적분 II와 문예창작 II) 수업을 선택할 기회를 점차 늘려야 하고 탐색해 볼 만한 다양한 새로운 주제(즉, 사진, 전자공학)를 제공해야 한다.

학생의 자기에 대한 지각 향성

이제 프로젝트 선호도와 전개에 대한 학생의 설명을 검토해 볼 것이다. 여기에서 살펴볼 주제는 자아개념, 가장 선호하는 프로젝트, 프로젝트 계획, 새로 온 학생에게 보내는 충고, 청중의 역할이다.

자아개념 자아개념 검사의 점수를 학생이 자신을 표현하기 위해 사용한 형용사와 비교하였다. 이 두 가지 자료에 따르면, 학생은 긍정적인 자아개념을 갖고 있었다. 단지 한 명만이 모든 하위검사에서 낮은 점수를 받았다. 이 학생은 자신을 불안정하고 불행한 사람으로 기술하였다. 나머지 17명의 학생은 열심히 공부하는, 적극적, 자발적, 외향적, 도전적, 독립적 등의 용어를 사용하여 자신을 긍정적으로 기술하였다.

가장 좋아하는 프로젝트와 그렇지 않은 프로젝트 많은 학생은 하나 이상의 프로젝트를 마쳤다. 그러나 학생이 가장 좋아하는 프로젝트는 대체로 학교에서 가장 좋아하는 과목, 현재의 흥미 영역, 잠정적인 직업과 연관이 있었다. 자신의 가장 성공적인 과제를 기술할 때는 다음과 같은 기준을 사용하였다.

1. 그 주제에 대한 진정한 흥미(생생하게 보여 주었듯이)
2. 자기만족과 즐거움
3. 청중의 인정과 유용한 피드백
4. 창의적 표현을 위한 기회
5. 하려고 하였던 프로젝트를 하였다. "그것이 연구되었다."

가장 선호도가 떨어지는 프로젝트를 선택할 때는 다음과 같은 기준이 사용되었다.

1. 집단 또는 개인의 수행 부족
2. 주제에 대한 흥미 부족
3. 프로젝트 수행의 부적절한 시간의 양
4. 인적·물적 자원의 부족한 선택
5. 과제를 시작하기에 사전 기술이나 정보가 부족

이러한 기준은 여섯 가지 전문분야에서의 창의적 과정에 대한 Haensly 와 Roberts(1983)의 연구에서 발견된 것과 유사하다. 이들의 연구에서 연구 대상자들은 과제집착력, 시간·돈·협력의 부족과 같은 장애물을 극복할 수 있는 에너지, 자신의 업적을 보여 줄 수 있는 적절한 청중을 선택할 수 있는 능력을 성공적 산출의 필수적 요소로 보고하였다. 학생이 싫어하는 프로젝트라고 말한 기준은 Gubbins(1982)가 말한 산출을 방해하는 네 가지 요인, 즉 낮은 흥미도, 낮은 과제집착력, 부적절한 시간 할당, 인적·물적 자원의 부족과 일치하였다.

창의성과 영재성

문제발견 Getzels와 Csikszentmihalyi(1976)에 따르면, 창의적 성취를 위해서는 문제를 발견하는 것이 가장 중요하다. 이러한 학생은 독서, 다른 사람과의 정보 공유, 학교 안팎에서 필요한 강의 선택과 같은 다양한 방법을 통하여 프로젝트에 관한 아이디어를 적극적으로 탐색하듯이 자신의 다양한 관심사를 끊임없이 탐색한다. 학생이 어떤 주제에 매료되는 모습은 다음과 같이 프랙탈(fractal) 기하학에 어떻게 처음으로 흥미를 갖게 되었는지 설명한 학생의 면접처럼 흔히 발견된다.

> 나는 정말로 이 프로젝트를 즐겼다… 그것은 6월에 시작했다. 이 프로젝트가 『Scientific American』에 논문으로 소개되었을 때 너무 기뻤다… 나는 "정말로 훌륭해."라고 말했다. 그리고 이것이 내가 추구해야 하는 그 무엇이었다.

대부분의 학생($n = 15$)은 자신이 이미 알고 있었거나 좋아했던 주제를 연구했다고 말했다. 이들은 자신의 약점과 강점을 잘 알고 있었으며 이미 흥미를 갖고 있던 주제를 연구하였다. 한 학생은 "내가 원하는 것은 내가 그동안 즐겨왔던 것이다."라고 말했다. 학생이 아이디어를 발견한 이후 산출물에 중요한 영향을 준 것은 '생각하는 시간'이었다. 한 학생은 생각하는 시간을 '마음의 개입(mind intervention)'이라고 표현하였다. 다음 반응은 한 학생이 다이아몬드와 흑연의 차이를 연구하기까지 생각하는 과정을 잘 보여 준다.

> 흥미는 중요하지 않은 것에서 시작되요. 당신이 '왜 다이아몬드가 딱딱할까?'라는 생각을 한다고 합시다. 그 다음에는 당신의 생각이 발전할 것이며 당신의 마음은 그것을 계속 되풀이하여 곰곰이 다룰 거예요. …만일 당신이 이해할 수 없지만 정말 알고 싶은 상태가 되면 그것은 당신에게 중요하게 보이기 시작할 거예요. 당신은 '이것은 내가 반드시 시도하고 이해해야 하는 것이다'라고 생각할 거예요.

매일 생각할 시간을 따로 내는 한 학생은 다음과 같은 방식으로 아이디어를 얻는다고 말했다.

나는 하지 않고… 의식적으로 자리에 앉아 다음에 하려고 하는 프로젝트에 대해 '적어 내려간다'. 프로젝트는… 좋아하는 것부터 시작하거나, 혹은 하나를 생각하면 이 생각이 프로젝트로 바뀐다.

프로젝트를 시작한 후에 몇몇 학생은 지칠 때까지 뭔가를 하며 그 길을 따라 가면서 틈틈이 쉰다. 쉰다는 것이 흥미가 식은 기간을 의미하는 것은 아니다. 14명의 학생은 '그것에서 벗어나 있기 위해' 의식적으로 프로젝트를 잠시 중단한다고 말했다. 이런 배양(incubation) 기간은 학생이 목표를 달성하는 데 필요한 작은 단위의 과제를 완성하는 과정에서 규칙적인 간격을 두고 발생한다.

계획 대부분의 학생은 계획을 틀에 박힌 것으로 간주하지 않는다. 학생은 이러한 활동에 접근하는 방식에 어떤 틀이 있는 것은 아니라고 생각하였다. 이런 태도는 다음과 같은 글에 잘 반영되어 있다.

당신도 알겠지만, 나는 계획을 세우지 않는다. 작문을 할 때 내가 쓰고 싶은 것이 무엇인지 윤곽을 잡는다. 나는 단계적으로 진행하지 않는다. 나는 그냥 쓰고 그것을 검토하고 몇 군데를 고친다. 이제 작문이 끝난 것이다. 확실히 질서가 잡힌 것은 아니다. 그러나 완전히 구조가 없다는 말은 아니다. 나는 작은 단위로 나누어 일을 진행한다. 계획표는 없다. 나는 좀 더 쉽게 만들기 위해 작은 단위로 나누려고 노력한다. 그러나 틀에 잡힌 계획은 없다. 일을 일사천리로 진행하기 위해 시간 계획을 세우는 것도 아니고 어떤 일에 어느 정도 시간을 할당할지도 계산하지 않는다.

목표를 마음에 두고 최종적인 목표를 향해 가면서, 부분적인 성공을 위해 인내력을 유지할 수 있을 정도의 크기로 과제를 나누는 능력은 문제해결에 탁월한 능력을 지닌 사람의 특징이다. 이 연구에 참여한 모든 학생이 자신의 프로젝트를 완성하기 위해 문제해결 행동을 했을지라도 대부분의 학생(n = 12)은 면접하는 동안에 형식 면에서 자유로운 형식의 세부사항을 중시하였다. 이러한 학생의 계획 과정에는 융통성이 주된 특징이었기 때문에 분석절차에서 '융통성 있는 전략'이라고 코딩하였다.

프로젝트에 투자한 시간과 에너지 학생이 질적·양적으로 방대한 프로젝트에 많은 시간과 에너지를 쏟아 부은 것은 놀랄 만한 일이 아니다. 학생은 한 가지 프로젝트를 위해 생각하는 시간까지 포함해서 대략 주당 1~10시간씩을 투자했다고 한다. 한 학생은 산발적으로 프로젝트에 몰두했다고 설명하였다.

> 흥미가 생기고 무엇인가가 적절한 시기에 실제로 발생하면 대단히 많은 연구를 한다. 하루에 5시간 정도로 밤 늦게까지 프로젝트에 매달릴 수도 있다. 아무 일도 일어나지 않는다면 수주일 동안 아무것도 안 할 수도 있다.

연구에 어느 정도의 시간과 열정을 투자하는가는 학생의 흥미와 과제집착력에 달려 있다. 영재교육 프로그램 운영자가 프로젝트 마감 시한을 정해 놓겠지만 어느 정도의 노력을 투입할지는 학생이 결정하고 조절하였다.

청중의 역할 이 연구에 참가한 학생은 자신의 활동을 적절한 청중에게 보여 주는 것이 중요하다고 생각하였다. 이 청중은 자신이 연구하는 주제를 잘 이해하고 자신의 노고를 인정해 주며 건설적인 비판을 할 수 있어야 하고 칭찬을 한다면 빈말이 아니어야 한다. 왜 청중이 필요한지를 물었을 때 학생은 다음과 같이 대답하였다.

> 그 이유는 자기가 한 것에 대해 논평해 줄 사람이 아무도 없기 때문이다. 당신 스스로 당신이 한 일을 논평한다면 문제점이 무엇이라고 쉽게 말할 수 없을 것이다. 왜냐하면, 당신은 그 일에 오랫동안 매달렸고 정말로 열심히 했고

따라서 당신에게는 그것이 최선의 결과물로 보일 것이기 때문이다. 그래서 무엇이 문제이고 어떤 실수가 있었는지 말해 줄 수 있는 누군가가 필요하다. 이런 사람이 있다면 당신은 그 문제점에 대해 생각해 볼 것이다.

실제로 누군가에게 무엇인가를 설명하고 그들이 그 설명을 이해한다면 그것도 하나의 보상일 수 있다. 당신이 프로젝트에 대한 당신의 지식을 남에게 보여 줄 수 있다는 것과 다른 사람을 이해하게 만들 수 있다는 것에서 당신은 진정한 만족감을 느낄 것이다. …당신은 그들에게 무엇인가를 주었다. 그것은 재능이다!

영재교육 프로그램을 처음 시작하는 학생을 위한 충고 충고를 해 보라고 했을 때 학생은 다음과 같은 반응을 보였다.

1. 흥미를 갖고 있는 주제를 선택하라(익명의 반응).
2. 과제집착력을 가져라. 그리고 나서 '특성을 살려라.'
3. 다른 사람을 즐겁게 하기 위해 주제를 선택하지 말고 네가 원하는 것을 선택하라.
4. 집단으로 활동할 때 그 집단의 모든 사람과 잘 지내야 하며 그 주제에 그 집단의 모든 사람이 흥미를 갖고 있어야 한다.
5. 그 주제가 싫으면 나가라.

프로젝트에 참가한 효과 일반적으로 학생은 영재교육 프로그램과 프로젝트에 참가한 것이 시간이 흐름에 따라 자신에게 긍정적인 변화를 가져왔다고 말했다. 그들은 프로젝트에 참가한 것이 미래에도 긍정적인 효과를 가져다줄 것이라고 말했다(〈표 12-3〉 참조). 이러한 효과는 학생이 확신을 갖고 자신의 행동을 평가할 수 있을 때 내면화된다. 공식적인 학점을 통한 이차적 강화를 이 프로그램에서는 거의 사용하지 않았고 점수를 중시하지도 않았다. 한 학생은 다음과 같이 말하였다.

표 12-3 '프로젝트에 참여하는 동안 시간이 지남에 따라 자신의 능력이 어떻게 변화해 왔다고 생각하는가?' 라는 면접 질문에 대한 반응

---

1. 프로젝트는 다음과 같은 결과를 가져왔다.
   a. 흥미와 과제집착력의 증가
   b. 완성된 프로젝트의 질적 향상
   c. 더 많은 아이디어를 생각해 낼 수 있는 능력
   d. 좀 더 체계적인 전략
   e. 앞으로 더욱 도전적인 프로젝트를 선택할 수 있게 되었음
   f. 좀 더 현실적으로 비판을 수용하는 능력

2. 습득한 기술 혹은 그 영역에 대한 발전
   a. 연구 수행 능력
   b. 작문
   c. 의사소통
   d. 공학적(technical) 능력

3. 개선된 일반적인 성격 특성
   a. 자기만족감
   b. 인내력
   c. 자기격려
   d. 책임감
   e. 학습에 대한 태도
   f. 독립심
   g. 즐거움
   h. 어떤 주제에 대한 열정

4. 잠정적인 직업에 대한 탐색

나는 나 스스로를 평가한다… 내가 하고 있는 일을 내가 좋아한다면 나 자신에게 'A'를 줄 것이다.

프로젝트에 참여하게 된 동기 이 프로그램이 흥미와 호기심, 자기만족감, 향학열, 도전의식, 자기표현과 같은 욕구를 충족시켜 준다고 말하였다.

나는 왜 컴퓨터 프로그램을 만드는가? 나는 무엇인가를 보고 그것이 어떻게 작동하는지 잘 모르면 궁금해진다. 그래서 프로그램을 만드는 것은 나의 일부다.

내가 말했듯이 프로그램을 만드는 동기는 나를 표현하기 위해서다. 내가 뭔가를 찾아냈다면 나는 그것을 가지고 뭔가를 할 것이다. 내가 하는 일은 점수를 원하거나 돈이 필요하기 때문에 하는 그런 일이 아니다. **내가 하는 일은 내가 해야만 하는 일이다. 왜냐하면, 내가 그 일을 하지 않는다면 나의 아이디어들이 사라지기 때문이다. 내가 이 아이디어들을 잃어버린다면 그 다음에는 내가 잃어버린 것이 무엇인지를 모르게 된다.**

요약 및 결론

이 연구는 학교 안팎에서 자기가 선택한 주제를 즉각적으로 연구하는 창의적이고 생산적 행동을 보여 준 18명의 고등학생을 추적한 것이다. 연구에 참여한 각 학생의 수준과 프로젝트의 질을 토대로, 이 연구는 청소년들이 정보의 소비자일 뿐만 아니라 생산자일 수 있다는 견해를 지지한다. 모든 행동은 연속선에 있고 학생은 다양한 수준의 창의적 생산성을 갖고 있다. 학생의 과정과 산출의 강도가 항상 일정하지는 않지만 창의적 생산자로 확인된 학생은 자신의 만족감을 위해 프로젝트를 발전시킨다. 학생이 만든 프로젝트들을 특정 지역, 주, 국가 수준에서 비교하였고 성인의 업적과도 비교하였다.

자료의 수집 방법과 자료의 출처에 따라 삼차원으로 나누어 질적인 분석을 한 결과, 연구대상자들 사이에서 분명한 패턴이 발견되었다. 자료에는 가정환경, 학교환경, 프로젝트 활동에 대한 학생의 자기인식이 포함되었다. 가정환경 차원에서 학생은 자신의 흥미를 추구하기 위해 독립성이 반드시 필요하다고 생각했다. 가정환경 요인을 부모의 지원과 조합하면 부모가 관심을 기울여 주되 참견하지 않는 것으로 독립성을 정의할 수 있다. 부모의 지원이 부족하다고 말한 소수의 학생은 학교에 대한 긍정적인 태도가 부족하였으며, 학교에서 남들보다 우수해야 한다는 부모의 압력을 받고 있었다.

창의성과 영재성

시간의 변화와 상관없이 특정한 영역에 대한 흥미 유지에 부모가 어느 정도 영향을 주는지는 알 수 없었다. 그러나 표본 학생의 대부분은 자신의 진로를 선택하는 중요한 요인이 된, 아동기의 흥미를 그대로 유지하고 있었다.

학교는 영재교육 프로그램에 참가할 학생을 선발하기 위해 다양한 행동을 고려하는 다차원적 기준을 사용하고 있었다. 학교에서는 일정 수준 이상의 능력을 요구하지 않았다. 본 연구에서는 학생의 12가지 IQ 점수가 수집되었고 IQ는 104~154에 분포하였다. 연구대상 학생이 모두 다 창의적인 생산자의 특징을 갖고 있다는 사실은 지능만을 강조하지 않는 다차원적 기준을 지지해 준다.

학교와 프로젝트에 관한 면접에서 학생은 실제로 (a) 정규수업의 일부분으로 내주는 숙제, (b) 영재교육 프로그램에서의 활동, (c) 자유로운 시간에 정말로 하고 싶은 프로젝트라는 세 가지의 프로젝트 환경이 있다고 대답하였다. (a)와 (b), 혹은 (a)와 (c)보다는 (b)와 (c)사이에 중첩되는 부분이 더 많았다. 학생은 학교 숙제로 완성한 프로젝트를 창의적 활동으로 생각하기보다는 일상적인 혹은 정규 과정으로 생각하는 경향이 있었다. 가장 좋아하는 교과(예, 역사)와 가장 선호하는 프로젝트의 주제(예, 정치학) 사이에 연관성이 있을 때조차도 대부분의 학생은 개인적인 프로젝트와 학교에서 다룬 주제를 별개의 것으로 생각하였다. 그 밖에도 학교 활동에서는 외적 동기가 더 중요한 역할을 하고, 자신이 선택한 프로젝트에서는 내적 동기가 더 큰 역할을 하는 것으로 나타났다. 교사가 학교에서도 학생의 내적 동기가 유발되기를 원한다면 학생의 흥미를 교육과정으로 흡수해야 할 것이다.

그리고 대부분의 학생이 학교 정서 지수에서 평균 이상의 점수를 받았다. 학생이 학교와 외부 활동에서 느끼는 흥미를 구분한다고 해도 이것이 학교에 대한 태도에 영향을 주지는 않았다. 이 검사에서 낮은 점수를 받은 몇몇 학생은 학교 숙제라면 작은 숙제라도 어려움을 느낀다고 호소하였다. 학교 밖에서 한번에 여러 개의 프로젝트에 참가한 한 학생은 외부의 것 중에서 가장 싫어하는 것도 학교 가는 것보다는 낫다고 말했다. 이러한 프로젝트는 모든 사람에게 가치 있는 창의성의 출구다.

일단 영재교육 프로젝트가 완성되면 학생은 다른 사람과 결과물을 공유하고 싶어 하였다. 학생은 반드시 같은 또래는 아닐지라도 비슷한 또래와 결과물을 공유하고 싶은 욕구를 느낀다. 이런 목적을 위해 학생은 특정 주제를 다루는 공식적인 혹은 비공식적인 집단에 소속되기를 원한다. 일반적으로 연구대상자들은 다른 사람과 대인관계를 맺는 데 현실적이다. 이들은 친구와의 깊은 우정을 바라지만 흥미가 비슷한 사람을 찾는 경향이 있다.

학생은 영재교육 프로젝트에 참가한 동안 시간의 흐름에 따라 어떻게 하면 잘 배울 수 있고 어떻게 하면 프로젝트에 대한 계획을 잘 세울 수 있는지에 대한 관점을 습득한다는 데 동의하였다. 이들의 말에 따르면, 읽고 조사하고 토론하고 적용하는 것은 가장 효율적인 학습방법인 것 같다. 융통성 있게 관망하는 동안 일을 작은 요소로 나누는 것은 가장 효율적인 계획이다.

발달적으로 이 연구대상의 학생은 아직도 자신의 흥미를 탐색하고 자신의 학습 유형을 발견하는 과정에 있다. 이들의 말대로 영재교육 프로그램과 프로젝트에 참가한 것은 이들의 연구 능력을 질적으로 향상시켰으며, 일반적 기술도 개선되었고, 성격 특성도 긍정적으로 변화하였으며, 잠정적인 직업을 탐색할 수 있었다. 정보의 소비자일만 아니라 생산자가 될 학생에게 왜 이런 기회를 주어야 할까? 한 학생은 이 질문에 대해 다음과 같이 대답했다.

> 나는 잘 알지 못한다. 그러나 내가 추측하기로는, 기본적으로 이러한 프로젝트는 매우 중요하고 이런 프로젝트들이 사람의 개인차를 만든다고 생각한다.

학생이 영재교육 프로젝트를 통하여 중요한 기여를 할 수 있음을 알았을 때 이들은 자신의 행동에 자부심을 느끼고 미래에도 이런 행동을 하려고 할 것이다. 이러한 활동이 계속될 때 학생은 창의적/생산적 성인이 되는 길을 걸어가며 자신감과 전문성을 획득할 것이다.

참고문헌

Attitudes toward school K-12. (1972). Los Angeles, CA: Instructional Objectives Exchange.

Bandura, A. (1977). Self-efficacy: Toward a unifying theory of behavior change. *Psychological Review, 84,* 191-215.

Barbe, W. (1988). Pain or pleasure in the gifted child family. *Gifted Child Today, 11*(1), 6-8.

Bloom, B. S. (1982). The role of gifts and markers in the development of talent. *Exceptional Children, 48*(6), 510-522.

Burns, D. E. (1990). The effects of group training activities on students' initiation of creative investigations. *Gifted Child Quarterly, 34,* 31-36.

Gable, R. K. (1986). *Instrument development in the effective domain.* Boston, MA: Kluwer Nijoff.

Getzels, J. W., & Csikszentmihalyi, M. (1976). *The creative vision: A longitudinal study of problem finding in art.* New York: Wiley.

Getzels, J. W., & Jackson, P. W. (1962). *Creativity and intelligence: Explorations with gifted students.* New York: John Wiley & Sons.

Goertzel, M. G., Goertzel, V., & Goertzel, T. G. (1978). *Three hundred eminent personalities.* San Francisco. CA: Jossey-Bass.

Gubbins, E. J. (1982). *Revolving door identification model: Characteristics of talent pool students.* Unpublished doctoral dissertation, The University of Connecticut, Storrs.

Haensly, P. A., & Roberts, N. M. (1983). The professional productive process and its implications for gifted studies. *Gifted Child Quarterly, 27,* 9-12.

Jick, T. D. (1979). Mixing qualitative and quantitative methods: Triangulation in action. *Administrative Science Quarterly, 24*(4), 602-611.

MacKinnon, D. W. (1978). *In search of human effectiveness: Identifying and developing creativity.* Buffalo, NY: Creative Education Foundation.

McCurdy, H. G. (1960). The childhood pattern of genius. *Horizon, 2,* 33-38.

Measures of self concept K-12. (1972). Los Angeles, CA: Instructional Objective Exchange.

Milgram, R. M. (1984). Creativity in gifted adolescents: A review. *Journal for the Education of the Gifted, 8*(1), 25-42.

Miles, M. B., & Huberman, M. A. (1984). *Qualitative data analysis.* Beverly Hills, CA: Sage.

Mitchell, E. S. (1986). Multiple triangulation: A methodology for nursing science. *Advances in Nursing Science, 8*(3), 18-26.

Patton, M. Q. (1980). *Qualitative evaluation methods.* Beverly Hills, CA: Sage.

Reis, S. M. (1981). *An analysis of the productivity of gifted students participating in programs using the revolving door identification model.* Unpublished doctoral dissertation The University of Connecticut, Storrs.

Renzulli, J. S. (1977). *The enrichment triad model: A guide for development of defensible programs for the gifted.* Mansfield Center, CT: Creative Learning Press.

Renzulli, J. S. (1986). The three-ring conception of giftedness: A developmental model for creative productivity. In R. J. Sternberg & J. E. Davidson (Eds.), *Conceptions of giftedness* (pp. 53-92). New York: Cambridge University Press.

Renzulli, J. S., & Reis, S. M. (1985). *The schoolwide enrichment model: A comprehensive plan for educational excellence.* Mansfield Center: CT: Creative Learning Press.

Renzulli, J. S., & Reis, S. M. (1986). The enrichment triad/revolving door model: A schoolwide plan for the development of creative productivity. In J. S. Renzulli (Ed.), *Systems and models for developing programs for the gifted and talented* (pp. 216-260). Mansfield Center. CT: Creative Learning Press.

Roe, A. (1952). *The making of a scientist.* New York: Dodd, Mead.

Roeder, C., Haensly, P. A. & Edlind, E. P. (1982, November). *The secret ingredients in gifted children's productivity.* Paper presented at the conference of the National Association for Gifted children, New Orleans. LA. (ERIC

창의성과 영재성

Document Reproduction Service No. ED 263 710)

Schack, G. D. (1986). *Creative productivity and self-efficacy in children.* Unpublished doctoral dissertation. The University of Connecticut, Storrs.

Seidel, J. V., & Clark, J. A. (1984). The ethnograph: A computer program for the analysis of qualitative data. *Qualitative Sociology,* 7(1 & 2), 110-125.

Seidel, J. V., Kjolseth, R., & Seymour, E. (1988). *The ethnograph: A program for the computer-assisted analysis of text-based data* [Computer Program]. Littleton, CO: Qualis Research Associates.

Siegler, R. S., & Kotovsky, K. (1986). Two levels of giftedness: Shall ever the twain meet? In R. J. Sternberg & J. E. Davidson (Eds.), *Conceptions of giftedness* (pp. 417-435). New York: Cambridge University Press.

Simonton, D. K. (1983). Creative productivity and age: A mathematical model based on a two-step cognitive process. *Developmental Review,* 4(1), 77-111.

Smith, H. W. (1975). Triangulation: The necessity for multimethod approaches. In W. H. Smith (Ed.), *Strategies of social research: The methodological imagination* (pp. 271-292). Englewood Cliffs, NJ: Prentice-Hall.

Spradley, J. P. (1979). *The ethnographic interview.* New York: Holt, Rinehart & Winston.

Starko, A. J. (1986). *The effects of the revolving door identification model on creative productivity and self-efficacy.* Unpublished doctoral dissertation. The University of Connecticut, Storrs.

Starko, A. J. (1988). Effects of the revolving door identification model on creative productivity and self-efficacy. *Gifted Child Quarterly, 32,* 291-297.

Sternberg, R. J. (1986). Identifying the gifted through IQ: Why a little bit of knowledge is a dangerous thing. *Roeper Review, 8*(3), 143-147.

Sternberg, R. J.(Ed.), (1988). *The nature of creativity: Contemporary psychological perspectives.* New York: Cambridge University Press.

Swanson-Kauffman, K. M. (1986). A combined qualitative methodology for nursing research. *Advances in Nursing Science, 8*(3), 58-69.

Tannenbaum, A. J. (1983). *Gifted children: Psychological and educational perspectives.* New York: Macmillan.

Torrance, E. P. (1980). Growing up creatively gifted: A 22-year longitudinal study. *The Creative Child and Adult Quarterly, 5,* 148-170.

Torrance, E. P. (1981). Predicting the creativity of elementary school children (1958–80) and the teacher who "made a difference." *Gifted Child Quarterly, 25*(2), 55-61.

Webb, E. J. (1966). *Unobtrusive measures: Nonreactive research in the social sciences.* Chicago, IL: Rand McNally.

Walberg, H. J. (1969). A portrait of the artist and scientist as young men. *Exceptional Children, 36,* 5-11.

Walberg, H. J. (1971). Varieties of adolescent creativity and the high school environment. *Exceptional Children, 38,* 111-116.

13

창의적인 문제해결에 대한 교육과정이 학생의 능력 계발에 미치는 효과[1]

Gina D. Schack(University of Louisville)

이 연구에서는 창의적인 문제해결에 대한 교육과정이 다양한 능력을 갖고 있는 학생의 능력 계발에 끼치는 효과를 조사하였다. 연구대상자는 6개 중학교 학생 267명이었는데 영재반, 우수반, 평재반으로 나누었다. 문제해결력을 평가하기 위해 학생에게 가상의 문제를 내주었다. 측정은 처치 전과 후에 두 번 실시하였다. 문제 발견의 유창성, 해결의 유창성, 융통성, 독창성, 준거의 사용이라는 차원에서 독립적으로 학생의 반응을 평가하였다. 교사는 처치 전과 후에 모든 학생의 창의성, 집단 활동 수행능력, 잠정적인 영재성을 평가하였다. 처치를 받은 학생을 통제집단과 비교할 때 능력 수준에서는 별 차이가 없었으나 문제해결력이 유의미하게 상승하였다. 영재교육을 받은 학생에 대한 교사의 평점이 높아졌고, 우수반 학생을 위한 훈련은 전반적인 능력을 향상시켰다. 평재반 학생도 훈련을 받은 후 문제해결력이 유의미하게 향상되었음에도 불구하고 이들에 대한 교사의 평점은 변화하지 않았다.

---

1) 편저자 주: Schack, G. D. (1993). Effects of creative problem-solving curriculum on students of varying ability levels. *Gifted Child Quarterly*, *37*(1), 32-38. ⓒ 1993. National Association for Gifted Children. 필자 승인 후 재인쇄.

비교적 최근에 영재교육은 모든 유형의 능력별 반편성에 반대하는 다양한 요인의 위협을 받아 왔다. 영재교육을 받는 학생만 도전적인 교육과정과 같은 수준 높은 교육을 받는다는 지적 때문에 이질적인 반편성에 대한 많은 주장이 쏟아져 나왔다. 영재교육 관련자들은 영재학생에게는 차별화된 교육과정이 필요하다고 생각한다. 어쨌든 영재교육 프로그램에 적합한 활동과 교육과정은 영재학생에게만 적합한 것으로 차별화되어야 한다. 그렇지 않다면 평균적이거나 그보다 수준 낮은 학생도 영재교육 프로그램 방식의 수업으로부터 혜택을 받을 수 있다고 주장하는 사람에게 할 말이 없다.

Renzulli(1977)는 14년에 걸쳐 이 문제를 연구해 왔고, 영재교육 프로그램에서 가르치는 심화학습의 경험과 과정의 기술은 모든 학생에게 유용하다고 결론을 내렸다. 그러나 많은 교육 프로그램은 아직도 영재학생을 위한 활동으로 남아 있다. 실제로 어떤 교육과정은 원래는 모든 학생에게 도전감을 주기 위해 개발되었지만 영재교육 프로그램에 들어온 아동에게만 제한적으로 사용되었다. 이러한 교육과정에는 이해하기 쉬운 수학 프로그램, 아동을 위한 철학, 청소년용의 위대한 책, 정신 오디세이, 미래 문제해결 프로그램이 포함된다. 이러한 교육과정을 위한 경험적인 토대가 있는지를 조사하기 위해 현재의 연구는 전통적으로 영재아동에게만 적용하던 교육과정과 방법을 다양한 수준의 학생에게 사용하면 어떤 일이 발생하는지 검증하고 있다. 50개 주의 교육청을 조사한 결과, 창의적 문제해결과 창의적 재능계발이 영재 프로그램에서 가장 흔히 사용되는 전략이었기 때문에, 이 연구는 훈련 내용으로 창의적 문제해결(Creative Problem Solving; CPS)을 선택하였다(Mitchell, 1988, p. 239).

문헌 연구

차별화된 교육과정

많은 사람은 영재학생의 능력과 잠재력을 자극할 만한 차별화된 교육과정이 필요하다고 주장한다(Clark, 1992; Gallagher, 1985; VanTassel-Baska, 1988). 이러한 연구방법에는 종종 내용, 과정, 산출, 학습환경을 포함한다(Maker, 1982a). 이러한 수정된 교육과정에는 창의성, 비판적 사고, 문제해결력과 같은 기술을 가르치는 것이 포함된다(Davis & Rimm, 1989). 좀 더 구체적으로 영재교육을 선도하는 많은 책들(Colangelo & Davis, 1991; Davis & Rimm, 1989; Gallagher, 1985; Maker, 1982a; Parker, 1989; Sisk, 1987; Van Tassel-Baska, 1988)은 창의적인 문제해결을 영재교육 학습자에게 적합하다고 추천한다. 실제로 Maker는 『영재교육에서의 교수모형』(Teaching Models in Education of the Gifted, 1982b)이라는 책에서 한 장 전체를 CPS에 할애하였다. 영재로 확인되지 않은 학생에게도 CPS를 사용할 수는 있지만 영재를 위한 차별화된 전략으로 명명한 것은 영재학생에게 더 적절하다는 것을 제안하기 위해서다. 실제로 CPS는 정규수업과정보다는 영재교육 프로그램에서 더 많이 사용된다.

어떤 비평가(Oakes, 1985)는 교육적 낙인이 학생에 대한 교사의 인식에 영향을 주고, 이것이 다시 자성예언(Self-fulfilling prophecy)을 유도하는 방식으로 학생을 교육하여 많은 학생에게 악영향을 준다고 말한다. 교사가 단지 몇몇의 학생만 높은 수준의 사고를 할 수 있다고 생각한다면 다른 학생을 가르칠 때 이런 종류의 수업을 진행하지 않을 것이다. 결과적으로 상위 학생과 하위 학생의 격차는 더욱 커질 것이고 학력의 빈익빈 부익부의 현상이 발생하며, 이것은 학교가 가장 평등한 곳이라는 우리의 생각에 상반되는 결과를 낳는다.

이 연구결과에 따르면, 영재반, 우수반, 평재반 학생 모두 창의적인 문제해결 수업으로부터 혜택을 받을 수 있고 또한 배운 것을 학교에서 실제 문제에 적용할 수 있다. 이 말은 단지 영재가 아닌 광범위한 학생에게 CPS와 또 다른 과정—기술(process-skill) 수업을 제공해야 한다는 것을 의미한다. 이런 교육을 실시하면 모든 학생을 위해 교육과정의 수준이 높아지는 것 이외에도 소수를 위한 것이지만 모든 학생이 혜택받을 수 있는 영재교육 프로그램에 대한 타당한 비판이 줄어들 것이다. 이 연구는 또한 영재교육자에게 영재를 위한 교육과정과 방법이 진실로 차별화된 것인지 살펴보라고 촉구한다.

교실에서 학생의 학습방법으로서, 그리고 학생이 영재행동을 보여 주는 방법으로서 CPS와 창의적이고 도전적인 교육과정을 사용해야 한다. 이런 과정에서 다른 대안적인 방법에 관한 정보를 얻을 수 있을 것이다. 영재학생의 행동을 파악하는 방법에 대해, 특히 전통적인 방법으로는 뛰어난 학생인지를 알 수 없는 영재학생에 대해서는 교사와의 공동 연구가 필요하다. 이 연구에 따르면, 교사는 우수한 학생에게는 창의적 교육과 집단 작업이 효과가 있다는 것을 인정하지만 평재 학생에게는 문제해결 방법이 효과가 있다는 사실을 잘 모르고 있다.

영재교육 분야의 다른 연구자들과는 달리 Renzulli와 Reis(1985)는 창의적 비판적 사고, 의사결정, 학습하는 방법에 대한 학습 등과 같은 사고과정에 관한 기술을 모든 학생에게 가르쳐야 한다고 생각하였다. 창의적 문제해결 기술도 모든 학생이 배워야 할 것에 포함된다. Renzulli와 동료들은 영재성은 자극 속에 있는 것이 아니라 학생의 반응 속에 있으며 교사는 모든 학생에게 영재 행동의 발달을 돕기 위해 도전적인 교육과정을 제공해야 한다고 주장하였다(Renzulli, 1977; Renzulli & Reis, 1985; Renzulli, Reis, & Smith, 1981). 더 나아가 이들은 더 많은 학생의 영재성을 자극하는 한 가지 방법으로 영재교육이 시행되어야 한다고 주장하였다.

창의적 문제해결

 CPS 과정은 좀 더 효과적인 방식으로 문제를 확인하고 해결하도록 학생을 도와주기 위해 설계된 것이다. 이 연구에서 처치로 사용한 CPS 교육과정은 Isaksen과 Treffinger(1985)가 개발한 다음의 6단계를 포함하고 있다.

1. 혼돈 발견 — 해결하거나 향상시키고 싶은 관심사나 문제의 영역을 확인한다.
2. 자료 발견 — 문제 상황에 관한 정보를 수집한다.
3. 문제 발견 — 다양한 문제와 대략적인 문제와 관련된 하위 문제를 브레인스토밍하고, 문제를 다시 기술하고, 그 다음에 작업할 것을 한 가지 범위로 축소한다.
4. 아이디어 발견 — 문제에 대한 해결책을 가능한 한 많이 브레인스토밍한다.
5. 해결책 발견 — 해결책의 목록에서 가장 좋은 것을 찾아내기 위해 기준을 정한다.
6. 수용 발견 — 가장 좋은 해결책을 다른 영역에 적용하기 위해 계획을 세운다.

 Parnes와 Brunelle(1967)은 40여 개의 CPS에 대한 연구를 분석한 후, 연구의 90% 정도에서 창의적 생산성이 유의미하게 향상되었음을 발견하였다. 가장 많이 사용되는 9개의 방법과 몇몇 창의성 관련 처치를 검토한 Torrance(1972)는 CPS의 성공률은 91% 정도라고 하였다. 1983년의 Torrance의 문헌 검토에 따르면(Torrance, 1987), Osborn-Parnes의 CPS 모형을 사용한 훈련은 13개의 프로그램 가운데 가장 효과가 좋았고(성공률 88%), 다른 CPS절차를 사용한 프로그램은 성공률이 73%였다.
 Rose와 Lin(1984)는 (a) 일련의 수업 효과를 포함하고, (b) 결과물의 유창성·융통성·독창성·정교성을 측정하는 Torrance 창의적 사고력 검사(TTCT)의 점수를 사용하며, (c) 효과크기를 계산할 수 있을 정도로 충분한 자료를 보고한 46개 연구의 메타분석을 통하여 6개의 장기적 창의성 훈련 프로그램의 효과를 조사하였다. CPS는 일관성 있게 긍정적으로 TTCT 점수에 가장 큰 영향을 주었다. 전반적인 효과크기는 .629였다. 훈련은 TTCT 점수의 변량을 40% 이상 설명해 주었다.

Feldhusen과 Clinkenbeard(1986)는 효과가 보고된 다양한 CPS 연구를 요약하였다. 이들이 검토한 창의성 연구 프로젝트 중에서 가장 상세한 것은 4학기 동안 학부 학생을 대상으로 한 것이었다. 결과는 상황 테스트에서 실생활 문제를 다루는 능력이 향상된 것으로 나타났다. 훈련을 받은 학생은 영어과목의 특수한 시험에도 창의적인 능력을 적용하였다. 또 다섯 가지 정신적 조작 중에서 인지, 수렴적 산출, 확산적 산출이 포함된 지능구조모형의 의미론적 내용과 행동적 내용을 잘 수행하였다(Feldhusen & Clinkenbeard, 1986, p. 170). Parnes(1987)는 창의성 연구 프로젝트와 결과를 매우 상세하게 분석하였다.

CPS에 관한 한 연구(Cramond, Martin, & Shaw, 1990)는 창의적 문제해결이 실생활 문제에 어느 정도 일반화될 수 있는지를 조사하였다. 전이전략과 함께 CPS 훈련을 받은 중학생은, 전이전략 없이 CPS만 훈련받은 학생과 통제집단 학생보다 추후 문제해결 과제에서 좀 더 자주 CPS 전략을 사용하였다. 추후연구는 학생이 자발적으로 CPS 단계를 사용하는지 알아보려고 했기 때문에 문제해결에 필요한 단서를 주지 않았다.

교사의 지각

영재학생을 판별하기 위해 교사가 사용하는 방법들에 관련된 많은 연구는 측정의 타당도, 신뢰도, 그리고 다른 자료와의 상관관계에 관한 것이다. Gear(1976)의 연구에 따르면, 교사가 특히 IQ를 기준으로 영재학생을 선발할 때 판단이 정확하지 않았으나 교사들을 훈련시키면 판단의 정확성이 증가하였다(Gear, 1978). 한 문헌 검토 논문에서 Hoge와 Cudmore(1986)는 영재성의 구체적인 정의, 적절한 검사도구, 다른 측정치와 조합하여 판단을 내려야 한다는 지침서를 교사들에게 제공한다 하더라도 심리측정학적 검사를 이용한 영재성의 판단은 부적절하다고 결론을 내렸다.

Schack과 Starko(1990)는 일반교사와 영재교사가 영재 프로그램에 학생을 추천할 때 사용하는 준거를 조사하였다. Schack과 Starko는 영재교육 전문가들이 영재성의 중요한 지표로 사용하지 않는 성적과 교실에서의 수행력을 영재교사보다 일반교사가 평가자료로 더 많이 사용하는 것을 발견하였다. Schack과 Starko는 창의성, 리더십, 빠르고 쉽게 학습하는 능력 등과 같이 심리측정상의 검사를 통하여 발견할 수 없는 영재 특성에 관한 자료를 교사들에게서 구할 수 있다고 생각하고, 교사들에게 학생이 영재 특성을 드러낼 수 있는 기회를 제공하는 수업방식으로의 변화가 반드시 필요하다고 권고하였다(1990, p. 360). 이러한 권고에 따라 CPS 교육과정은 학생에게 창의성, 창의적 사고력, 비판적 사고력, 잠재적인 영재성의 표현에 기여하였다.

이 연구는 학생의 창의성, 비판적 사고, 집단 활동 능력, 잠재적인 영재성에 대해 교사의 인식을 바꾸어 놓는 데 초점을 맞추고 있다. 다시 말하면, 학생에게 영재성을 발휘할 기회를 제공한다면 교사들도 잠재적인 영재성을 발견할 것인가에 대한 연구다. 이 연구는 교사의 정확한 평가보다는 교사와 학생의 변덕스러움에 관심을 기울였다. 따라서 다른 연구에서 제기된 교사의 판단에 관한 문제점을 비판적으로 검토하지 않았다.

상호작용을 통한 적성 평가

적성─처치 상호작용(Aptitude-Treatment Interaction; ATI)은 어떤 처치가 다른 적성을 가진 학생에게 다른 결과를 가져오는지를 조사한다. "ATI 개념을 채택하는 것은 논리적 · 직관적으로 모든 학생이 동일한 방법으로 학습하지 않는다는 견해를 지지하기 위해서다." (Speece, 1990, p. 139) 특수교육, 컴퓨터 사용, 그리고 다양한 분야에서 교수법이 다양하듯이 다양한 영역에 나타나는 특수성의 정도를 가지고 적성을 정의한다. 학생이 복잡한 수학개념을 어떻게 배우는지 조사한 연구에서 Hooper와 Hannafin(1988)은 수학 적성 측정치로서 대수 이전(pre-algebra) 수업 대 일반 수학 수업에 관한 학생의 과제를 사용하였다. 이와 비슷하게 Germann(1989)도 과학 학습 과정에 탐색적으로 접근한 연구에서 학생의 능력에 따라 부과된 과제를 과학 적성의 지표로 사용하였다. 소집단에서의 상호작용 전략을 연구한 연구(Peterson, Janicki, & Swing, 1981; Swing & Peterson, 1982)에서는 교육발전에 따른 순차적 검사(Sequential Tests of Educational Progress)에 포함되어 있는 기본적인 수학개념 하위검사와 같은 특수한 측정치와, Raven 점진적 행렬표(Raven's Progressive Matrices)와 같은 일반적 측정치를 사용하였다.

영재학생의 교육과정에 대한 다양한 질문에 답하기 위해 이 연구에서는 적성−처치 상호작용이 CPS 훈련에 적합한지를 조사하였다. 다양한 능력의 학생이 차별적인 CPS 훈련으로부터 혜택을 받을 수 있을까? 이 연구의 결과를 토대로 우리는 영재교육 프로그램의 교육과정과 수업방식을 더 많은 학생에게 도입해야 한다고 판단할 수 있었다.

이 연구는 학생의 창의성, 비판적 사고, 집단 활동 능력, 잠재적인 영재성에 대한 교사의 평가를 바탕으로 평가된 학생이 CPS에 참가한 효과를 조사하였다. CPS에서 학생은 전통적인 교육과정에서 요구하는 능력과는 다른 능력을 보였다. CPS에서 학생이 다른 행동을 했다면 교사는 이 학생을 다른 눈으로 바라볼까? 그렇다면 CPS는 전통적인 교육방법으로 발견할 수 없었던 영재교육 프로그램에 적합한 학생을 발견하는 또 다른 방법이 될 수 있을까?

문제의 진술

문제해결 결과

훈련의 실제 결과에 대해 이 연구에서 대답하려는 질문은 다음과 같다. 45시간 수업으로 구성된 CPS에 참여하면 학생이 문제를 해결할 때 준거의 사용, 문제 발견의 유창성, 해결의 유창성, 융통성, 독창성이 향상되는 효과가 있을까? CPS 교육과정은 영재반, 우수반, 평재반으로 구분된 학생에게 차별적인 효과가 있을까?

차별적인 교육과정을 지지하고 CPS가 영재에게 적합하다고 자주 언급하는 연구들은 CPS 훈련에 참가한 결과로서 평균적이거나 우수한 학생보다 영재에게서 문제해결 기술이 더 많이 향상된다는 신념을 교육자들에게 심어줄 것이다. 이 연구에서 검증하려는 가설은 이전에 CPS를 경험하지 못했기 때문에 모든 학생이 CPS 교육과정으로부터 혜택을 받겠지만, 영재학생은 더 큰 소득을 얻는다는 것이다. CPS 교육과정에 지적 자원을 더 많이 도입함으로써 이런 훈련을 통하여 학생이 더 많은 것을 얻을 것으로 기대한다.

교사의 지각 향성

이 연구를 통하여 다음의 질문들에 답하려고 한다. 교사는 학생이 CPS 수업에 참가한 후 얻은 결과로 창의성, 비판적 사고, 집단 활동, 잠재적인 영재성을 발견할 수 있을까? 만일 그렇다면, 영재반, 우수반, 평재반의 학생에게 나타난 변화의 유형은 다를까?

CPS에서는 정규 수업시간에 발견할 수 없는 창의성, 비판적 사고, 집단 활동 능력, 잠재적인 영재성이 표현될 것이다. 그러므로 이런 것들에 대한 교사의 평가가 모든 수준의 학생에게 나타날 것이며 이것을 CPS 처치효과라고 할 수 있다. 영재학생은 CPS를 통해 더 큰 효과를 거둘 것이라는 가설이 맞는다면, 영재반에 대한 교사의 평가는 다른 집단보다 더 많이 높아질 것이다. 후광(halo) 효과도 이 가설을 지지하는 쪽으로 영향을 줄 수 있다.

연구방법

연구대상자

연구대상자는 중소 도시에 있는 6개 중학교 1, 2, 3 학년 학생 276명이었다. 구 교육청이 이 연구에 참가해 줄 것을 요청하자 이들 학교 교장들은 한 명의 교사를 문제해결 교육과정 개발에 참여시키겠다고 지원하였다. 학교 제도는 영재반, 우수반, 정규반, 특수반의 4개 반으로 편성되었다. 표본에는 영재반 78명, 우수반 106명, 정규반 83명이 포함되었다. 영재교육 프로그램의 대상이 되는 학생을 선발한 기준은 그 학군의 기준을 사용하였다. 인지능력검사(40%), 평균 성적(30%), 표준화된 검사점수 평균(30%)에 가중치를 부여하였다. 각 학교의 영재반에서도 교과 위주의 수업을 하였다. 이것은 영재학생이 초등학교나 중학교에서도 CPS를 배우지 않았다는 것을 암시한다. 우수반 프로그램을 위한 선발 기준은 학교에 따라 차이가 있었지만 일반적으로 교사 추천, 성적, 표준화된 검사점수를 토대로 하였다. 정규반 프로그램에는 영재반, 우수반, 특수반에 속하지 않은 모든 학생이 참가하였다.

CPS 단원을 만드는 작업에 참가한 교사의 학급을 실험집단으로, 각 학교에서 이와 유사한 다른 한 학급을 통제집단으로 정하였다. 6명의 교사 중 3명은 미래 문제해결(Future Problem Solving; FPS) 코치로 활동해 왔다. FPS가 CPS 과정을 수정한 것이므로 이들은 CPS에도 익숙하다고 보았다. 6명의 교사 모두 3일 동안 CPS 교육과정을 만드는 데 참여하였다. 이들이 만든 것은 동일한 양의 훈련을 받은 교사가 사용하기 위한 것이다. 실험집단을 담당할 6명의 교사 중 3명과, 통제집단을 담당할 교사 6명 중 3명이 동질적으로 구

창의성과 영재성

성된 영재반의 수업을 일부분 담당하였다. 이들 중 어느 누구도 영재학생을 지도한 교사는 아니었다.

4개의 실험집단과 3개의 통제집단은 이질적인 집단이었다. 동질적인 집단으로 한 개의 실험집단은 영재학생이었고 다른 한 개의 통제집단은 평재학생이었다. 이 두 집단이 짝을 이룬다. 세 번째 통제집단은 우수한 학생이었다. 이런 이유로 능력에 따른 학급 명칭보다는 학생을 주목하는 것이 필수적이다. 두 개의 동질적인 영재반은 영재교육 경험이 있는 교사가 평가하였다. 이질적으로 구성된 학급에서는 4개의 실험집단 중 2개 반과 3개의 통제집단 중 한 개 반을 영재교육 경험이 있는 교사가 평가하였다.

능력이 각기 다른 267명의 연구대상자 중에서 214명이 문제해결 과제를 완성하였고 교사가 평가한 학생은 254명이었다. 다변량분석을 위해 연구자가 요구한 자료 중 단 하나라도 누락한 연구대상자는 분석에서 제외시켰다. 문제해결 과제에는 10개의 종속 변인이 포함되어 있었고 교사가 평가한 항목은 8가지였다. 학생의 어떤 자료가 누락된 이유는 사전검사나 사후검사가 있는 날 결석했거나 다른 반으로 이동했거나 교실에 없는 경우였다. 실험집단과 통제집단의 인원 변동은 비슷하였다.

연구절차

실험집단의 학생은 실험집단 교육을 담당하는 여러 교사들로부터 9~18주에 걸쳐 45시간의 수업을 들었다. 어떤 교사는 진도를 빨리 나갔고 어떤 교사는 CPS와 무관한 내용을 섞어서 가르쳤기 때문에 처치 기간에 차이가 있었다. 교사에게는 각 단원에 할당하는 시간에 대해 약간의 재량권이 주어졌다. 처음 10~15 시간은 집단의 역할, 합의점에 도달하기와 같은 집단 역동성에 주의를 기울였고, 그 다음 15~20시간은 브레인스토밍, CPS 6단계, 아동을 위한 CPS 활동(Eberle & Stanish, 1980)과 같은 창의적 문제해결을 지도하였다. 마지막 단계에서 학생은 문제를 제기하고, 담당 학교 공무원에게 최선의 해결책을 제시함으로써 실제 학교 문제를 해결하기 위해 CPS를 사용하였다. 학생이 선택한 문제에는 통학 제도, 과밀 학교, 학교에서의 흡연, 훈육 제도, 실내 체육 프로그램, 점심식사 스케줄 등이 포함되었다. 이 교육과정을 만들기 위해 교사들, 연구원 한 명, 학군에 소속된 전문가 한 명이 협력하였다.

6개교 중 4개교에서 기존의 수업시간(사회, 과학, 수학, 읽기) 내에 9~12주의 단기 과정으로 CPS 교육과정을 가르쳤다. 두 개 학교는 문제해결을 통합교과로 가르쳤다. 시간표의 제약 때문에 문제해결반에 들어 있는 모든 학생이 필수적으로 CPS를 택한 것은 아니었다. 따라서 CPS 지원에 다른 효과(con-founding effect)가 반영되었다고 보기는 어렵다. CPS 단원이 진행되는 동안 통제집단의 학생은 일반적 교과나 통합교과 활동에 참여하였다.

문제해결　문제해결 능력을 평가하기 위해 실험집단과 통제집단의 학생에게 다른 중학교 학생이 직면하는 가상의 문제를 교사와 학생에게 간략하게 기술해 보라고 했다. 이것은 있을 수 있는 정보 부족을 겪지 않고 문제해결에 대한 이해력을 시험할 수 있는 복잡한 문제였다. 학생에게 있을 수 있는 다양한 문제들, 가장 중요한 문제, 다양한 해결책, 최선의 해결책, 그리고 최선의 해결책이라고 생각하게 된 이유를 말해 보라고 했다. 이러한 단서는 CPS의 요소를 잘 모르고 있는 통제집단에게 조건을 균등하게 하기 위해 질문의 형태로 제시하였다. 반응에 미치는 읽기와 쓰기 능력의 효과를 줄이기 위해 학생에게 문제를 복사하여 나누어 주고 지시문을 읽어 주었으며 완전한 문장으로 답하지 않아도 된다고 말했다. 처치 전과 후에 학생에게 수업시간 한 시간을 할애하여 개인별 질문지를 작성하였다. 평가자의 편파를 줄이기 위해 사전·사후검사에서 동일한 질문을 사용하였다. 이전의 반응을 회상하는 일은 사전·사후검사 사이에 적어도 9주의 시간이 경과하였고, 비슷한 조건에서 응답한 하나의 통제집단의 사전·사후검사를 비교해야 한다는 두 가지 이유 때문에 어려움이 있었다.

어떤 학생인지, 몇 학년인지, 어느 학교 학생인지 모르는 채 평가자들은 학생의 반응을 부호화하고 조합하고, 문제 발견의 유창성, 해결의 유창성, 융통성, 독창성, 준거 사용이라는 다섯 가지 측정치에 대해 훈련받은 두 명의 평가자들이 독립적으로 평가하였다. 이 중 준거 사용을 제외한 네 가지 측정치는 Torrance 창의적 사고력 검사뿐만 아니라 Torrance 창의성 개념을 토대로 한 것이다. 준거 사용은 CPS의 중요한 요소와 관련이 있다. 각각의 기준에 따른 두 명의 평가는 자료 분석을 위해 평균을 냈다. 두 평점자 간 신뢰도는 다음과 같다. 문제 발견의 유창성 .84, 문제해결의 유창성 0.85, 융통성 .75, 독창성 .56, 준거의 사용 .70이다. 다섯 가지 측정치는 개방형으로 채점하였고 점수의 천장효과(ceiling effect)를 무시하였다.

교사의 지각   실험집단과 통제집단을 담당한 교사는 창의성, 비판적 사고력, 집단에서의 문제해결력, 잠재적인 영재성이라는 네 가지 요소에 대해 자기가 맡은 각각의 학생을 평가하였다. 연구가 의도하는 것이 CPS 교과를 진행한 결과로서 교사의 기존 인식이 어떻게 바뀌었는가를 알아보는 것이기 때문에 담당 교사들에게 용어를 설명해 주지 않았다.

네 가지 측정치에서 사전·사후검사의 신뢰도는 다음과 같다. 창의성 .69, 비판적 사고력 .31, 집단 활동 .76, 잠재적인 영재성 .64다. 비판적 사고력의 사전·사후검사 신뢰도는 .31로 수용하기에는 너무 낮았기 때문에 이 변인은 분석에서 제외시켰다. 다른 측정치의 신뢰도도 일반적으로 기대하는 것만큼 높지는 않았지만 측정한 특성이 안정적인 것이 아니었다. 측정의 어려움은 인지가 변화하는 데 있다. Feuerstein, Miller 그리고 Jensen (1981, p. 20)은 "예언력, 교정력(modifiability)이라는 측정도구로서의 요건을 만족시키지 않는 도구는 도구로 보기 어렵다."라고 하였다. 시간에 따라서 일어나는 점수의 변화는 학생의 행동이 변화한 것일 수도 있고 학생에 대한 교사 평가가 변화한 것일 수도 있다. 이러한 변화는 실험집단과 통제집단 모두에게 발생하였다. 두 집단의 변화를 비교해 보니 두 집단 간의 차이는 타당한 것이었다.

자료 분석 사전·사후검사, 처치와 비교집단, 그리고 다른 능력 수준의 학생 간의 다섯 가지 산출물 측정의 차이를 검증하기 위해 다변량분산분석(MANOVA)을 사용하였다. 능력별로 나누어진 학생의 통제집단과 실험집단에 대해 3명의 교사가 실시한 사전·사후검사를 분석하기 위해서도 다변량분산분석이 사용되었다. 이 분석을 통해 변인과 적성-처치 간 상호작용 효과를 조사할 수 있었다.

연구결과

문제해결력

집단(실험/통제)과 사전·사후검사 점수 사이의 2원 상호작용이 유의미($p < .001$)하였다. 이것은 한 집단이 다른 집단에 비해 점수가 더 높은 것을 의미한다(통계표는 요청하면 구할 수 있다.). 더 많이 향상된 것을 의미하는 평균은 실험집단에서 더 높았다. 이것은 CPS 교육과정에 참여한 학생이 혜택을 본 것을 의미한다. 집단(실험/통제), 능력(영재반, 우수반, 보통반), 사전·사후검사 간의 3원 상호작용은 유의미하지 않았다($p < .676$). 이것은 능력이 높을수록 유의미한 수준에서 더 많은 이득을 보는 것이 아님을 의미한다([그림 13-1] 참조). 실험집단에서 증가된 점수는 일원분산분석(ANOVA)을 사용하여 조사하였다. 다섯 가지 측정치 중 어느 것도 능력별로 유의미($p < .05$)한 차이가 없었다. 영재반, 우수반, 보통반이라는 능력별 구분을 적성으로 보았을 때 적성-처치의 상호작용 효과가 본 연구의 CPS 교육에서는 검증되지 않았다.

창의성과 영재성

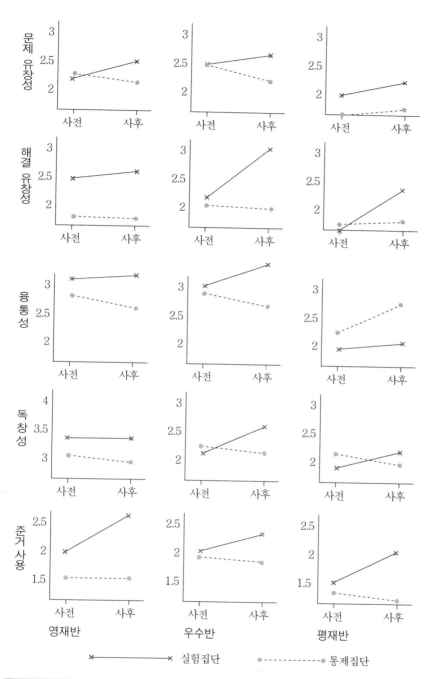

[그림 13-1] 능력 수준별 문제해결 산출물

13. 창의적인 문제해결에 대한 교육과정이 학생의 능력 계발에 미치는 효과

교사의 평가

집단(실험/통제)과 평가(사전/사후) 간의 2원 상호작용은 유의미하지 않았다($p < .08$). 이것은 처치 후 교사의 평가에서 실험집단과 통제집단 간에 전반적인 차이가 없다는 것을 의미한다. 그러나 능력, 사전·사후평가, 실험/통제집단 간의 3원 상호작용은 유의미하였다($p < .001$). 이것은 처치 후에 실험집단과 통제집단에 대한 교사의 의견이 학생의 능력에 따라 다른 방식으로 변화한 것을 의미한다([그림 13-2] 참조). 좀 더 분명히 이해하기 위해 능력별로 다변량분석을 실시하였다.

영재반 학생의 자료만을 분석했을 때 집단과 사전·사후평가 간의 유의미한 상호작용이 있었다. 이것은 CPS(창의적 문제해결 과정) 교육이 끝난 후 실험집단과 통제집단에 대한 교사의 평가가 달라진 것을 의미한다. 영재 실험집단은 처치가 시작되기 전의 영재 통제집단보다 높은 점수(창의성과 잠재적인 영재성에서)를 받거나 비슷(집단 활동에서)하였다. CPS 교육을 받은 이후 세 가지의 측정치에서 영재 실험집단은 영재 통제집단보다 점수가 낮았다. 영재 통제집단의 점수는 사후검사에서 세 가지 측정치 모두 상승하였다. 영재 실험집단은 잠재적인 영재성 점수는 하락하였고 다른 두 개의 점수는 그대로 유지되었다. 사전·사후 교사 평가, 실험집단/통제집단, 평가 범주 간의 3원 상호작용도 유의미($p < .003$)하였다. 이것은 세 가지 평가 항목에 따라 점수 변화가 다른 것을 의미한다.

우수한 학생에게서는 집단(실험/통제)과 사전/사후 교사 평가 간의 상호작용이 유의미하지 않았다($p < .078$). 그러나 우수반에서도 사전·사후검사, 실험/통제집단, 평가 범주 사이의 3원 상호작용은 유의미($p < .001$)하였다. 이것은 우수반에서도 평가 항목에 따라 점수 변화가 다르다는 것을 의미한다. 영재학생의 경우와 달리, 우수 실험집단의 창의성과 집단 활동에 대한 교사의 평점은 사후검사에서 일반적으로 높아졌고 잠재적 영재성에 대한 평점은 약간 낮아졌다. 교사가 매긴 평점의 변화 패턴은 우수 통제집단과 우

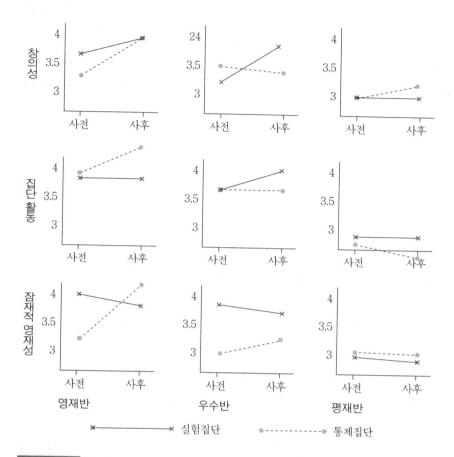

[그림 13-2] 능력 수준별 교사 평가

수 실험집단에서 상반되게 나타났다. 우수 통제집단의 창의성과 집단 활동 점수는 그대로 유지되었으나 잠재적 영재성은 약간 증가하였다.

CPS 교육을 받은 이후 평재에 대한 교사의 평가는 실험집단과 통제집단 사이에 유의미한 차이가 없었으며, 범주 간에도 유의미한 차이가 없었고, 어떠한 상호작용도 유의미하지 않았다. 실험집단과 통제집단의 세 가지 범주에서 평재에 대한 교사의 평가는 우수반과 영재반보다 낮은 점수에서 출발하였고 처치 후에도 낮은 점수로 끝났다. 이 결과는 평재 실험집단 학생의 창의성, 집단 활동, 잠재적인 영재성에 대한 교사의 평가에서는 실질적인 변화가 없었으나, 평재 실험집단의 학생이 다섯 가지 하위척도(문제 유창성, 해결 유창성, 융통성, 독창성, 준거의 사용)로 측정한 문제해결 능력에서 영재 실험집단, 우수 실험집단과 비슷하거나 더 높은 점수를 받았다는 점을 고려하면 특히 흥미롭다.

논 의

문제해결력

CPS에 관한 연구결과는 소위 영재라고 일컬어지는 학생보다 더 많은 학생이, 영재 프로그램에서 배운 창의적 문제해결 과정기술로부터 더 많은 혜택을 받을 수 있다는 관점을 지지해 준다. 평재 학생과 우수한 학생 모두 창의적 문제해결 과정 기술에 대한 훈련을 받은 후에 CPS의 몇 가지 측면이 향상되었다. 몇몇의 경우(해결의 유창성, 융통성, 독창성)에서 평재와 우수한 학생이 처치를 통해 얻은 이득이 영재학생을 넘어섰다. 그러나 이 차이는 통계적으로 유의하지 않았다.

다른 창의적 문제해결 과정 기술과 이런 기술을 가르치는 교육과정에 대해 더 많이 연구할 필요가 있지만, CPS에 대한 현재 연구는 공식적으로 영재로 분류되지 않는 학생도 일차적으로 영재학생을 위한 교육으로부터 혜택을 받을 수 있음을 시사해 준다. CPS는 창의성, 비판적 사고, 의사결정, 리서치, 집단 활동을 포함하는 비교적 복잡한 창의적 문제해결 과정 기술이다. CPS에 대한 현재 연구가 거둔 성과가 있다면 그것은 불특정한 학생도 영재학생에게만 사용하는 과정 기술로부터 혜택을 받을 수 있다는 것이다. 더 많은 학생에게 좀 더 도전적인 교육과정을 도입하는 것은 현재 비판받고 있는 엘리트주의 영재교육의 대안이 될 수도 있고 모든 학생에게 고차원적 사고기술을 가르쳐야 한다는 많은 요청에 대하여 부응하는 것일 수도 있다. 이러한 수업을 통하여 교사는 전통적인 접근으로 확인할 수 없는 잠재적인 영재학생을 발굴할 수 있어야 한다.

교사의 지각 향성

실험집단의 학생에 대한 교사의 평가가 영재학생의 집단에서 더 높아질 것이라는 가설은 본 연구에서 기각되었다. 특히 잠재적 영재성에 대한 한 가지 설명은 교사는 성공적으로 쉽고 빠르게 배우는 학생을 영재로 생각하는 경향이 있다는 것이다. 이 연구에서는 학생에게 맨 처음에 어떻게 하는지 알 수 없고 문제해결을 위해 전력을 다해야 하는 과제를 제시하였다. 영재학생이 이 과제에서 맨 처음에 실패한 것이 교사의 마음을 흔들어 놓았고 결국에 교사는 (영재성에 대한 자신의 정의를 바꾸기보다는) 학생의 영재성에 대한 자신의 견해를 바꾸어 심리적 부조화를 해결하였다.

영재성에 대한 정의와 교육 프로그램 간의 불협화음도 영재학생에 대한 교사의 낮은 평가를 설명해 준다. 영재교육을 받으려는 학생을 선발하는 준거는 분명히 학업성취 위주였고 이를 위해 인지능력검사, 성취 점수, 평균 성적을 사용하였다. 영재학생이 CPS 수업이 진행되는 동안 전통적 의미의 학업능력을 보여 줄 수 없었기 때문에, 교사가 학업성취와 영재성을 동의어로 생각했다면 영재학생에 대한 교사의 평가는 유의미하게 달라지지 않았을 것이다. 영재 통제집단 학생은 계속 학업적인 교육과정에 참여하였고 이들은 이 과정에서 교사가 익숙해져 있는 전통적인 방식의 창의성, 집단 활동, 잠재적인 영재성을 보여 줄 수 있었다. 이것이 영재 통제집단에 대한 교사의 평가가 높아진 이유를 설명해 준다.

부분적으로 과정 기술 훈련을 통하여 영재행동이 다수의 학생에게서 개발될 수 있다는 Renzulli의 생각은, 우수한 학생과 평재 학생에게서도 이런 기술이 개발될 수 있음을 시사해 준다. CPS 교육과정을 이용하여 창의성,

집단 활동, 잠재적 영재성을 평가할 기회를 교사들에게 제공한 것은 그 학군에서 사용하는 명칭을 토대로 학생을 평가하는 기존의 방식에 의문을 제기하게 만들었고, 이것이 영재학생에게 더 낮은 점수를 주고 평재와 우수한 학생에게 더 높은 점수를 주는 결과를 가져왔다. 이런 결과는 우수반의 창의성과 집단 활동에 대한 평가에서 사실로 나타났으나 평재에게는 나타나지 않았다. Schack과 Starko(1990)는 수업의 변화가 전통적인 수업에서는 드러날 수 없는 능력을 발휘할 기회를 학생에게 제공하였고, 결과적으로 교사는 이전에 영재로 확인되지 않은 학생의 강점을 발견할 수 있게 되었다고 주장하였다. 우수반 학생에 대한 교사 평가가 변화한 것은 Schack과 Starko의 이런 주장을 지지해 준다. 그러나 이런 결과가 평재에게서는 나타나지 않았다. 평재는 문제해결 과제에서 자신의 능력을 보여 주었지만 교사가 이를 인식하지 못하였다. 아마도 교사는 그때까지 가지고 있던 자신의 인식을 강화한 것 같다. 그렇다면 이 사실은 전통적인 방식으로 확인할 수 없는 영재학생을 판별하는 전략으로써 대안적인 교육과정이 유용하지 않다는 것을 암시한다. 연구결과에 따르면, 평재도 문제해결력(창의성이 반영된 네 개의 문제해결 측정치를 살펴보면)을 습득하지만 교사가 학생의 창의성, 집단 활동, 잠재적 영재성을 평가할 때 이런 발전을 인식하지 못하는 것이다.

📖 참고문헌

Clark, B. (1992). *Growing up gifted* (4th ed.). Columbus, OH: Charles E. Merrill.

Colangelo, N., & Davis, G. A. (1991). *Handbook of gifted education.* Needham Heights, MA: Allyn & Bacon.

Cramond, B., Martin, C. E., & Shaw, E. L. (1990). Generalizability of creative problem solving procedures to real-life problems. *Journal for the Education of the Gifted, 13*(2), 141-155.

Davis, G. A., & Rimm, S. B. (1989). *Education of the gifted and talented.* Englewood Cliffs, NJ: Prentice Hall.

Eberle, B., & Stanish, B. (1980). *CPS for kids.* Buffalo. NY: D.O.K.

Feldhusen, J. F., & Clinkenbeard, P. R. (1986). Creativity instructional materials: A review of research. *Journal of Creative Behavior, 20*(3), 153-182.

Feuerstein, R., Miller, R., & Jensen, M. R. (1981). Can evolving techniques better measure cognitive change? *Journal of Special Education, 15*(2), 201-219.

Gallagher, J. J. (1985). *Teaching the gifted child* (3rd ed.). Boston: Allyn & Bacon.

Gear, G. H. (1976). Accuracy of teacher judgement in identifying intellectually gifted children: A review of the literature. *Gifted Child Quarterly, 20,* 478-490.

Gear, G. H. (1978). Effects of training on teachers' accuracy in the identification of gifted children. *Gifted Child Quarterly, 22,* 90-97.

Germann, P. J. (1989). Directed-inquiry approach to learning science process skills: Treatment effects and aptitude-treatment interactions. *Journal of Research in Science Teaching, 26*(3), 237-250.

Hoge, R. D., & Cudmore, L. (1986). The use of teacher-judgment measures in the identification of gifted pupils. *Teaching and Teacher Education, 2*(2), 181-196.

Hooper, S., & Hannafin, M. J. (1988). Cooperative CBI: The effects of heterogeneous versus homogeneous grouping on the learning of progressively complex concepts. *Journal of Educational Computing Research, 4*(4), 413-424.

Isaksen, S. G., & Treffinger, D. J. (1985). *Creative problem solving: The basic course.* Buffalo, NY: Bearly Limited.

Maker, C. J. (1982a). *Curriculum development for the gifted.* Rockville, MD: Aspen.

Maker, C. J. (1982b). *Teaching models in education of the gifted.* Rockville, MD: Aspen.

Mitchell, B. M. (1988). The latest national assessment of gifted education.

Roeper Review, 10(4), 239-240.

Oakes, J. (1985). *Keeping track: How schools structure inequality.* New Haven, CT: Yale University Press.

Parker, J. P. (1989). *Instructional strategies for teaching the gifted.* Boston: Allyn & Bacon.

Parnes, S. J. (1987). The creative studies project. In S. G. Isaksen (Ed.), *Frontiers of creativity research* (pp. 156-188). Buffalo, NY: Bearly Limited.

Parnes, S. J., & Brunelle, E. A. (1967). The literature of creativity (part 1). *Journal of Creative Behavior, 1*(1), 52-109.

Peterson, P. L., Janicki, T. C., & Swing, S. R. (1981). Ability x treatment interaction effects on children's learning in large-group and small-group approaches. *American Educational Research Journal, 18*(4), 453-473.

Renzulli, J. S. (1977). *The enrichment trial model: A guide for developing defensible programs for the gifted.* Mansfield Center, CT: Creative Learning Press.

Renzulli, J. S., & Reis, S. M. (1985). *The schoolwide enrichment model.* Mansfield Center, CT: Creative Learning Press.

Renzulli, J. S., Reis, S. M., & Smith, L. H. (1981). *The revolving door identification model.* Mansfield Center. CT: Creative Learning Press.

Rose, L. H., & Lin, H. (1984). A meta-analysis of long-term creativity training programs. *Journal of Creative Behavior, 18*(1), 11-22.

Schack, G. D., & Starko, A. J. (1990). Identification of gifted students: An analysis of criteria preferred by preservice teachers, classroom teachers, and teachers of the gifted. *Journal for the Education of the Gifted, 13*(4), 346-363.

Sisk, D. (1987). *Creative teaching of the gifted.* New York: McGraw-Hill.

Speece, D. L. (1990). Aptitude-treatment interactions: Bad rap or bad idea? *The Journal of Special Education, 24*(2), 139-149.

Swing, S. R., &. Peterson, P. L. (1982). The relationship of student ability and small-group interaction to student achievement. *American Educational*

창의성과 영재성

Research Journal, 19(2), 259-274.

Torrance, E. P. (1966). *Torrance tests of creative thinking.* Bensenville. IL: Scholastic Testing Service.

Torrance, E. P. (1972). Can we teach children to think creatively? *Journal of Creative Behavior,* 6(1), 114-143.

Torrance, E. P. (1987). Recent trends in teaching children and adults to think creatively. In S. G. Isaksen (Ed.), *Frontiers of creativity research* (pp. 204-215). Buffalo, NY: Bearly Limited.

VanTassel-Baska, J. (1988). *Comprehensive curriculum for gifted learners.* Boston: Allyn & Bacon.

14

창의적 영재성:
다변인 투자 접근 이론[1]

Robert J. Sternberg & Todd I. Lubart

(Yale University)

이 논문은 창의적 영재성을 '투자'의 관점에서 조망한다. 창의적 영재들은 낮은 가격에 사고, 높은 가격에 내다 판다. 다시 말해서 이들은 처음에는 다른 사람의 생각과는 동떨어진 기괴한 것처럼 보이는 아이디어를 내놓는다. 그러나 시간이 흐르면서 영재들은 이 아이디어를 가지고 결실을 맺고 다른 사람에게 이 아이디어가 가치 있다는 확신을 심어 준다. 그 다음에 은유적으로 말해서 이 아이디어의 가격이 상한가로 오르면 이것을 판다. 그리고 이들은 그 다음의 새로운 아이디어로 이동한다. 낮은 가격에 사고, 높은 가격에 팔기 위해서는 기능적으로 상호작용하는 지능, 지식, 사고양식, 성격, 동기, 환경이라는 여섯 가지 자원을 조합해야 한다. 이 논문에서는 창의적 영재성에서 이 자원들이 기능하는 역할과 각각의 자원을 기술할 것이다. 또한 자원의 상호작용, 특수한 영역의 재능, 창의적 영재를 판별하는 방법에 대해서도 논의할 것이다.

---

1) 편저자 주: Sternberg, R. J., & Lubart, T. I. (1993). Creative giftedness: A multivariate investment approach. *Gifted Child Quarterly, 37*(1), 7-15. © 1993 National Association for Gifted Children. 필자 승인 후 재인쇄.

창의적 영재성: 다요인 투자 접근

메이플 베일 초등학교에서는 영재교육 프로그램 교육을 받을 아동을 선발하고 있었다. 영재를 선발하는 잭 덤프리(Jack Dumfrey)는 한숨을 쉬면서 과거 20년 동안 그렇게 해 왔듯이 줄자를 꺼냈다. 그는 아동을 학년별로 줄을 세우고 키를 쟀다. 그 다음에 각 학년에서 키가 상위 5%에 드는 아동을 영재교육 프로그램에 들어갈 아동으로 선별하였다. 다른 해에도 이런 과정을 거쳐 영재를 선발하였다.

위 이야기를 읽은 어느 누구도 이것이 사실이라고 믿지 않을 것이다. 물론 이것은 지어낸 이야기다. 그러나 키를 사용하여 영재성을 평가하는 것이 전혀 터무니없는 절차는 아니다. 영재를 연구한 Terman은 영재아동이 다른 아동보다 평균적으로 키가 약간 더 큰 경향이 있음을 발견하였다(Terman & Oden, 1959). 그리고 속담에 키가 더 큰 사람이 인생의 후반부에 조직 내의 사다리에서 더 높은 곳까지 올라갈 수 있다는 말이 있다. 이것은 키가 학업적 성공뿐만 아니라 실제 성공을 약간은 예측해 준다는 측면이 있음을 의미한다. 그러나 키의 예언력은 너무 약하기 때문에 영재 선발을 위한 지표로 사용하지 않는다.

사람은 왜 IQ를 기꺼이 사용하는가? IQ가 직업적 성공의 측정치 중 4%의 변량만을 예측해 준다면(Wigdor & Garner, 1982), 혹은 IQ가 그보다 3~4배 더 많은 변량을 예측해 준다고 할지라도 교육자는 지능에 관한 자료를 토대로 영재를 선발해도 된다고 확신할 수 있는가? 예외적으로 세계를 위해 많은 공을 세운 성인들은 타고난 순수한 지능보다는 창의적인 경향이 있었다. 이에 연구자들은 전적으로 지능만을 토대로 영재를 선발하던 관행을 넘어서야 할 필요가 있음을 인식하면서 수많은 연구에서 영재성을 평가할 때 창의성을 고려해야 한다고 제안해 왔다(예, Feldhusen, 1986; Renzulli, 1986; Sternberg & Davidson, 1986; Torrance, 1984 참조).

창의성과 영재성

창의성은 적어도 두 가지 방식으로 영재성과 통합될 수 있다(Treffinger, 1980). 첫째, 창의성을 영재교육과 선발을 위해 IQ를 보완해 주는 지능의 차원으로 볼 수 있다. 이 관점은 순수하게 인지적 측면의 창의성을 강조하는 것이다. 둘째, 창의성을 일종의 영재성으로 볼 수 있다. 예컨대, 학업적인 (학교에서의) 영재성과 신체적 영재성(bodily-kinesthetic giftedness)과 전혀 다르다(Renzulli, 1986; Siegler & Kotovsky, 1986).

연구의 활용도

이 논문에서 제안한 투자 관점은 창의적 영재성을 발굴하고 교육하는 데 시사점을 제공한다. 창의적 영재성은 지적 과정, 지식, 사고양식, 성격, 동기, 환경이라는 여섯 가지 자원이 융합(confluence)되어 만들어지는 독특한 유형의 영재성으로 볼 수 있다. 이러한 자원에는 인지적·비인지적 요소가 포함되며 이 자원들이 창의적 영재성 중에서도 특수한 영재성을 만들어 낸다. 창의적 영재성이 요구하는 자원과 본성을 토대로, 영재 판별 과정에서 종종 사용하는 지능과 성취도검사는 창의적 영재성을 판단하는 데 부적절한 측정치다. 창의적 영재아동을 판별하는 데는 다음 두 가지 증거를 조사하는 방법이 가장 적절한 것 같다. (a) 그림, 글짓기와 같은 특수한 영역의 결과물을 검토하고, (b) 개인이 가진 모든 자원의 수준을 점검한다. 창의적 영재성 교육은 학업적 영재교육 프로그램과는 다른 방법, 목표, 가치관을 필요로 한다. 창의적 영재성 교육을 위한 새로운 방향은 다음과 같다. (a) 아동이 제시된 문제를 풀기보다는 문제를 발견하고 정의하고 재정의하도록 격려한다. (b) 지식을 융통성 있게 사용하도록 가르친다. (c) 규칙을 실행하고 단편적으로 생각하기보다는 규칙을 만들고 통합적으로 생각하는 방식을 강조한다. (d) 아동에게 창의적 해결책을 찾기 위해 노력할 때 모호함을 견뎌 내도록 격려하고 활동에 포함된 위험을 감수하고 인내하도록 격려한다. (e) 아동이 뒤따르는 보상보다는 일 자체에 초점을 맞추도록 가르친다. (f) 학생의 창의적 활동을 격려하고 보상해 주는 교실환경을 조성한다.

우리는 창의성이 독특한 유형의 영재성이라는 관점을 다음과 같은 이유에서 지지한다. (a) 창의성은 학문적 영재성(academic giftedness)과는 다른

인지, 사고양식, 성격, 동기, 환경적 측면을 포함하고 있다. (b) 학업적 수행은 창의적 수행과는 다르고 후자가 사회적 발전에 더 중요하다. (c) 교육자가 창의적 영재성을 학업적 영재성과 구분하려고 한다면 창의적 아동의 발달을 위해 특수하게 설계된 프로그램이 필요하다.

　이 논문에서 우리가 제안하는 창의적 영재성의 관점은 창의성 투자이론을 토대로 한 것이다(Sternberg & Lubart, 1991). 여기에 제시된 것들은 특수한 영재성을 강조하던 최근의 이론과, 그 이론들을 적용한 연구를 소개한 것이다. 첫째, 우리는 창의적 영재성을 투자의 관점에서 바라보고 이 관점에서의 영재 판별에 대해 논할 것이다. 둘째, 창의적 영재성에 필요한 자원들, 이 자원들의 상호작용, 그리고 특수한 영역의 창의적 영재성에 대해 논의할 것이다.

투자와 창의적 영재성

　투자의 관점은 창의적이기 위해서 낮은 가격에 사들이고 높은 가격에 내다 팔아야 한다고 제안한다. 어떤 사람이 자신이 처분할 수 있는 인지적·행동적·환경적 자원의 포트폴리오를 가지고 있다. 앞으로 상세하게 다룰 이러한 자원들은 궁극적인 학습 결과물(예, 그림)을 산출하는 다양한 프로젝트에 투입될 수 있다. 신기하지만 인기 있는 것이 아니라서 낮은 가격에 살 수 있는 도메인, 프로젝트, 혹은 아이디어를 찾는 것은 창의적 산출의 기회를 늘리는 것이며 이것들은 높은 가격에 팔릴 수 있을 것이다. 이러한 전략은 금융시장에서 사용되는 투자 전략에서 나온 것이다(Dreman, 1982). 창의성을 위한 개인의 자원은 그 사람이 낮은 가격에 사서 프로젝트를 시작하여 결실을 맺게 한다.

　영재를 교육시키는 사회는 창의성에 최대한 투자한다. 아동은 사회적 '인적 자본'의 일부다(Rubenson & Runco, 인쇄 중; Walberg, 1988). 교육 체계는 창의성을 위해 특히 초등학교와 중학교 수준의 모든 아동의 자원을 개발하려고 노력해야 한다. 창의적인 영재를 찾아내고 교육시키는 데는 많은 노력이 필요하다.

그러나 어떻게 교육자들이 창의적 영재를 찾아낼 수 있는가? 금융 투자자들은 전망 좋은 주식을 선택하기 위해 여러 정보를 사용한다. 첫째, 투자자들은 지난해 그 회사 주식 가격의 변동을 살펴보고 주주에게 배당된 금액도 살펴본다. 창의적 영재 발굴에 이 전략을 적용한다면 아동의 수행을 살펴보아야 할 것이다. 아동의 이전 수행은 미래 수행의 지표다. 둘째, 투자자들은 회사가 개발하고 있는 상품의 종류, 회사가 감수하고 있는 위험성의 정도, 회사가 안고 있는 부채비율, 혹은 경영자와 노동자의 관계 등과 같은 회사의 특수성에 대해 조사할 것이다. 창의적 영재를 판별하는 데 이러한 접근을 적용한다면 창의적 수행에 필수적인 자원들을 아동이 갖고 있는지 검사해 볼 것이다. 창의적 영재를 발굴하기 위해 자원을 조사해 보는 방법을 보완책으로 사용할 수도 있고, 이것과 결과물을 조사하는 방법을 함께 사용할 수도 있다. 우리는 상호작용적으로 창의성을 만들어 내는 지적 과정, 지식, 지적 양식, 성격, 동기, 환경 상황이라는 여섯 가지 자원을 가정한다. 이제 각각의 자원들을 살펴볼 것이다.

지적 과정

창의적인 영재들은 다른 사람이 보지 못하는 방식으로 문제를 볼 수 있고 (Sternberg, 1985), 가능한 해결책에 대해 확산적으로 생각할 수 있으며 (Guilford, 1967; Torrance, 1974), 문제를 해결하기 위해서나 프로젝트를 완성하기 위해 통찰 과정(Davidson & Sternberg, 1984; Sternberg, 1986)을 사용할 수 있다.

Einstein과 Infeld(1938)에 따르면, "문제를 공식화하는 것이 문제를 해결하는 것보다 더 중요할 때가 많다." (p. 92)라고 하였다. 이 관점에 비추어 Getzels과 Csikszentmihalyi(1976)는 독창적인 정물화를 그리는 학생이 창의성이 떨어지는 학생보다 작품을 구상하는 데 더 많은 시간을 보낸다는 것을 알아냈다. 특히 창의적 예술가는 정물을 배치하기 전에 많은 대상들을 조작하고 탐색하고 그릴 정물화의 장면을 다시 정의한다.

문제 정의에서 중요한 부분은 문제에 상응하는 정신적 표상을 선택하는 것이다. 하노이 탑 문제와, 이 문제와 형태는 다르지만 같은 문제를 사용한 한 연구는 기둥의 원반을 움직이는 전통적인 방법보다는 한 기둥에서 다른 기둥으로 지구를 옮겨 놓아야 하는 괴물로 이 문제를 표현한다면, 문제를 푸는 데 걸리는 시간이 여덟 가지 요인에 따라 감소될 수 있음을 보여 주었다(Kotovsky, Hayes, & Simon, 1985). 괴물 표상은 문제의 규칙을 배우고 적용하기 쉽게 만든다. 창의적인 발명에 관한 다른 연구에서 장난감과 같은 쓸모 있는 새로운 물건을 만들기 위해 대상의 각 부분들(예, 원뿔, 핸들, 바퀴)을 조합할 때 시각적 표상을 사용하도록 권장하였다(Finke, 1990).

문제를 정의(혹은 재정의)하는 것은 인간의 지능에 대한 Sternberg의 삼원이론에서 말하는 고차원적 과정 혹은 상위요소로 생각할 수 있다. 창의적 영재는 확산적 사고를 하는 경향이 있는데 이것은 이들이 문제해결 전략을 선택하는 또 다른 상위요소를 사용하기 때문이다. 확산적 사고는 주어진 정보를 가지고 다양한 산출에 역점을 두어 반응하는 것이다(Brown, 1989). 종단적 연구를 포함한 수많은 연구에 따르면 확산적 사고와 창의적 수행력은 질적($r=.20$), 양적($r=.30$)으로 정적인 상관이 있었다(Barron & Harrington, 1981; Torrance, 1974, 1988). 우리는 창의적 영재들이 문제해결 전략으로써 확산적 사고를 적극적으로 사용한다고 제안한다. 이 가설은 사람이 맨 처음에는 일반적인 아이디어나 해답을 내놓고 노력을 통하여 신기한 반응으로 이동한다는 것이다(Osborn, 1963). 확산적인 산출은 다양한 대안을 제공해 준다. 그리고 이런 대안들은 전체적인 해결책을 찾는 데 도움을 줄 것이다. 예일 대학교 학부생들을 대상으로 창의성에 관한 실험을 실시한 후 관찰한 것에 따르면, 창의성이 부족한 학생은 맨 처음 문제에 딱 맞는 아이디어를 내놓고 이를 적용하는 수렴적인 전략을 사용하는 경향이 있다. 수렴적 학교 문제에 영재성을 발휘하는 사람은 실제로 창의성과 관련된 혹은 확산적 전략을 사용하는 데 어려움을 느끼는 것 같다.

창의적 영재들은 창의성이 부족한 사람보다 더 효과적으로 더 빈번하게 통찰 과정을 사용하는 경향이 있다. 이전의 보고서(Davidson, 1986; Davidson & Sternberg, 1984; Sternberg & Davidson, 1982)에서 설명되었기 때문에 여기에서는 세 가지 기본적인 통찰 과정만을 살펴볼 것이다.

선택적-부호화 통찰에는 뒤섞여 있는 정보의 바다에서 지적인 알맹이와 껍데기를 구분함으로써 잠재적으로 문제를 이해하고 해결하는 데 필요한 것을 주목하는 과정이 포함되어 있다. 과학과 예술 분야에서 많은 창의적 성취들을 추적해 보면, 이것들은 통찰력 있는 부호화 과정부터 시작된다. 예를 들어, 모네의 창의적 그림은 부분적으로 대상에 미치는 빛의 효과를 선택적으로 부호화한 것이다.

두 번째 유형의 통찰력은 **선택적인 비교**다. 비범하게 선택적으로 비교할 수 있는 사람은 다른 사람이 보지 못하는 방식으로 기존의 정보를 새로운 정보와 연관 지을 수 있다. 이들은 비범한 유추 능력을 갖고 있다. 예컨대, 닐스 보어(Niels Bohr)가 발견한 원자는 소우주에 대한 기존의 모형을 토대로 한 것이며, 요한네스 케플러(Johannes Kepler)는 천체의 움직임을 이해하기 위해 시계의 작동 원리를 이용하였으며(Rutherford, Holton, & Watson, 1975), 알렉산더 그레이엄 벨(Alexander Graham Bell)은 인간의 귀와 선택적으로 비교함으로써 전화를 발명하였다(Barron, 1969).

세 번째 유형의 통찰은 **선택적 조합**이다. 비범하게 선택적으로 조합할 줄 아는 사람은 다른 사람이 보지 못하는 방식으로 사실과 아이디어를 통합한다. 예를 들어, 루이스 컴포트 티파니(Louis Comfort Tiffany)는 영국에 있는 스타워브리지(Stourbridge)의 유리, 에밀 게일(Emile Galle)의 작품, 그리고 유리 생산에 대한 자신의 지식을 조합하여 스테인드글라스라는 예술 분야를 창조하였다. 그는 '파브릴(Favrile)' 유리를 창조하고 유리창, 램프 및 다른 제품을 만드는 데 이 유리의 자연적인 색조와 다양한 재질을 사용하였다. 다른 연구자들은 특수한 형태의 선택적 조합을 창의성에 적용하였다. Koestler(1964)는 이중연상(bisociation)을 논의하였고, Rothenberg(1979)는 동질적 사고와 야누스적 사고—상반된 혹은 대립적인 사고를 동시에 통합—에 초점을 맞추었다.

요약하면, 창의적 영재들은 상호작용하거나 상호의존적 기술인, 문제 정의, 확산적 사고전략, 선택적 부호화, 선택적 조합, 선택적 비교 기술이 탁월하다. 우리의 관점에서 보면 대부분의 전통적인 지능검사는 창의성에 포함되어 있는 인지과정을 측정하지 못하며, 따라서 이런 도구들은 창의적 영재들을 선발하는 데 좋은 도구가 아니다. 더욱이 창의적 영재성은 전통적인 검사를 사용할 때 어떤 기준점(IQ 120과 같은)만 넘어서면 지능과 무관한 것이다. 그러나 앞에서 살펴본 지적 과정에 대해, 우리는 전 범위에 걸쳐 지적 기술이 증가함에 따라 창의적 영재성이 계속 증가할 것이라는 가설을 세워 볼 수 있다.

지 식

창의적 영재성의 두 번째 요소는 지식이다. Hayes(1989)는 창의적 영재들이 명작을 만들어 내기 전에 필수적으로 수년 동안 지식을 습득했음을 발견하였다. 76명의 유명한 작곡가가 만든 500개의 명곡 중에서 단지 3편만이 작곡가가 작곡을 시작한 지 10년 미만에 작곡되었다. 131명의 화가에게서도 비슷한 사실이 발견되었다. 화가 표본에서 준비 기간은 심지어 6년이었다. 영재아동은 종종 관심 영역에 많은 시간을 투입하는데, 이것이 이들로 하여금 탄탄한 지식 기반을 구축하게 한다(Bloom & Sosniak, 1981). 물론 습득된 지식은 잘 연결된 정보의 망처럼 사용 가능한 형태로 저장되어야 한다

창의성과 영재성

(Mednick, 1962). 우수한 기억력을 갖고 있는 아동은 무수히 많은 독립적인 사실들을 저장할 수 있다. 그러나 창의적인 방식으로 정보를 회상하고 사용하는 정도에서 커다란 차이가 있다.

지식은 어떻게 창의성을 촉진하는가? 첫째, 지식은 특정한 영역의 진기한 산출을 돕는다. 위험을 모른다면 다시 위험에 빠질 것이다. 둘째, 금융시장에서 종종 성공적 투자자들이 그렇게 하듯이 지식은 반대 입장을 취해 보는 것을 도와준다. 자신의 현재 생각을 알고 있다면 창의성에 기본이 되는 신기함을 받아들이기에 좋은 위치에 있는 것이다.

창의적 수행에서 지식과 정반대 입장을 취하는 것이 어떤 역할을 하는지는 영재교사에게서 예를 찾아볼 수 있다. 최선을 다하도록 학생을 흥분시키는 교사는 약간은 도전적이다. 이들은 전통적 신념에 도전하면서 규칙을 어기며 신선한 방식으로 해석하고 새로운 방식으로 정보를 제공한다. 훌륭한 교사는 학생의 마음을 효과적으로 자극하기 위해 자신의 분야가 화학이든, 영어든, 음악이든 그 전통적인 내용과 자기 분야를 가르치는 방법을 잘 알고 있다. 그 다음에 교사는 학생에게 기존의 지식뿐만 아니라 자신의 아이디어도 소개할 수 있고 학생도 자신의 의견을 갖도록 격려할 수 있다.

상반성과 진귀함을 넘어서 지식은 또 다른 여러 방식으로 창의성을 촉진한다. 지식은 매우 창의적이며 질적으로 우수한 작품의 탄생에 도움이 될 뿐만 아니라 무엇이 가장 창의적인가를 판단하는 데 도움이 된다. 연습을 할 경우 지식은 정신을 집중하여 새로운 아이디어를 처리하도록 돕는다. 그리고 지식은 창의적인 아이디어의 원천인 우연한 발상을 주목하고 이용하게 만든다(Rosenman, 1988).

그러나 지식은 양날의 칼이 될 수도 있다. 지식은 신선한 아이디어를 받아들이는 능력과 관점을 제한할 수도 있다. 예를 들어, Skinner는 너무 많은 독서는 독창적 사고를 방해한다고 생각하고 심리학에 관한 책을 잘 읽지 않았다고 한다(Greissman, 1988). Sternberg와 Frensch(1989)는 브리지 게임에 대해 잘 알고 있는 사람은 규칙이 변경되었을 때 초보자보다 더 많이 혼돈스러워한다는 것을 발견하였다. 그리고 Simonton(1984)은 192명의 유명한 창의적인 인물을 분석한 후 교육 수준과 창의적 업적 간에는 거꾸로 된 U자형 상관이 있다는 자료를 내놓았다. 창의적 영재들을 교육할 때 교사는 새로운 수준의 지식이 창의적 수행에 좋을 수(앞서 말했듯이)도 있지만 해로울 수(예, 융통성이 떨어짐)도 있음을 알아야 한다. 어떤 시점에서 부가적 지식은 득보다 실이 많을 수도 있다.

지적 양식

지적 양식 혹은 인지 양식은 능력을 어떤 방식으로 사용하는 경향성을 말한다(Kogan, 1973). 이것은 능력 그 자체는 아니다. 그러므로 문제를 재정의하는 것은 인지과정의 문제이지만, 문제를 재정의하려는 욕망은 지적 양식의 문제다.

Sternberg(1988)는 정신자치제(self-government)라는 개념을 토대로 지적 양식에 관한 이론을 내놓았다(유사한 양식이 다른 이론가들의 연구에서도 발견된다. 예, Kirton, 1976; Myers & McCaulley, 1985). 이 이론의 기본 아이디어는 사람이 자신을 다스림으로써 자신의 지적인 과정을 사용한다는 것이다. 사람이 자신의 사고를 다스릴 때 사용하는 원리는 정부가 국가를 다스리는 원리와 유사하다.

정부의 하나의 측면은 목적을 갖고 있다는 것이다. 역사적으로 정부는 입법, 행정, 사법이라는 세 가지 각기 다른 기능을 수행한다. Sternberg(1988)는 이 세 가지 기능이 정신적인 차원에서도 필요하다고 주장하였다.

입법적 기능(legislative function)은 창조하고 공식화하고 계획하는 것이다. 입법적 양식을 가진 사람은 자신의 규칙을 만드는 것을 선호하고 체계화되기 이전의 일에 이끌리는 경향이 있다. 입법적 양식의 학생은 창의적인 논문 작성이나 프로젝트 설계처럼 건설적인 계획이 필요한 과제와 구조적으

창의성과 영재성

로 느슨한 일을 좋아한다.

행정적 기능(executive function)은 입법적 기능이 만든 계획을 실행한다. 행정적 양식을 갖고 있는 사람은 규칙에 따르는 것과 계획의 실행에 가장 적합하고 확실한 방법을 알아내는 것을 좋아한다. 이들은 주어진 구조를 가지고 문제를 해결하고 작업하는 것을 선호한다. 행정적 양식을 가진 학생은 교사가 엄격하게 가르치고, 논의를 지시하는 위계 질서가 잡힌 전통적인 교실에 잘 어울린다. 이들은 정해진 규칙이 분명하고 구조적으로 잘 짜여 있을 때 일을 가장 잘한다.

사법적 기능(judicial function)은 판단하고 분석하고 비판하는 것이다. 사법적 양식을 갖고 있는 사람은 규칙과 절차를 평가하고 기존의 구조를 심판하고 사람의 행동을 조사하는 일을 좋아한다. 사법적 속성을 가진 학생은 자신의 의견을 내놓고 다른 사람의 의견을 평가하는 일을 즐기며, 문헌을 검토하고 사건과 상황을 분석하며 반론을 제기하는 일을 즐긴다.

우리는 창의적 영재들이 사법 양식을 선호할 가능성이 높다고 주장한다. 물론 어느 누구도 하나의 양식만을 따르거나 배타적으로 한 양식만 갖고 있지는 않을 것이며, 사람이 갖고 있는 양식은 어느 정도 상황에 따라 결정되는 것이다. 더욱이 사법적 양식은 그 자체만으로 창의성을 보장해 주지 않는다. 창의성을 위해서는 여기에서 논의하고 있는 요소들이 융합(confluence)되어야 한다. 그래도 우리는 여전히 창의적 영재들이 직장이나 학교에서 자신들이 선호하는 사법적 양식을 사용할 수 있는 상황―새로운 방식으로 사물을 바라보는 것과 새로운 문제를 공식화하고 해결책을 찾는 일―을 찾아다니는 경향이 있다고 제안한다.

지적 양식 이론은 정보처리의 전체적 양상과 지엽적 양상을 연방정부와 지방정부에 비유한다. 어느 누구라도 프로젝트의 상세한 수준에서 어느 정도 창의적일 수 있지만, 실질적인 창의적 영재성은 적어도 어느 정도 전체적 수준에서의 정보처리에 대한 욕망, 즉 추상적으로 사고하고 응용하고 일반화하는 것을 요구한다. 이러한 욕망이 없다면 나무만 보고 숲을 보지 못하는

격이 된다. 커다란 쟁점을 다룰 때는 우유부단할 수도 있다. 그러므로 날마다 발생하는 구체적인 일상을 토대로 하는 통합적 사고는 현실과 접촉하는 가운데 큰 아이디어를 유지하는 것이 필수적이다.

우리는 창의적 영재들이 사법적 기능과 통합적 사고를 선호한다고 생각하지만, 많은 영재 프로그램과 학교에서 이런 능력이 배양되는 것은 아니다. 이와 반대로 대부분의 학교에서 교사는 학생이 해야 할 것들을 세분하고 학생이 그런 일을 할 것으로 기대한다. 그러므로 행정적 양식을 가진 학생이 보상을 받겠지만 입법적 양식의 학생은 그렇지 못할 것이다. 더욱이 대부분의 과제들은 분명히 통합적이라기보다 지엽적인 경향이 있다. 속진을 강조하는 영재교육 프로그램(Stanley & Benbow, 1986 참조)도 정규 학교 교육과정과 다르지 않고 단지 진도만 빨리 나갈 뿐이다. 그러므로 영재교육 프로그램도 입법적-통합적으로 생각하는 사람보다는 행정적-지엽적으로 생각하는 사람에게 혜택을 주는 것이다.

Renzulli(1977) 삼부심화학습모형을 사용할지라도 심화 프로그램은 입법적, 통합적 표현을 촉진한다. 이 모형에서 교사는 가장 앞선 수준에 도달한 학생에게 최소한의 감독만을 받으며 자신의 프로젝트를 설계하고 적용하도록 허락한다. 아직도 우리의 경험에 따르면 영재 수업은 종종 창의적이며 노력하는 학생을 위한 색다른 교육과정이라기보다 정규 교육과정을 영재 교육과정으로 각색한 것일 가능성이 높다.

특히 학교뿐만 아니라 학교에서 사용하는 표준화된 검사도 행정적·지엽적 양식을 선호하는 경향이 있다. 학생은 구조화된 문제를 받고 문제를 만든 사람이 부과한 구조에 맞는 방식으로 답해야 한다. 물론 문제는 통합적 수준보다는 지엽적 수준을 다루는 경향이 있다. 그러므로 학교교육과 표준화된 검사는 같은 유형의 학생을 영재로 선발하고 강화할 것이다. 그러나 이러한 사람이 반드시 창의적 영재교육의 혜택을 받고 나중에 사회에 큰 기여를 할 사람이라고 말할 수는 없다.

우리는 행정적·지엽적 혹은 어떠한 다른 양식도 반대하지 않는다. 그리

창의성과 영재성

고 사고양식을 마음의 질과 혼동하지 않는 것이 특히 중요하다. 행정적 · 지엽적 사고양식은 이미 학교에서 많이 강화되었으며 결과적으로 이런 교육을 통해 장기적으로 더 큰 창의성을 만들어 낼 수 있는 사고양식이 차단될 것이다.

성 격

그동안 창의적 영재들의 성격에 관한 다양한 연구가 이루어졌고 성격적 요인이 창의적 업적과 상관이 있다는 많은 연구가 보고되었다(Barron & Harrington, 1981; Dellas & Gaier, 1970). 우리는 창의적 영재성이 드러나기 위해서는 성격적 요인이 인지적 기능만큼 중요한 역할을 한다고 확신한다.

많은 연구자가 창의적 영재성에서 중요하다고 동의하는 첫 번째 성격적 요인은 모호함에 대한 참을성이다(Golann, 1963). 많은 경우에 문제에 대한 정확한 해결책이나 새로운 해결책을 찾기 위해 생각할 시간이 필요하다. 종종 해결책은 모호하고 결과적으로 문제가 완전히 해결되는 데는 일정 기간 동안 생각에 잠겨 있어야 한다(Kaplan & Davidson, 1988). 생각하는 동안은 정서적으로 불편한 상태일 것이다. 생각하고 있지만 아이디어가 떠오르지 않을 수도 있고, 틀릴 수도 있다. 혹은 아이디어가 떠올랐다 할지라도 너무 늦게 떠오를지도 모른다고 걱정해야 한다. 결과적으로 생각하는 사람은 해결책을 내놓아야 하고, 잘 끝마쳐야 한다는 압력을 받을 것이다. 그러나 일찍 떠오른 해결책은 종종 적절한 답이라기보다 미봉책일 수 있다(Simon, 1957). 이런 미봉책이 문제의 조건을 충분히 만족시키는 해결책일 수 있지만 좋은 해결책은 아닐 수도 있다.

그러므로 최선의 해결책을 내놓으려면 모호함에 대한 참을성이 필수적이다. 이 사실은 맨 처음에 충동적으로 떠오른 아이디어를 반드시 따를 필요가 없다고 생각하고 아동이 이를 받아들이지 않는 것을 의미한다. 그림을 그리거나 독후감을 쓰거나 과학 프로젝트를 구상할 때 맨 처음 떠오른 아이디어는 최선의 것이 아닐 수 있다. 아동은 자신이 할 수 있는 것 중에서 최선의 아이디어를 발견할 때까지 기다리고 생각하고 다시 생각하는 것을 배워야 한다. 교사는 브레인스토밍을 유도하거나 아동의 자유로운 선택을 허락하고 좋은 선택을 할 수 있도록 시간을 줌으로써 이 과정을 촉진시켜야 한다.

창의적 영재성과 관련이 있는 두 번째 성격적 요인은 적절한 모험을 감수하는 것이다(McClelland, 1956). 이 점은 창의성을 투자의 관점에서 바라보는 이 논문에서 강조하는 사항이다. 창의적 작업을 하는 동안에는 잠재적인 이득(내적 · 외적 보상)과 손실(시간, 열정, 비난)이 발생하며 결과는 불확실하다. 그러나 아동들이 과제에 특이한 방법으로 접근할 때의 위험을 항상 받아들이는 것은 아니다. 실제로 Phillips(1984)는 영재아동, 특히 여자아이가 모험을 싫어한다는 사실을 발견하였다.

Clifford(1988)는 233명의 4, 5, 6학년 아동에게 다양한 학년에 적합한 문제를 제공하고 학업적인 측면에서의 모험심을 연구하였다. 학생은 나이가 증가할수록 쉬운 문제를 선택하는 경향이 있었다. 4학년 아동들은 자신의 능력보다 6~8개월 정도 아래 단계의 문제를 선택하였다. 5학년 아동들은 4학년에게 적합한 문제를 선택하였고 6학년 아동들은 자신의 수준보다 1.5학년 아래의 문제를 선택하였다. 자기보고식 질문지에서도 학생의 실패에 대한 관용성은 연령이 증가할수록 감소하는 것으로 나타났다.

실제로 오늘날의 교육 체계는 좋은 학점을 지나치게 강조하여 대부분의 학생이 낮은 학점을 받을 가능성이 있는 지적인 기회를 두려워하는데 이는 놀랄 만한 일이 아니다. 학점이 의사결정에 이용되기 때문에 학생은 쉬운 것일지라도 학점에 실패하는 것을 피하려 한다. 어쨌든 신기함을 추구하는 것이 두려운 아동은 스스로 잠재적인 성공의 기회를 차단할 것이다.

창의적 영재성과 관련이 있는 세 번째 성격적 요인은 장애물을 극복하고 인내하는 의지력이다. 창의적 여성과 남성의 자서전에는 때로 막다른 골목에 다다른 것처럼 장애물을 만나는 상황이 항상 등장한다(Brown, 1988;

Ghiselin, 1952). 예를 들어, 플라스틱 탄산 음료수 병을 발명한 너새니얼 와이어스(Nathaniel Wyeth)는 수개월 동안 매일 아침 원점으로 다시 돌아갔으며, 자신의 실수를 새로운 아이디어를 위한 지렛대로 사용했다고 기술하였다. 그는 "내가 만일 이러한 실수를 이용하지 않았다면 나는 어떠한 것도 발명하지 못했을 것이다."(Brown, 1988, p. 368)라고 말했다.

벽을 허물고 기존의 관점에 도전하면 장애물이 나타난다. 그러나 비난에 직면했을 때, 그것을 무시할 수 있는 것은 특히 부모나 교사의 비난을 받는 아동에게는 어려운 일이다. 물론 표준화된 검사는 자신이 선호하는 대로 반응할 기회조차 주지 않는다. 응답한 내용이 검사를 만든 사람의 생각과 다르다면 응답자는 점수를 잃게 된다. 창의적인 사람은 결국 도처에 돌부리가 많은 길을 걸어가야만 한다.

네 번째 창의성과 관련된 성격적 요인은 성장하려는 의지력이다. 성인과 아동은 창의적인 아이디어로 종종 상을 받는다. 그러나 상을 받을 정도로 인정을 받으려면 오랜 시간이 걸린다. 이들이 일단 보상을 받으면 다음의 자연스런 과정은 창의성이 식어 버리는 것이다. 한 번 쟁취한 지위를 잃어버리는 위험을 왜 감수해야 할까? 이보다 나쁜 것일 수 있는 다음 아이디어를 내놓는 위험을 왜 감수해야 할까? 그래서 이들은 지적으로 정체되고 그 자리에 만족하기 쉽다. 이것이 창의적인 많은 사람의 업적이 단 한 가지의 독특한 아이디어로 구성되어 있는 이유다. 외적 보상보다는 자신의 만족을 위해 창의성을 중시하는 사람은 아이디어가 얼마나 좋은가에 상관없이 단 하나의 창의적 아이디어에 만족하지 않을 것이다. 이들은 기꺼이 성장하려고 한다. 필요하다면 과거의 아이디어가 불완전하고 잘못된 것임을 인정할 것이다. 계속 성공하기 위해서는 새로운 문제로 이동하고 새로운 경험을 받아들일 수 있을 정도로 용감해야 한다(McCrae, 1987).

마지막으로 창의적 영재에게는 어느 정도의 자아존중감이 필요하다(Feldhusen, 1986; Hennessey & Amabile, 1988). 이들은 자신과 자신의 아이디어를 신뢰해야 한다. 이런 믿음은 자신의 아이디어가 절대적으로 정확하고 수정 불가하다고 생각하는 것과는 다르다. 이들에게는 자신의 아이디어를 발표해 볼 가치가 있다고 확신할 정도의 충분한 독립심이 필요하다. 비난에 직면하여 때로는 이를 비켜 가기 위해서는 자존심을 버려야 한다.

요약하면, 우리는 창의성에 발현되는 데 필수적인 성격적 요인이 있다고 제안한다. 어떤 사람은 모든 인지적 요건을 갖추고 있지만 위험을 감수하려 하지 않거나 낮은 자아존중감 때문에 창의적으로 수행하지 못하기도 한다. 교육자들은 아동이 위험을 선택하고 교사에게 도전하고 질책 없이 생각해 볼 시간을 가질 수 있는 환경을 창조해야 한다. 성격 특성은 변화가 불가능한 것이 아니다. 오히려 교육자들은 다양한 성격 특성을 길러 주는 환경을 만들어 주어야 한다.

동 기

금융시장에서는 돈이 세상을 돌아가게 만든다. 그러나 돈이란 종종 사람이 창의적인 영재성으로부터 멀어지게 만드는 몇 가지 외적 동기 중 하나다. 우리의 관점에서 동기의 결정적 측면은 과제에 초점이 맞추어진 동기와 목표에 초점이 맞추어진 동기를 구분하는 것이다. Renzulli(1986)와 같은 여러 이론가들은 영재성의 일부분으로 과제집착력을 강조하였다. 창의적 영재성과 연관 지어 동기를 바라보는 우리의 관점은 이와 같은 선행연구를 토대로 한 것이다.

과제에 초점을 맞춘 동기는 과제에 주의를 집중하고 일을 하게 만드는 목표, 추동, 혹은 에너지원이다. 이와 대조적으로 목표에 초점을 맞춘 동기는 목표에 도달하는 수단으로써 과제를 바라보게 만든다. 돈일 수도 있고 인정일 수도 있으며 말로 설명하기 어려운 보상일 수도 있는 목표에 대한 관심은 과제가 완수되기 전까지 유지된다. 창의적 영재들은 과제에 초점을 맞추는 경향이 있다.

몇 가지 구체적인 동기들은 종종 과제에 초점을 맞춘 것들이다. 이런 동기에는 탁월해지려는 동기(McClelland, Atkinson, Clark, & Lowell, 1953; Spence & Helmreich, 1983), 자신의 잠재력을 실현하려는 동기(Rogers, 1954), 지적 신기함(intellectual novelty)에 대한 욕망을 충족시키려는 동기(Berg & Sternberg, 1985)가 포함된다. 어떤 주제에 대한 일반적인 즐거움이나 개인의 흥미에서 시작된 내적 동기도 과제에 초점을 맞추는 경향이 있다. 아동과 성인을 대상으로 한 여러 연구에서는 내적 동기와 창의적 수행 간의 정적 상관관계가 발견되었다(Amabile, 1983; Mackinnon, 1962). 그러나 Crutchfield(1962)는 자기표현의 욕망과 같은 내적 동기들은 동기가 지나치게 또렷하고, 지나치게 의식적으로 노력하게 되고, 우리의 용어로 말해서 지나치게 목표에 치중한다면 창의성에 해로울 수 있다고 지적하였다.

학교에서의 동기는 목표에 초점을 맞추는 경향이 있다. 학점, 교사의 칭찬, 부모를 기쁘게 하고 싶은 욕망, 유능해지거나 다른 동료보다 앞서 가려는 욕망은 종종 과제와 목표를 별개의 것으로 구분 짓는다. 명성, 돈, 인정, 학점에 초점을 맞추면 과제에 초점을 맞추는 것이 어려워진다. 학생이 장대 끝에 매달려 있는 당근에만 관심을 기울인다면 창의성은 고통스러운 것이 된다.

외적 동기는 본질적으로 창의성과 상반된 것은 아니다. DNA의 이중나선을 발견한 Crick와 Watson의 사례는 외적 보상이 과제에 초점을 맞추도록 유도한 것이다. 이것은 적어도 세 가지 상황에서 발생할 수 있다. 첫째, 외적 보상이 과제로부터 주의를 멀어지게 만드는 동기가 되면 안 된다. 둘째, 이미 적절한 수준에서 과제에 초점을 맞추었다면 목표에 초점을 맞춘 동기도 도움이 될 것이다(Hennessey, Amabile, & Martinage, 1989). 셋째, 아이디어를 구체화하는 데 종종 지루한 과정이 뒤따르듯이 나중에 창의적 작업이 필요한 과제에서는 목표에 초점을 맞춘 동기가 도움이 된다(Amabile, 1988).

그 밖에도 성격처럼 동기도 시간에 따라 변화할 수 있음을 지적한다. 아동을 가르치는 교사가 훌륭하다면 아동은 지루해지기 전에 무엇인가에 흥미를 느낄 것이다. 훌륭한 업적을 남긴 많은 영재들에 따르면, 그 분야가 얼마나 흥미로운 분야인지 그들에게 처음으로 알려 준 한 명 이상의 멘터가 있었다고 한다. 학점을 강조하는 학교는 아동의 과제중심 동기를 목표중심 동기로 바꾸어 놓을 것이다.

요약하면, 창의적 영재성에는 인지적·정서적 측면뿐만 아니라 행동적 측면이 있다. 시험에서 높은 점수를 받기 위해서라면 과제에 초점을 맞춘 동기가 불필요하다. 학교에서의 좋은 학점도 마찬가지다. 오늘날의 영재 판별 방법 때문에 목표에 초점을 맞춘 학생에게 영재라는 이름을 붙일 수 있다. 그러나 현재의 학업적 성공이 미래의 창의적 영재에게 반드시 필요한 것은 아니다.

환경 상황

투자 세계에서 경제적 분위기가 중요한 것은 잘 알려진 사실이다. 활황 혹은 침체 국면을 맞이한 증시의 흐름, 인플레이션 비율, 세계적 사건은 투자자들의 선택에 도움을 준다. 창의적 영재성도 사람과 사람을 둘러싼 환경이 상호작용하는 가운데 출현한다(Csikszentmihalyi & Robinson, 1986; Feldman, 1986; Gruber, 1986). 어떤 환경에서 영재로 떠오른 사람이 다른 환경에서는 매우 평범한 사람이 될 수도 있다. 우리는 환경이 세 가지 방식으로 영재성에 영향을 준다고 생각한다.

첫째, 환경은 창의성에 불을 붙여 줄 수 있다. 종종 창의적인 사람은 가정 환경 속에서 자극을 받으며 성장한다(Ochse, 1990). 이들은 가정에서 책과 잡지들을 접하며 살았거나, 집에서 할 수 있는 다양한 취미를 갖고 있다(Simonton, 1988). 미국의 가장 창의적인 건축가 중 한 사람인 프랭크 로이드 라이트(Frank Lloyd Wright)는 어린 시절에 어머니가 사 준 프뢰벨의 기하학적 블록 세트들을 가지고 놀면서 기하학과 미학의 원리를 접할 수 있었다고 하였다(Clements, 1981).

교실이 창의성에 불을 붙여 주는 경우도 있다. 이런 곳에서 아이디어가 번쩍이고 하나의 아이디어는 다른 아이디어로 이어진다. 애석하게도 이런 교실은 일반적인 교실이라기보다 예외적인 곳이다. 영재 수업을 포함한 대부분의 교실에서는 무미건조한 개별적인 사실들을 주입식으로 설명하고, 이런 수업은 학생에게는 중요하게 다가오지 않을 것이다. 그 결과, 학생은 교육이란 궁극적으로 잊혀지게 마련인 사실들을 축적하는 것이라고 생각할 것이다. 그다음에는 사실들을 더 빨리 배우고 더 잘 기억하는 사람이 영재라고 생각할 것이다. 이런 차원에서 오늘날의 카세트, 비디오테이프, 플로피 디스크의 토대가 된 자성물질 코팅법을 개발한 마빈 캠레즈(Marvin Camras)는 다음과 같이 말하였다. "당신이 교육을 받으면 받을수록 당신은 발명으로부터 점점 더 멀어지는 것을 배울 것이다."(Brown, 1988, p. 79)

환경의 두 번째 중요한 측면은 창의적 아이디어에 대한 보상 체계다. 창의성 때문에 학생은 칭찬을 받기도 하지만 그만큼 야단을 맞기도 한다. 그 이유는 교사의 수업 진행에 방해가 되기 때문이다. Denno(1977)는 초등학교 수준에서의 '동조 주기'를 언급하였다. 초등학교 교사는 종종 동조적이고 도덕적이며 학생의 동조성에 보상할 것이다. Dettmer(1981)의 연구에 따르면, 자신들의 개인적 양식과 기호를 자각할 수 있는 교사가 학생의 창의적 행동에 좀 더 수용적이라고 하였다. 영재에 관한 교육을 받는 87명의 교사와 교육자 중 한 집단은 6시간 동안 성격과 학습방식에 대한 교육을 받았고, 또 한 집단은 현장에서 영재교육 프로그램을 실습하였으며, 통제집단인 또 다른 집단은 예외적인 학생에 대한 일반적인 교육만 받았다. 교사가 학생의 창의적인 특성을 평가하는 검사도구인 Torrance의 이상적인 아동 체크리스트(Torrance's Ideal Child Checklist)를, 처치 전과 후에 교사들에게 배부하고 완성하게 하였다. 자신의 성격유형 및 다른 성격유형에 대해 교육받은 집단은 현장실습을 한 집단보다 이상적인 아동 체크리스트에서 더 높은 점수가 나왔다. 현장실습을 한 집단은 이 검사에서 점수가 약간 증가하였으나 통제집단은 약간 감소하였다.

마지막으로 환경은 창의적 결과물을 평가한다(Csikszentmihalyi & Robinson, 1986; Reis & Renzulli, 1991). 어떤 곳에서 창의적인 것으로 판명된 아이디어가 다른 곳에서는 평범한 것으로 보일 수도 있다. 결과적으로 영재들은 가능한 한 자신의 영재성이 보상을 받는 환경을 선택할 것이다. 창의적 영재 아동이 속진을 강조하는 교실에서 반드시 빛을 발하는 것은 아니다. 이러한 아동은 더 총명한 아동들이 많은 정규학급에서 우수하지 않을 수도 있다. 이런 아동에게는 완전히 자유로운 사고를 시험할 수 있는 공간이 필요하다.

요약하면, 창의적 아이디어를 자극하고, 학생이 창의적 아이디어를 표현했을 때 이것을 격려하고, 창의적 행동이 광범위하게 보상을 받는 환경을 교육자들이 제공해야 한다. 이러한 환경을 조성하는 일은 종종 어려울 수 있다. 그 이유는 이런 환경은 현재의 대부분의 교실과는 달라야 하기 때문이다. 그러나 이런 환경이 없다면 교사는 계속해서 똑똑하지만 특별히 창의적이지 않은 아동들만 길러 낼 것이다. 더욱이 교육자들은 계속해서 창의성을 그다지 중요하지 않게 여기는 기술을 근거로 영재학생을 선발할 것이다.

자원 간 상호작용

우리가 사용한 모형은 엄격한 덧셈 모형도 아니고 복수하한선(multiple-threshold)을 사용하는 모형도 아니며 자원 간의 상호작용을 고려한다(Sternberg & Lubart, 1991 참조). 엄격한 덧셈 모형(strictly additive model)은 일련의 측정치의 점수(아마도 가중치를 부여하여)를 더하는 것이다. 만일 점수의 합이 충분히 높으면, 그 사람에게 영재라는 명칭을 부여할 것이다. 복수하한선을 사용하는 모형을 사용하여 영재를 판명하려면 다양한 측정치(예, Renzulli의 1986년 모형에서 능력, 동기, 창의성)에서 특정 수준 이상의 점

창의성과 영재성

수를 받아야 한다. 이 모형은 어느 한 점수라도 정해진 기준 이하를 받으면 그 사람을 제외시킨다.

투자이론에서 여섯 개의 자원은 상호작용적으로 창의적 수행력에 영향을 준다. 예컨대, 높은 지적 수준은 창의성에 유리한 입법적 양식과 상호작용한다. 이것은 자원을 더하기한 효과를 능가한다. 또 다른 복잡한 상호작용에는 (a) 지적 과정과 지식의 상호작용, (b) 인내력, 과제집착 동기와 같은 동기와 성격의 상호작용이 포함된다. 자원의 상호작용 여부는 창의적 작업의 영역에 달려 있다. 창의적 영재성은 우리의 관점에 따르면 여러 자원이 상호작용하여 창의성을 산출하기 때문에 매우 드물게 나타난다.

창의적 영재성과 영역 특수성

창의적 영재성은 거의 대부분의 영역에서 나타나지만 각 개인은 하나 혹은 몇 개의 관련 영역에서만 창의성을 발휘하는 경향이 있다. 여러 연구에서 이런 경향성을 발견하였다. 예를 들어, Runco(1987)는 5~8학년 228명의 7가지 영역(예, 작문, 미술, 음악, 과학, 예술 공연)에 걸친 수행력을 검토하고 그 중에서 가장 창의적인 것을 찾아보았다. 두 명의 평점자가 각 수행의 창의적 수준을 평가하였다. 학생은 어느 정도 특정 영역에서만 창의성을 보였다(영역 간의 평균 상관은 .19였다). 다른 연구에서 Gray(1966)는 창의성 면에서 두드러진 2,400명의 명단을 확보하고 이들의 업적을 분석하였다. 그 결과, 이들 중 17%($n=411$)만이 두 가지 이상의 영역에서 지속적인 작품을 내놓았고 전체 표본의 2% 미만($n=44$)이 별개의 영역(예, 그림과 글)에서 창의적인 작품을 내놓았다.

이러한 영역 특수성은 투자이론을 통해서도 설명될 수 있다. 몇몇 자원들은 특정 영역에서만 필요한 것이다. 예를 들어, 사람은 종종 어느 한 영역에서 더 많은 지식을 습득하고 더 많은 동기를 갖고 있다. 그리고 위험을 감수하는 것과 같은 성격 특성도 영역에 따라 다르다(Jackson, Hourany, & Vidmar, 1972). 마지막으로 사회 환경은 특정 영역에서의 수행을 일찍부터 보상해 주고 그 영역의 수행력이 더욱 발전하도록 정적 피드백을 제공하는 역할을 한다.

결 론

창의적 영재성에 대한 우리의 이론은 네 가지 특징(반드시 우리 연구만의 고유한 특징은 아닐지라도)을 갖고 있다. 첫째, 우리는 창의성을 투자에 비유해 보았다. 둘째, 우리는 총체적인 영재성의 일부분으로 지적 양식, 성격, 동기를 포함시킴으로써 인지적 측면을 넘어섰다. 셋째, 아동에게 영재라고 명명하는 것은 아동에게만 달려 있는 것이 아니라 아동이 발달하고 평가를 받고 있는 환경이 더 중요한 역할을 한다고 제안함으로써 개인을 넘어섰다. 넷째, 창의적 영재성은 우리의 모형에서 제안한 여섯 가지 자원이 상호작용하여 산출된다. 일반적으로 영재성, 특히 창의적 영재성에 대한 여러 가지 이론이 있지만, 우리의 이론이 다른 이론들과 차이가 있다고 확신한다(Feldhusen & Hoover, 1986; Feldman, 1986; Renzulli, 1986; Tannenbaum, 1986 참조). 우리는 창의적 영재성을 이해하는 데 투자이론이 네 가지 면에서 도움이 되기를, 그리고 이 네 가지를 단일 모형으로 통합하여 창의적 영재성을 이해할 수 있기를 희망한다.

결론을 위해 우리는 증시에서 낮은 가격에 사서 비쌀 때 파는 성공적인 투자자의 예로 다시 돌아가겠다. 사회는 공격적으로 투자해야 한다. 교육은 모든 아동, 특히 영재의 창의적 행동과 사고를 격려함으로써 낮은 가격에 사야 한다. 그런 다음에야 사회는 강력한 행동과 아이디어를 가지고 변화와 개혁을 준비해야 하는 세계 속으로 이들을 내보내 높은 가격에 팔 수 있다.

📝 참고문헌

Amabile, T. M. (1983). *The social psychology of creativity.* New York: Springer.

Amabile, T. M. (1988). A model of creativity and innovation in organizations. *Research in Organizational Behavior, 10,* 123-167.

Barron, F. (1969). *Creative person and creative process.* New York: Holt, Rinehart, & Winston.

Barron, F., & Harrington, D. (1981). Creativity, intelligence, and personality. In M. R. Rosenzweig & L. W. Porter (Eds.), *Annual Review of Psychology* (Vol. 32, pp. 439-476). Palo Alto, CA: Annual Reviews.

Berg, C. A., & Sternberg, R. J. (1985). Response to novelty: Continuity versus discontinuity in the developmental course of intelligence. In H. Reese (Ed.), *Advances in child development and behavior* (Vol. 19, pp. 2-47). New York: Academic Press.

Bloom, B. S., & Sosniak, L. A. (1981). Talent development vs. schooling. *Educational Leadership, 38,* 86-94.

Brown, K. A. (1988). *Inventors at work: Interviews with 16 notable American inventors.* Redmond, WA; Microsoft Press.

Brown, R. T. (1989). Creativity: What are we to measure? In J. A. Glover, R. R. Ronning, & C. R. Reynolds (Eds.), *Handbook of creativity,* (pp. 3-32). New York: Plenum.

Clements, R. D. (1981). Modern architecture's debt to creativity education: A case study. *Gifted Child Quarterly, 25,* 119-122.

Clifford, M. M. (1988). Failure tolerance and academic risktaking in ten-to twelve year old students. *British Journal of Educational Psychology, 58*(1), 15-27.

Crutchfield, R. (1962). Conformity and creative thinking, In H. Gruber, G. Terrell, & M. Wertheimer (Eds.), *Contemporary approaches to creative thinking* (pp. 120-140). New York: Atherton.

Csikszentmihalyi, M., & Robinson, R. E. (1986). Culture, time, and the development of talent. In R. J. Sternberg & J. E. Davidson (Eds.), *Conceptions of giftedness* (pp. 264-284). New York: Cambridge University Press.

Davidson, J. E. (1986). The role of insight in giftedness. In R. J. Sternberg & J. E. Davidson (Eds.), *Conceptions of giftedness* (pp, 201-222). New York: Cambridge University Press.

Davidson, J. E., & Sternberg, R. J. (1984). The role of insight in intellectual giftedness. *Gifted Child Quarterly, 28*, 58-64.

Dellas, M., & Gaier, E. L. (1970). Identification of creativity: The individual. *Psychological Bulletin, 73*, 55-73.

Denno, D. (1977). The elementary school teacher: Conformity and maladjustment in a prefabricated role. *Adolescence, 12*, 246-259.

Dettmer, P. (1981). Improving teacher attitudes toward characteristics of the creatively gifted. *Gifted Child Quarterly, 25*, 11-16.

Dreman, D. (1982). *The new contrarian investment strategy.* New York: Random house.

Einstein, A., & Infeld, L. (1938). *The evolution of physics.* New York: Simon & Schuster.

Feldhusen, J. F. (1986). A conception of giftedness. In R. J. Sternberg & J. E. Davidson (Eds.), *Conceptions of giftedness* (pp. 112-127). New York: Cambridge University Press.

Feldhusen, J. F., & Hoover, S. M. (1986). A conception of giftedness: Intelligence, self-concept and motivation. *Roeper Review, 8*(3), 140-143.

Feldman, D. H. (1986). Giftedness as a developmentalist sees it. In R. J. Sternberg & J. E. Davidson (Eds.), *Conceptions of giftedness* (pp. 285-305). New York: Cambridge University Press.

Finke, R. (1990). *Creative imagery: Discoveries and inventions in visualization.* Hillsdale, NJ: Lawrence Erlbaum.

Getzels, J., & Csikszentmihalyi, M. (1976). *The creative vision: A longitudinal study of problem finding in art.* New York: Wiley-Interscience.

Ghiselin, B. (1952). *The creative process.* Berkeley, CA; University of California Press.

Golann, S. E. (1963). Psychological study at creativity. *Psychological Bulletin,*

60, 548-565.

Gray, C. E. (1966). A measurement of creativity in western civilization. *American Anthropologist, 68,* 1384-1417.

Greissman, B. E. (1988). *The achievement factors.* New York: Dodd, Mead, & Company.

Gruber, H. E. (1986). The self-construction of the extraordinary. In R. J. Sternberg & J. E. Davidson (Eds.), *Conceptions of giftedness* (pp. 247-263). New York: Cambridge University Press.

Guilford, J. P. (1967). *The nature of human intelligence.* New York: McGraw-Hill.

Hayes, J. R. (1989). Cognitive processes in creativity. In J. A. Glover, R. R. Ronning, & C. R. Reynolds, (Eds.), *Handbook of creativity* (pp. 135-146). New York: Plenum.

Hennessey, B. A., & Amabile, T. M. (1988). The role of the environment in creativity. In R. J. Sternberg (Ed.), *The nature of creativity* (pp. 11-38). New York: Cambridge University Press.

Hennessey, B. A., Amabile, T. M., & Martinage, M. (1989). Immunizing children against the negative effects of reward. *Contemporary Educational Psychology, 14,* 212-227.

Jackson, D. N., Hourany, L., & Vidmar, N. J. (1972). A four-dimensional interpretation of risk taking. *Journal of Personality, 40,* 483-501.

Kaplan, C. A., & Davidson, J. E. (1988). Incubation effects in problem solving. Manuscript submitted for publication.

Kirton, M. J. (1976). Adaptors and innovators: A description and measure. *Journal of Applied Psychology, 61,* 622-629.

Koestler, A. (1964). *The act of creation.* New York: Dell.

Kogan, N. (1973). Creativity and cognitive style: A life-span perspective. In P. B. Baltes, & K. W. Schaie (Eds.), *Life-span developmental psychology: Personality and socialization* (pp. 145-178). New York: Academic Press.

Kotovsky, K., Hayes, J. R., & Simon, H. A. (1985). Why are some problems hard? Evidence from Tower of Hanoi. *Cognitive Psychology, 17,* 248-294.

MacKinnon, D. W. (1962). The nature and nurture of creative talent. *American*

Psychologist, 17, 484-495.

McClelland, D. c. (1956). The calculated risk: An aspect of scientific performance. In C. W. Taylor (Ed.), *The 1955 University of Utah research conference on the identification of creative scientific talent* (pp. 96-110). Salt Lake City, UT: University of Utah Press.

McClelland, D. C., Atkinson, J. W., Clark, R. W., & Lowell, E. L. (1953). *The achievement motive.* New York: Appleton-Century-Crofts.

McCrae, R. R. (1987). Creativity, divergent thinking, and openness to experience. *Journal of Personality and Social Psychology, 52,* 1258-1265.

Mednick, S. A. (1962). The associative basis of the creative process. *Psychological Review, 69,* 220-232.

Myers, I. B., & McCaulley, M. H. (1985). *Manual: A guide to use of the Myers-Briggs Type Indicator.* Palo Alto, CA: Consulting Psychologists Press.

Nicholls, J. G. (1983). Conceptions of ability and achievement motivation: A theory and its implications for education. In S. G. Paris, G. M. Olsen, & H. W. Stevenson (Eds.), *Learning and motivation in the classroom* (pp. 211-238). Hillsdale, NJ: Lawrence Erlbaum.

Ochse, R. (1990). *Before the gates of excellence: Determinants of creative genius.* New York: Cambridge University Press.

Osborn, A. F. (1963). *Applied imagination* (3rd ed.). New York: Scribners.

Phillips, D. A. (1984). The illusion of incompetence among academically competent children. *Child Development, 55,* 2000-2016.

Reis, S. M., & Renzulli, J. S. (1991). The assessment of creative products in programs for gifted and talented students. *Gifted Child Quarterly, 35,* 128-134.

Renzulli, J. S. (1977). *The enrichment triad model: A guide for developing defensible programs for the gifted and talented.* Mansfield Center, CT: Creative Learning Press.

Renzulli, T. S. (1986). The three-ring conception of giftedness: A developmental model for creative productivity. In R. J. Sternberg & J. E. Davidson (Eds.), *Conceptions of giftedness* (p. 53-92). New York: Cambridge University Press.

Rogers, C. R. (1954). Toward a theory of creativity, *Etc. 11*, 249-260.

Rosenman, M. F. (1988). Serendipity and scientific discovery. *Journal of Creative Behavior, 22*, 132-138.

Rothenberg, A. (1979). *The emerging goddess.* Chicago, IL: University of Chicago Press.

Rubenson, D. L., & Runco, M. A. (in press). The psychoeconomic approach to creativity. *New Ideas in Psychology.*

Runco, M. A. (1987). The generality of creative performance on gifted and nongifted children. *Gifted Child Quarterly, 31*, 121-125.

Rutherford, F. J., Holton, B., & Watson, F. G. (1975). *Project Physics.* New York: Holt, Rinehart, & Winston.

Siegler, R. S., & Kotovsky, K. (1986). Two levels of giftedness: Shall ever the twain meet? In R. J. Sternberg & J. E. Davidson (Eds.), *Conceptions of giftedness* (pp. 417-436). New York: Cambridge University Press.

Simon, H. A. (1957). *Administrative behavior* (2nd ed.). Totowa, NJ: Littlefield, Adams.

Simonton, D. K. (1984). *Genius, creativity, and leadership.* Cambridge, MA: Harvard University Press.

Simonton, D. K. (1988). *Scientific genius: A psychology of science.* New York: Cambridge University Press.

Spence, J. T., & Helmreich, R. L. (1983). Achievement-related motives and behavior. In J. T. Spence (Ed.), *Achievement and achievement motives: Psychological and sociological approaches* (pp. 10-74). San Francisco: Freeman.

Stanley, J. C., & Benbow, C. P. (1986). Youths who reason exceptionally well mathematically. In R. J. Sternberg & J. E. Davidson (Eds.), *Conceptions of giftedness* (pp. 361-387). New York: Cambridge University Press.

Sternberg, R. J. (1985). *Beyond IQ: A triarchic theory of human intelligence.* New York: Cambridge University Press.

Sternberg, R. J. (1986). A triarchic theory of intellectual giftedness. In R. J. Sternberg & J. E. Davidson (Eds.), *Conceptions of giftedness* (pp. 223-243). New York: Cambridge University Press.

Sternberg, R. J. (1988). Mental self-government: A theory of intellectual styles and their development. *Human Development, 31*, 197-224.

Sternberg, R. J., & Davidson, J. E. (1982, June). The mind of the puzzler. *Psychology Today*, pp. 37-44.

Sternberg, R. J., & Davidson, J. E. (Eds.). (1986). *Conceptions of giftedness.* New York: Cambridge University Press.

Sternberg, R. J., & Frensch, P. A. (1989). A balance-level theory of intelligent thinking. *Zeitschrift für Pädagogische Psychologie [Journal of Educational Psychology]*, *3*, 79-86.

Sternberg, R. J., & Lubart, T. I. (1991). An investment theory of creativity and its development. *Human Development, 34*, 1-31.

Tannenbaum, A. J (1986). Giftedness: A psychosogical approach. In R. J. Sternberg & J. E. Davidson (Eds.), *Conceptions of giftedness* (pp. 21-52). New York: Cambridge University Press.

Terman, L. M., & Oden, M. H. (1959). Genetic studies of genius (Vol. 4): *The gifted group at midlife.* Stanford, CA: Stanford University Press.

Torrance, E. P. (1974). *Torrance tests of creative thinking.* Lexington. MA: Personnel Press.

Torrance, E. P. (1984). The role of creativity in identification of the gifted and talented. *Gifted Child Quarterly, 28*, 153-156.

Torrance, E. P. (1988). The nature of creativity as manifest in its testing. In R. J.Sternberg (Ed.), *The nature of creativity* (pp. 43-75). New York: Cambridge University Press.

Treffinger, D. J. (1980). The progress and peril of identifying creative talent among gifted and talented students. *Journal of Creative Behavior, 14*(1), 20-34.

Walberg, H. J. (1988). Creativity and talent as learning. In R. J. Sternberg (Ed.), *The nature of creativity* (pp. 340-361). New York: Cambridge University Press.

Wigdor, A. K., & Garner, W. R. (Eds.). (1982). *Ability testing: Uses, consequences, and controversies.* Washington, DC: National Academiy Press.

15

확산적 사고, 창의성 그리고 영재성[1]

Mark A. Runco(California State University, Fullerton)

창의성은 영재성의 중요한 측면이다. 그러나 창의성은 정의하기도 어렵고 측정하기도 어렵다. 잠재적인 창의적 사고력은 측정할 수 있는데, 이 측정을 위해 확산적 사고력 검사가 종종 사용되어 왔다. 과거 몇 년간 확산적 사고의 향상과 측정을 위한 기술은 극적으로 변화하였다. 이 논문은 확산적 사고에 대해 가장 최근에 이루어진 연구를 검토한 것이다. 느슨한 기준 혹은 엄격한 기준을 적용하여 채점하는 방법, 아이디어 은행을 이용하는 방법, 아이디어의 질적 측면을 평가하는 방법과 같은 몇몇 새로운 측정 기법을 검토하였다. 어느 정도 높은 예언타당도를 보고한 최근의 연구도 검토할 것이다. 확산적 사고과정에서 문제 정의와 문제 확인이 어떤 역할을 하는지, 그리고 평가와 가치 부여가 어떤 역할을 하는지 살펴볼 것이다. 특별히 이 논문 전반에 걸쳐 영재아동의 창의성에 대해 논의할 것이며, 결론 부분에서 영재아동의 확산적 사고에 관한 후속 연구를 위해 구체적인 방향을 제안할 것이다.

---

1) 편저자 주: Runco, M. A. (1993). Divergent thinking, creativity, and giftedness. *Gifted Child Quarterly, 37*(1), 16-22. ⓒ 1993 National Association for Gifted Children. 필자 승인 후 재인쇄.

확산적 사고, 창의성 그리고 영재성

은유, 과학적 투자, 창의성에 대한 최근의 논쟁에서 Runco(1991a), Stern-berg와 Lubart(1991)는 한 가지 사실에 의견이 일치하였다. 그동안 이어져 오던 확산적 사고에 관한 연구의 가치를 발견한 것이다. 이 점은 창의성을 연구해 온 많은 연구자들이 그동안 확산적 사고의 연구(예, Weisberg, 1986)에 대해 매우 비판적이었기 때문에 중요하다. 비판은 대체로 중간 정도밖에 안 되는 확산적 사고력 검사의 예언타당도와, 자연적 환경에서 발생하는 창의성과의 모호한 연관성에 관한 것이었다.

이러한 비판은 지금도 계속되고 있는 확산적 사고에 대한 연구에 매우 좋은 밑거름이 되었다. 예를 들면, 이러한 비판이 있었기에 추가 연구가 필요한 영역을 발견할 수 있었던 것이다. 또한 이런 비판을 통하여 창의적 과정에서 확산적 사고가 어떤 역할을 하는지 제대로 이해할 수 있게 되었다. 확산적 사고와 창의성은 같은 것이 아니며 확산적 사고력 검사의 타당도가 우리가 기대하는 것만큼 높은 것도 아니다. 사실 10, 15, 20년 전에 보고된 예언타당도는 매우 낮았다. 아직도 확산적 사고는 창의성의 중요한 요소이며 최근의 연구들은 매우 높은 예언타당도를 보고하였다(Okuda, Runco, & Berger, 1991; Sawyers & Canestaro, 1989). 지금부터 이런 연구들을 검토할 것이다.

확산적 사고를 중요하지 않은 것으로 간주하고 배척하던 이론가들은 최근에 나온 경험적인 연구를 무시하였다. 이런 사실은 그들의 연구를 검토해 보면 분명해진다. 이 연구들은 1980년대와 1990년대에 나온 경험적인 확산적 연구를 인용하지 않았다. 그뿐만 아니라 어떤 비평가는 확산적 사고로부터 너무 많은 것을 기대한다. 다시 말하지만, 확산적 사고는 창의성과 동의어가 아니다. 그러나 확산적 사고는 창의적 사고의 잠재적인 측면을 측정할 수 있는 좋은 대안이다. 확산적 사고에서 높은 점수를 받는 것은 자연스러운 상황에서의 탁월한 수행력을 보장하지는 않을지라도 누가 탁월할지 그 가능성을 예측해 준다. Hong과 Milgram(1991)이 설명하였듯이 확산적 사고는 창의적 능력보다는 독창적 사고를 예측해 준다.

확산적 사고와 영재아동

확산적 사고에 대한 연구는 영재아동에 대한 관심 때문에 특히 중요하다. 창의성은 영재성에 활기를 불어넣는 요소이며(Albert & Runco, 1986, 1989; Feldhusen & Treffinger, 1990; Renzulli, 1978; Runco & Okuda, 인쇄 중), 수년 동안 아동의 창의성은 확산적 사고력 검사로 측정되지 않은 그 이상의 것이었다. 확산적 사고는 학업적 성공에 중요한 역할을 하고(Feldhusen, Bahlke, & Treffinger, 1969), 정신건강과 연관이 있기 때문에 중요한 주제다(Runco, Ebersole, & Mraz, 1991; Schotte & Clum, 1987).

Runco(1991b, 1992a)는 확산적 사고에 관한 연구들을 검토하였다. 그러나 출판은 지체되었고 최근 들어 창의성에 관한 연구가 봇물처럼 쏟아지면서 그는 매우 중요한 연구들을 포함시키지 못했다. 이런 연유로 이 논문은 초기 연구를 개관한 자료의 부록편이라 할 수 있다. 느슨한 기준 혹은 엄격한 기준을 적용하여 채점하는 기법, 아이디어 은행(수검자가 내놓은 아이디어 전체)을 이용하는 기법, 아이디어의 질적 측면을 평가하는 기법을 포함하여 몇몇 새로운 측정 기법을 검토하였다. 어느 정도 높은 예언타당도를 보고한 최근의 연구도 검토할 것이다. 확산적 사고과정에서 문제 정의와 문제 확인이 어떤 역할을 하는지, 그리고 평가와 가치매김(valuation)이 어떤 역할을 하는지도 살펴볼 것이다. 이 논문이 의도하는 것은 포괄적 개관도 아니고 영재성에 중요한 역할을 하는 창의성에 관한 새로운 이론을 소개하기 위한 것도 아니다. 앞에서 언급했듯이 이 논문은 다른 논문을 보완하는 것이다(Runco, 1991b, 1992a 참조). 창의성과 영재성의 연관성은 Albert와 Runco(1986), Feldhusen과 Treffinger(1990), Milgram(1990), Renzulli(1978)의 논문에 상세히 논의되어 있다. 영재아동의 창의성을 위해 특별히 고려할 점은 이 논문의 전반에 걸쳐 논의되어 있다. 그리고 영재아동의 창의성과 관련하여 기대할 만한 특별한 사항에 대해서는 확산적 사고에 대한 후속 연구의 방향과 함께 이 논문의 결론 부분에 제시되어 있다.

연구의 활용도

영재아동들은 확산적 사고를 필요로 하는 과제를 접했을 때 일반적으로 유창성, 독창성, 융통성이 많은 아이디어를 내놓는다. 그러나 영재교육자들은 최근에 중요성이 확인된 아이디어의 기괴함(idiosyncracies)도 고려해야 한다. 이런 것들은 아이디어의 내용 면에서 질적 수준이 높고 명백할 것이다. 예를 들어, 영재아동은 개방형 문제를 풀 때 비범한 주제를 생각하거나 독특한 주제를 따라가며 아이디어를 내놓는다. 영재교육자들은 아동의 문제 확인 기술과 문제 정의 기술을 고려해야 한다. 이 두 가지 기술은 문제해결 전에 특수한 문제를 찾아내고 정의해야 하는, 수정된 확산적 사고과제를 가지고 측정할 수도 있고 훈련시킬 수도 있다. 문제해결과 구분되는 문제발견은 안에서 자발적으로 우러나온 사고를 촉발시킨다. 또한 문제발견 기술은 자연스러운 환경에서의 수행력에도 결정적인 역할을 한다.

영재와 함께 작업하고 있는 사람은 아이디어의 독창성과 유용성을 평가할 수 있는 아동의 능력을 인식해야 한다. 그 다음에 아동들에게 독창적이고 유용한 아이디어를 선택하도록 연습할 기회를 제공해야 한다. 더욱이 성인은 아동이 내놓은 아이디어를 짐작으로 판단하는 문제점을 피하기 위해 자신의 평가를 항상 점검해야 한다. 이 연구는 성인의 판단이 종종 부정확하고, 이런 판단이 특정 연령에 도달한 아동의 창의적 사고를 떨어뜨리는 원인이 된다고 제안한다. 이 점을 염두에 두면 비판적 평가보다 가치를 평가하는 것이 영재아동과 부모와 교사에게 더 중요하다는 사실을 발견할 수 있다.

확산적 사고력 검사

확산적 사고력 검사의 타당도를 높이기 위한 노력이 계속되는 가운데 이 검사는 과거 몇 년간에 걸쳐 변화를 겪었다. 이 검사는 Runco(1991b)가 말한 사고과정을 평가하는 기법이다. 이런 연구의 한 예를 들어 보면, Milgram(1990; Hong & Milgram, 1991)은 **느슨한 기준**(lenient solution standards)[2])을 적용하여 채점하는 검사와 **엄격한 기준**(stringent solution standards)[3])을 적용하여 채점하는 검사 사이에 중요한 차이가 있음을 발견하였다. 대부분의 확산적 사고력 검사는 느슨한 기준을 사용하였으며 1960년대와 1970년대에 개발되었다. Hong과 Milgram(1991)은 엄격한 기준을 적용하는 검사는 적어도 학교 아동에게 유용하다고 주장하였다.

　　Hong과 Milgram(1991)은 일반적인 반응과 독창적인 반응을 느슨한 기준으로 채점한 것과 엄격한 기준으로 채점한 것을 비교하였다. Hong과 Milgram은 취학 전 아동을 대상으로 한 연구에서 의자와 오렌지에 대한 아동의 생각을 느슨한 기준을 적용하여 채점하였다. 어떤 의자에 대해 아동들에게 다음과 같은 말을 들려 주었다.

　　　　탁자에서 그림을 그리고 있는 친구 옆에 가서 여러분이 앉으려고 하는데 한 개밖에 없는 빈 의자가 부서져서 다리가 3개밖에 없어요(평가자가 아동에게 다리가 3개밖에 없는 의자를 보여 준다.). 여러분이 친구 옆에 가서 앉으려면 그 의자를 가지고 어떻게 해야 할까요?

　　이러한 지시문과 함께 검사자는 아동에게 흙으로 가득 찬 꽃병, 쓰레기통, 막대기, 원반 모양의 둥근 고리 등의 물건을 제시한다.

　　아동은 의자, 오렌지 문제에 다양한 아이디어를 내놓는다. Hong과 Milgram은 아동의 반응을 대중적인 것(또래 대부분의 아동에게서 나올 수 있는 것)과 독창적인 것(소수의 몇 명에게서만 나올 수 있는 것)으로 구분하였다. 중첩되는 부분이 있는 유창성과 독창성을 기준으로 채점하는 기존의 방식과 달리 독특한 지수를 사용하기 때문에 이 검사의 채점 방식에 주목할 필요가

---

2) 역자 주: 실제로 어떤 자극은 문제로 해석되고, 어떤 반응은 잠정적인 해결로 보이기도 한다.
3) 역자 주: 문제와 해결 모두 명확하게 정의된다.

있다(Hocevar, 1979; Runco & Albert, 1985 참조). 대부분의 채점 체계에서 한 아이디어가 유창성과 독창성 점수 모두에 영향을 줄 수 있다. 그러나 대중성과 독창성 점수는 그렇지 않다.

Hong과 Milgram(1991)은 몇 가지 엄격한 기준을 적용하던 채점 방식을 조정하였다. 예를 들면, '깡통 속의 실린더' '상자'와 같은 문제가 있다. 이러한 문제에서 평가자는 각각의 답이 실제로 문제해결에 유용한 것인지 판단할 수 있다. 비교연구에 따르면, 느슨한 기준을 적용하거나 엄격한 기준을 적용하여 반응을 채점한 점수는 IQ와 상관관계가 없었다. 이것은 아이디어 검사가 단순히 일반적인 지능만을 측정하지 않았음을 입증해 준다. 그리고 느슨한 기준을 사용한 검사에서 아동이 내놓은 독창적인 반응은, 엄격한 기준을 사용한 검사에서의 독창적인 반응과 중간 정도의 상관관계만 있었다. 또한 느슨한 기준을 사용한 검사에서의 대중적 반응도 엄격한 기준을 사용한 검사에서의 대중적 반응과 중간 정도의 상관관계(취학 전 아동은 .3, 초등학생은 .5)가 있었을 뿐이다. 이러한 상관은 통계적으로 유의미할지라도 공변량(취학 전 아동의 경우는 9%, 초등학생의 경우는 25%)이 많지 않았다. 그러므로 두 검사에서 나타난 아동의 수행력은 비교적 독립적인 것으로 보인다. 행동적 용어로 말하자면, 두 검사가 측정하는 기술은 서로 다른 것일 가능성이 높다. 엄격한 기준을 사용하는 검사는 자연스러운 환경에서 만날 수 있는 문제와 유사한 것 같다(Hong & Milgram, 1991).

이것은 실제 세계의 수행력에 대한 새로운 관점이다. Hong과 Milgram처럼 Okuda와 동료들(1991)도 확산적 사고력 검사가 아동이 학교와 집에서 접할 수 있는 문제로 구성되어 있다면 실생활에서의 수행력을 잘 예측해 준다고 제안하였다. 이 주장이 완전히 새로운 것은 아니다(예, Renzulli, 1982). 그러나 Okuda와 동료들은 전형적인 확산적 사고력 검사를 현실 세계의 문제와 경험적으로 비교하였다. Okuda와 동료들은 확산적 사고력 검사를 제시형과 발견형으로 나누고 이것을 비교하였다.

Okuda와 동료들(1991)은 77명의 4, 5, 6학년 아동—이들 중 상당수는 지

창의성과 영재성

능이 높은 아동이었다—에게 현실 세계의 문제로 구성된 확산적 사고력 검사를 실시하였다. 이 검사에서 아동들에게 다음과 같은 제시형 문제를 들려주었다.

> 여러분의 친구인 테디가 교실에서 여러분 옆자리에 앉아 있어요. 테디는 여러분이 공부를 하고 있을 때 말을 걸거나 방해하는 것을 좋아해요. 간혹 잡담을 했다고 선생님한테 여러분이 야단맞기도 해요. 테디의 방해 때문에 여러분이 해야 할 일을 끝내지 못할 때가 많아요. 여러분은 어떻게 해야 할까요?

발견형 문제에서는 아동들이 아이디어를 내놓기 전에 문제를 정의하는 것이 가능하다. 한 가지 예를 들어보면, 다음과 같다.

> 자, 이제 학교(혹은 가정)에서 여러분에게 중요한 문제가 무엇인지 생각해 보세요. 학교, 선생님, 규칙, 학급 동료(혹은 부모님, 형제자매, 집안일, 규칙)와 관련된 문제를 적어 보세요. 가능한 한 많은 문제를 천천히 생각해 보고 적어 보세요.

Okuda와 동료들은 현실 세계 문제에 대한 반응이 실생활에서의 창의적 활동과 성취(창의적 활동과 성취는 자기보고 체크리스트로 평가한다.[4])를 가장 잘 예언해 준다는 사실을 발견하였다. 결과적으로 현실 세계 문제로 구성된 확산적 사고력 검사는 확산적 사고에 관한 연구 중에서 예언타당도가 가장 높았다. 더욱이 위계적인 중다회귀분석을 돌린 결과, 전형적인 확산적 사고력 검사보다 창의적 활동과 성취에 대한 예언력이 더 높았다. Okuda와 동

---

4) 이 체크리스트에 대해 언급할 것이 있다. 이것은 Wallach와 Wing(1969)이 사용한 준거와 유사하고, 몇 개 영역(미술, 음악, 수학)에 대한 활동 리스트와 성취가 포함되어 있다. 아동은 각각의 활동을 얼마나 자주 하는지 표시만 하였다. Runco(1987)는 (a) 아동 스스로 자신의 활동에 대해 가장 잘 알고 있으며, (b) 여러 영역의 활동을 표집하는 것이기 때문에 이런 유형의 체크리스트가 유용하다고 주장하였다. 자기보고식 방법에서 점수는 정직성과 기억의 영향을 받을 수 있다. 그 반면에 Runco, Noble 및 Luptak(1990)은 평정자 간 신뢰도를 암시하는, 아동의 자기보고와 부모 보고 사이에서 일치점을 발견하였다.

료들의 연구는 인위적 검사(예, 정사각형이라고 생각하는 사물의 이름을 모두 말해 보시오.)와 현실적인 문제를 구분할 필요가 있다고 주장하였다. 또한 이 연구는 문제발견과 문제해결(Runco, 인쇄 중-b)의 차이점을 지적하였다. 이런 차이점에 대해서는 이 장의 뒷부분에서 논의할 것이다.

Sawyers와 Canestaro(1989)도 아이디어 검사(ideational tests)의 높은 예언타당도를 보고하였다. 이들은 다차원적 자극 유창성 검사(Multidimensional Stimulus Fluency Measure; MSFM)를 인테리어 디자인 과정에 등록한 학생에게 실시하였으며, 디자인 과정의 학점과 마지막 프로젝트에서의 창의성에 관한 자료를 수집하였다. MSFM은 Wallach과 Kogan(1965)의 검사를 차용한 것이다. Sawyers와 Canestaro의 연구는 대학생을 대상으로 한 것이지만 MSFM은 거의 모든 연령의 아동에게도 사용할 수 있다(예, Goble, Moran, & Bomba, 1991; Tegano & Moran, 1989). Sawyers와 Canestaro의 연구(1989)는 검사도구의 예언타당도(대략 .45)가 높았을 뿐만 아니라 특정 영역에 국한된—이 경우, 인테리어 디자인—창의성을 연구한 것이기 때문에 매우 중요하다. Runco(1987)는 영재아동과 영역 특수성의 연관성을 기술하였다(Csikszentmihalyi, 1990 참조).

Tegano와 Moran(1989)은 취학 전 아동, 초등학교 1학년과 3학년에게 MSFM을 사용하였다. 이 연구에서 주목할 만한 성별 차이는 발견되지 않았다. 취학 전 아동에게서는 성별 차이가 발견되지 않았으나 3학년에서 남아의 독창성과 대중성(popular) 점수가 더 높았다. Tegano와 Moran의 연구에서 동조성, 동화 전략, 사회화가 3학년 남아와 여아가 보여 준 수행 수준에 영향을 준 것으로 나타났다.

아이디어 지수

확산적 사고력의 평가 부문에서 나타난 변화 중에는 채점 기법의 혁신적 변화도 포함된다. 한 가지 혁신적인 변화는 앞에서 언급했듯이 대중성과 독

창의성과 영재성

창성 점수를 사용한 것이다(Goble et al., 1991; Hong & Milgram, 1991; Sawyers & Canestaro, 1989; Tegano & Moran, 1989). 두 번째 변화에 대해서는 Runco 와 Mraz(1992)가 기술하였다. 이들은 확산적 사고력 검사가, 피검사자가 내놓은 전체 아이디어를 점수화하는 데 초점을 맞춤으로써 정확하게 수량화할 수 있어야 한다—그리고 적은 노력으로 채점할 수 있어야 한다—고 제안하였다.

확산적 사고력 검사에 대해 아동들은 각 질문에 대해 서로 무관한 반응을 보이고 독창성, 융통성 등을 판단하기 위해서는 각각의 아이디어를 서로 비교해 보아야 한다. 이런 방법을 사용할 때 각 아이디어에 주어진 점수를 합한 것이 개별 아동의 점수가 된다. 그러므로 한 아동이 열 가지의 아이디어를 내놓았을 때, 그중 다섯 가지가 그 아동 혼자만이 내놓은 아이디어였다면 유창성 점수는 10이 되고 독창성 점수는 5가 된다(독창성은 단일한 아이디어라기보다 특이함의 차원에서 평가된다. 그러나 아직도 하나의 아이디어를 강조한다.). Runco와 Mraz(1992)는 평가자가 수검자의 아이디어 은행을 고려하는 다른 접근법을 택하였다. 여기에서 말하는 수검자의 다양한 아이디어는 서로 별개의 것이 아니다. 수검자가 아이디어를 내놓은 그대로—즉, (말을 그대로 받아 적은 후에) 일련의 리스트나 세트 형태로—평가자에게 제시될 것이다. 평가자는 각 아이디어 은행에 하나의 점수(예, 창의성 점수)를 부여하기만 하면 된다. 다시 말해, 평가자는 아이디어를 하나씩 평가하기보다는 일련의 아이디어로 구성된 전체를 평가해야 한다.

아이디어 은행을 점수화하는 것은 수검자가 사용한 패턴이 실제로는 연결되어 있기 때문에 유용하다. 아동이 내놓은 그대로 아이디어를 점수화할 수 있다. 아이디어 은행을 사용하는 장점은 Rossman과 Gollob(1975)의 연구를 통해 지지되었다. 이들은 다른 검사를 사용하여 정보가 많다면 평가자의 평가가 대체로 정확함을 보여 주었다. 이것이 Runco와 Mraz(1992)가, 각 수검자가 내놓은 전체 아이디어를 평가한 이유다. 평가자가 수검자의 아이디어 은행을 들여다보면, 한 아동이 얼마나 많은 아이디어를 내놓을 수 있고 서로 연결되어 있는 패턴이나 전략을 사용한 아동의 아이디어가 얼마나 특이한 것인지 등등을 알 수 있다. Runco와 Mraz는 수검자가 내놓은 전체 아이디어를 토대로 한 점수가 신뢰도가 높다는 사실을 발견하였다. 평점자 간 신뢰도도 .90 이상으로 매우 높았다. 항목 간의 신뢰도 계수도 대략 .62로 높았다.

실용적인 차원에서 아이디어 은행 평가 기법은 전통적인 기법보다 시간이 절약되기 때문에 매력적이다. 새로운 평가 체계에서는 다양한 아이디어를 서로 비교하고 분류(시간이 많이 걸리고 주관적인 판단을 요하는 과정이다.)한다. 그 밖에도 이 기법에 대한 후속 연구가 필요하다. 예를 들어, Runco와 Mraz(1992)는 연구대상자를 평가하기 위한 준거를 갖고 있지 않았으며 따라서 검사도구의 예언타당도를 구할 수 없었다. 또한 이들은 독창성보다는 창의성에 관한 점수를 구하였다. 이들은 선행연구에서 평가자들이 창의성을 구체적으로 정확하게 점수화해야 한다고 제안하였기 때문에 이렇게 한 것이다(Amabile, 1990; Runco, 1989 참조). 불행하게도 Runco와 Mraz(1992)는 창의성 점수와 지능(아이디어 은행에서 나옴)의 상관관계를 발견하였다. 그렇다면 평가자는 아동이 언제 창의적이고 언제 총명한지를 구분할 수 없는 것이다. 창의성 연구에서 변별 타당도의 문제는 긴 역사를 갖고 있다(예, Getzels & Jackson, 1962). 그러나 평가자들에게 쉽게 정의할 수 있는 관련된 어떤 것—독창성처럼—을 평가했다면 변별 타당도의 문제를 벗어난 것이다.

문제 확인

Chand와 Runco(인쇄 중)는 Okuda와 동료들(1991)의 연구를 확장하고 더 나아가 문제발견 검사를 개발하였다. 이들은 Runco와 Okuda(1988)의 제시형과 발견형 문제를 사용하였으며 여기에 새로운 검사를 한 가지 추가하였다. 새로 추가된 검사는 발견과 해결 검사로 수검자는 문제 중에서 자신이 생각해 본 것을 하나 선택하고 그 문제에 대한 해결책을 생각한다. Chand와

Runco는 문제발견 검사가 문제 생성 검사(problem generation tests)로 가장 좋은 검사라고 주장하였으며, 수검자들이 스스로 문제를 선택하게 함으로써 수행에 대한 내적 동기를 자극할 수 있다고 제안하였다. 이것은 내적 동기가 영재성을 극대화하고(Amabile, 1990; Hennessey, 1989; MacKinnon, 1983) 창의성의 중요한 측면(Renzulli, 1978)이기 때문에 중요하다.

발견과 해결 검사라는 새로운 확산적 사고력 검사를 개발한 것 이외에도 이 연구의 가장 중요한 측면―특히 영재아동에게 관심을 갖고 있는 연구자들에게―은 명확한 지시가 다양한 검사에서 다른 결과를 가져온다는 사실을 증명한 것이다. 종종 수행력을 극대화하거나 모든 수검자들이 문제를 동일하게 바라볼 수 있게 만들 때 명확한 지시를 사용한다(Harrington, 1975). 명확한 지시를 통하여 어떻게 검사에 임할 것인가에 대한 구체적인 정보를 제공할 수도 있다. 예를 들어, 수검자가 "다른 사람이 전혀 생각하지 않은 아이디어를 생각해 보세요."라고 말했다면 이것은 독창성을 극대화하기 위한 노력이다. 이러한 명확한 지시를 통하여 각각의 수검자들은 같은 목표를 공유할 수 있고 적절한 전략(어느 누구도 생각해 보지 않은 아이디어를 찾아보는 것)을 구사할 수 있을 것이다. 이보다 먼저 수행된 연구에서 Runco(1986)는 명확한 지시를 받은 후에 영재학생과 평재 학생의 독창성이 증가하였다고 보고하였으며, Runco와 Okuda(인쇄 중)는 명확한 지시를 많이 사용할 때 융통성 점수가 높아진다는 사실을 발견하였다. Chand와 Runco(인쇄 중)가 사용한 지시문은 독창성을 높이기 위해 고안된 것이다.

Chand와 Runco(인쇄 중)는 지시 조건(즉, 명확한 지시 대 보기 제시)과 문제 유형(즉, 문제발견 검사, 문제 생성 검사, 혹은 발견과 해결 검사) 간의 상호작용을 발견하였다. 명확한 지시를 사용할 때 문제발견 검사와 발견과 해결 검사에서 더 높은 점수가 나왔으나 문제 생성 검사에서는 별 효과가 없었다. 이러한 발견에 따르면, 명확한 지시는 사고전략―사고의 융통성과 독창성을 향상시키는 전략―을 가르치기 위해 사용될 수 있으나 특정 검사에서만 유용하였다. 인지심리학에서 쓰이는 용어를 사용하면, 명확한 지시는 아동의 상위인지(metacognition)를 강화하는 것 같다. 이 시점에서 영재아동이 특이한 상위인지 능력을 갖고 있음을 다시 한 번 생각해 보아야 할 것이다 (Davidson & Sternberg, 1984; Runco, 1986).

평가기술

Runco(1992b)는 평가기술과 가치화(valuative) 기술 모두 확산적 사고와 창의성에 포함된다고 주장하였다. Runco의 관점에서 보면, 평가는 개인이 아이디어들을 선택하고 가장 창의적이고 가장 유용한 해결책이나 반응을 찾으려고 노력할 때 발생한다. 아이디어들은 아마도 무작위로 떠오르지는 않을 것이다(Runco, 1992b; Simonton, 1988). 그러나 사람은 이 아이디어들을 평가한 후에 기록하고 적용하고 고려할 것이다. 현실적으로 아이디어들은 평가라기보다 가치가 부여된 다음에 선택된다. 가치화(valuation)는 아이디어의 가치와 적합성을 발견하려는 특수한 노력에 가장 잘 어울리는 명칭이다. 평가는 아동(혹은 부모나 교사)이 옳은 것보다는 틀린 것을 찾는 비판적인 활동을 말한다.

Runco(1992b)는 어떤 아동들은 무엇인가를 보았을 때 창의적 아이디어를 생각해 내지만 어떤 아이들은 그렇지 못하다는 점을 지적하였다. 또한 평가적 기술이 아이디어를 내놓는 능력, 즉 확산적 사고 능력과 중간 정도의 상관이 있다는 사실을 발견하였다. 이 상관관계는 아이디어 산출 능력이 평가기술에 종속되어 있으며 두 기술이 서로 중첩되는 것을 의미한다. 이것은 발달적 상호작용을 암시한다. 즉, 확산적 사고가 뛰어난 아동들은 아마도 아이디어를 평가하는 훈련을 더 많이 받았을 것이다. 실용적 차원에서 말한다면, 확산적 사고를 평가할 때마다 평가와 가치화도 평가해야 할 것이다.

Runco와 Vega(1990)는 부모와 교사의 평가 능력에 차이가 있다고 보고하였다. 이 연구에 따르면, 일부 부모와 교사만이 아이디어가 창의적인지 아닌지를 알고 있었다. 놀랍게도 부모와 교사의 평가는 정확성의 차원에서 차

창의성과 영재성

이가 있었다. 이런 결과는 부모와 교사가 다른 경험을 갖고 있고 그러한 경험의 차이가 평가의 불일치로 이어질 가능성이 높기 때문에 기대와 상반된 것이었다. 그러나 여러 명의 자녀를 둔 부모들은 자녀 수가 적은 부모보다 더 정확하게 창의적 아이디어를 찾아내었다. 이것은 단지 경험의 효과일 뿐이다.

평가기술에 대한 이런 연구는 중요한 교육적 시사점을 제공한다. 예를 들어, 부모와 교사가 평가와 가치판단의 기술을 향상시켜 준다면 아동이 인습적 사고의 압력을 받더라도 적절하게 선택적으로 받아들일 것이다. 이런 식으로 아동의 평가기술이 향상되면 4학년에 발생하는 창의성의 슬럼프는 최소화될 것이다(Torrance, 1968). 이 슬럼프에 대해서는 나중에 다시 논의할 것이다. 지금의 요점은 평가와 가치화가 중요한 교육 목표가 될 수 있다는 것이다. 평가기술에 대한 좀 더 많은 연구가 필요하다.

대인간 평가와 개인내적 평가를 비교해야 하듯이 평가 전략의 훈련에 대한 연구도 필요하다(Runco & Basadur, 1990 참조). Runco와 Smith(1991)는 대인간 평가와 개인내적 평가의 정확성에서 유의미한 차이가 있음을 발견하였다. 그러나 이 연구에서 사용한 표본에는 아동, 부모, 교사가 포함되어 있지 않았다. 부모 혹은 교사가 자녀나 학생의 아이디어를 평가할 때 대인간 평가기술을 사용하고 아동이 자신의 아이디어를 평가할 때는 개인내적 평가기술을 사용하기 때문에 이 두 가지 기술에 대해서는 좀 더 심층적인 연구가 필요하다.

질적으로 우수한 더 높은 수준의 확산적 사고 요인들

문제발견과 평가기술에 대한 연구는 창의적 사고가 다차원이라는 주장과 일치한다. Guilford의 자료 중 하나를 재분석한 Michael과 Bachelor(1990)는 창의적 사고가 다차원이라는 쟁점을 경험적으로 규명하였다. Michael과 Bachelor는 특히 Guilford의 지능구조검사(Guilford's structure of intellect test; SOI) 중에서 상위 수준에 속하는 확산적 산출 요인에 관심을 기울였다. 이들은 다양한 모형을 검토하고 가장 적합한 것(설명된 변량의 차원에서)이 아홉 가지의 사교 요인으로 구성된 모형이라고 보고하였다. 이들은 고차원적인 요인들이 포함된 한 모형을 발견하였으며 "창의성을 측정하기 위한 확산적 사고력 검사가 고차원적인 지적 요인을 유의미하게, 그리고 경제적으로 개념화할 수 있다."(1990, p.71)라고 말하는 단계에 도달하였다. 이 발견의 가장 중요한 측면은 이 연구가 Guilford의 지능모형을 이용했다는 점이다(1990, p.71). 다시 말해, 그 유명한 Guilford의 모형에서 제안하였듯이 다양한 확산적 사고력 검사들은 상당 부분 중첩된다. Bachelor와 Michael(인쇄 중)은 Guilford의 모형을 포괄적으로 재검토하였다.

확산적 사고에 대한 전통적 관점을 수정한 또 다른 연구는 관념화(ideation)를 질적으로 해석한 것이다. Dudek과 Verreault(1989), Urban(1991)은 확산적 사고력 검사를 이용하여 아동의 정서 상태에 대한 정보를 얻어 낼 수 있다고 보고하였다. Dudek과 Verreault(1989)는 Torrance의 창의적 사고력 검사에서 양적 · 질적으로 창의적이라고 판명된 아동과 비창의적인 아동을 비교하였다. Dudek과 Verreault는 사고의 일차적 과정을 반영하는 질적인 측정치에 특히 관심을 기울였다. 그들은 다음과 같이 말하였다.

> 우리의 주장은, 확산적 사고력이 우수한 아동은 규칙도 없고 전례가 없는 혼돈스러운 일차적 과정을 거쳐 사고한다는 것이다. 이런 사고과정은 기괴한 발상과 관련이 있다(1989, p. 80).

Dudek과 Verreault는 관념화 점수를 '방어적 요구(Defense Demand)' '방어적 효율성(Defense Effectiveness)' '자아로의 퇴행(Regression in the Service of the Ego)'이라고 명명하였으며, 매우 창의적인 아동과 그렇지 않은 아동 사이에서 유의미한 차이점을 발견하였다. 예를 들어, 창의적 아동

---

5) 역자 주: 여기에서 확산적 사고에 방어, 퇴행이라는 용어가 사용되고 있는 것은 자기중심적이

창의성과 영재성

의 반응(예, 반응이 조잡함)에는 퇴행의 증거와 방어적 요구가 유의미하게 더 많이 포함되어 있었다.[5]

창의성의 정서적인 요소가 점차 중요시되고 있기 때문에 확산적 사고의 질적 측면은 중요시되고 있다(예, Shaw & Runco, 인쇄 중). 창의성은 인지기술 이상의 것을 요구한다. 또한 창의성에는 정서적 경향과 민감성이 요구된다. 이것이 창의성을 문제해결 기술과 동일하게 취급하지 않는 이유다. 창의성은 빠르게 아이디어를 내놓거나 문제를 잘 푸는 능력을 의미하지만 또한 많은 욕구나 느낌(예, 자기표현)을 반영한다. 이것은 영재성의 조작적 정의에 동기가 포함되어야 하는 이유이기도 하다(Albert & Runco, 1986; Feldhusen & Treffinger, 1990; Milgram, 1990; Renzulli, 1978).

실용적인 차원에서 말하면, Dudek과 Verreault(1989)의 연구는 더 이상 유창성 같은 아이디어의 양적 측면만을 들여다보면 안 된다고 제안한다. 우리는 영재가 아닌, 그리고 산출 반응의 수가 특별히 많지 않은 아동을 만날 수 있다. 그러나 반응의 특수한 측면을 세심하게 살펴보면 예외적인 재능을 알려 주는 지표를 만날 수 있을 것이다.[6] Dudek과 Verreault(1989)의 용어를 사용하면, "유창성이 낮은 것은… 검사 동기가 낮거나 불안한 상황에 대응하는 의식적 저항 때문일 수도 있다."(p. 81) 이것은 주목할 만한 창의성이나 영재성을 갖고 있는 아동을 간과할 수 있음을 의미한다. 그 이유는 아동이 독창적인 아이디어를 내놓는 데 관심이 없거나 의욕이 없을 수도 있기 때문이다. 확산적 사고의 질적 측면을 면밀히 검토한다면 특정 영역에서 영재성을 갖고 있는 아동을 발견할 수 있을 것이다(Gruber, 1985; Runco, 1987). Gruber는 도덕적인 영역에서의 영재성이라는 개념을 제안하였다.

Urban(1991)은 확산적 사고의 두 번째 질적 측면을 연구하였다. 그의 검사는 독일에서 개발되었고, 창의적 사고 그림 산출 검사(Test zum schop-

---

고 환상적인 전조작기와 오이디푸스 이전 단계가 창의성에 중요한 역할을 하기 때문이다.

6) 이것은 어떤 의미에서 질적 · 양적 쟁점을 들여다보는 또 다른 길일 수 있다(Hong & Milgram, 1991; Runco, 1987 참조).

ferischen Denken Zeichnerisch)라고 부른다. 그러나 여기에서 나는 이 검사를 창의적 사고의 그림 산출 검사(Drawing Production Test of Creative Thinking; DPTCT)라고 부르겠다. DPTCT에 대해 Urban(1991)은 다음과 같이 말했다.

> 독일어로 schopferisch는 모양, 산출, 창의적 생산물의 최종적인 게슈탈트를 의미한다. 이 검사의 목적은 확산적인 사고의 양뿐만 아니라 질적인 측면, 내용, 게슈탈트, 정교함을 고려하는 것이다(p. 109).

분명히 Dudek과 Verreault(1989)처럼 Urban도 창의적 사고의 질적 측면 평가에 관심을 가졌다. DPTCT에서는 아동에게 선을 사용하여 그림을 완성하라고 한다. 이 검사는 산출의 경향성을 점수화한다(예, 새로운 요소, 주제와의 연관성, 유머, 비인습성).

Urban(1991)은 질적 지표를 사용한 연구에서 6세 때 창의성이 슬럼프에 빠지는 것을 발견하였다. 이것은 Torrance가 말한 초등학교 4학년의 슬럼프와 쌍벽을 이룬다. 슬럼프 시기는 Gardner(1982)의 말에 따르면 문자 단계(literal stage)이고, Rosenblatt과 Winner(1988)가 말한 학령기의 인습적 기호 단계다. 이것은 학자 간에 의견이 일치하는 주목할 만한 중요한 개념이다. 또한 영재아동의 창의성에 관심을 기울이는 사람에게는 실용적으로 가치 있는 개념이다. 예컨대, 부모와 교사는 초등학교에서 아동이 겪는 창의성의 슬럼프 시기를 잘 알고 있어야 한다. 또한 부모와 교사는 문자를 통한 사고와 슬럼프의 연관성을 인식해야 한다. 부모와 교사가 아동의 비문자적인 사고를 강화하고 격려하고 시범을 보여 준다면 확산적 사고가 줄어드는 것을 최소화할 수 있을 것이다. 더욱이 부모와 교육자들은 4학년 때의 슬럼프에 영향을 줄지라도 문자를 통한 사고가 인습적 사고, 적절한 규칙과 행동의 습득을 돕는다는 사실도 알고 있어야 한다. 청소년기의 가설적 사고(Elkind, 1980)와 마찬가지로, 문자적 사고에도 득과 실이 있으며 어른은 득과 실 모

창의성과 영재성

두를 잘 알고 있어야 한다. 문자적 사고는 아동의 확산적 사고를 방해하지만 동시에 이런 사고를 통하여 아동은 언어와 다양한 상징을 효율적으로 사용할 수 있다.

결 론

이 논문에서 검토한 연구들은 그동안 확산적 사고―그리고 창의적 잠재력―에 대한 우리의 이해가 계속 발전해 왔다고 제안하고 있다. 이 분야의 발전은 끝이 없을 것이다. 영재의 수행에 창의성이 매우 중요한 역할을 한다고 가정할 때, 확산적 사고의 패러다임의 진화는 영재성에 관심을 갖고 있는 사람에게 매우 중요하다(Albert & Runco, 1986; Feldhusen & Treffinger, 1990; Milgram, 1990; Renzulli, 1978). 최근의 연구에 따르면, 영재아동임을 판별할 때 더 이상 일반적인 확산적 사고만을 고려해서는 안 된다. 확산성, 그 자체가 관심거리가 아니라면 확산적 사고는 잘못 붙인 명칭이다. 영재아동은 유창성, 독창성, 융통성이 우수하다고 기대할 수 있으나 교육자들은 정서적 측면과 함께 (a) 아이디어의 질적 측면, (b) 문제를 정의하고 발견할 수 있는 아동의 능력, (c) 가치화와 평가기술을 고려해야 한다.

확산적 사고에 대한 연구는 계속 발전되어 왔지만 이론적 발전은 지체되어 있다. 예를 들어, 확산적 사고에 대한 대부분의 기술은 수동적인 연상(associative) 과정을 사용한다고 가정하는 것 같다. 문제는 사고가 수동적 과정이 아니라는 데 있다. 정보처리는 개인이 주의를 기울여 능동적으로 참여하고 어떤 정보를 기억하고 조작해야 할 것인지 판단하는 선택적인 과정이다(Runco, 인쇄 중-a). 선택은 평가적 기술, 문제 정의, 전략이 필요한 활동이다. 능동성과 인지를 강조하는 사고과정에 대한 새로운 모형이 필요하다.

또한 자연스러운 환경에서 요구되는 능동적 기술을 포함한 다양한 기술을 측정하는 검사도구가 필요하다. 이 논문의 앞에서 언급했듯이, 이러한 방향으로의 발전이 있었다(Hong & Milgram, 1991; Okuda et al., 1991). 효율적인 질적 측정을 통해 영재를 확인하고(Michael & Bachelor, 1990; Runco & Mraz, 1992), 아이디어의 질적 측면을 이해하기 위한 발전이 있었다(Dudek & Verreault, 1989; Urban, 1991). 확산적 사고는 생산성과 아이디어의 유창성, 그 이상의 것이다. 어떤 아동이 얼마나 유창한지 알려면 정말로 알아야 하는 것은 무엇일까? 확산적 사고를 하는 아동은 아이디어만 많이 내놓을 뿐이다. 창의적 아동을 이해하기 위해 우리는 많은 다른 것들—두 가지만 예를 들면, 흥미를 갖고 있는 분야, 정서적인 경향성—을 알아야만 한다. 이것은 특히 창의적 영재아동에게 필요하다(Runco & Okuda, 인쇄 중).

확산적 사고의 다른 측면에 관심을 갖고 있는 독자들은 Cropley(1992), Khire(인쇄 중), Runco(1991b; Runco & Okuda, 인쇄 중)를 참고해야 한다. Runco(1991b, chap. 20; Runco & Okuda, 인쇄 중)와 Cropley(1992)는 구체적으로 확산적 사고 연구의 교육적인 시사점에 초점을 맞추었다. 근래에 Parnes-Osborn은 경험적 조사를 통하여 중학생에게 효율적인 검사를 개발하였다(Baer, 1988). 부모와의 분리와 확산적 사고력 사이에서(Jenkins, Hedlund, & Ripple, 1988), 그리고 형제간의 연령차와 확산적 사고력 사이에서(Radio Gaynor & Runco, 1992) 상관관계가 발견되었으며, 언어 유창성과 사회적 능력과 확산적 사고 사이에서도 상관관계가 발견되었다(Kagan, 1988).

지금까지 검토해 본 몇몇 연구는 평재 아동을 대상으로 한 것이었다. 그러나 창의적 영재성이 정상 분포한다면, 다른 아동에게서 발견된 것이 영재아동을 이해하는 데 어떤 도움을 줄까? 평재 집단에서 나온 결과를 영재 집단에 일반화시킬 수 있는지를 살펴본 연구가 있다(예, Albert & Runco, 1989; Milgram & Milgram, 1976; Moran & Lion, 1982; Runco, 1985, 1986, 1987; Runco & Albert, 1985, 1986). 그리고 그중에서 느슨한 기준을 사용하는 검사 대 엄격한 기준을 사용하는 검사, 실생활에서의 문제를 이용한 검사, 평가적 사고와 가치화 사고를 측정하는 검사, 아이디어의 질적 측면을 측정하는

창의성과 영재성

검사는 다른 연구를 통한 지지를 받았고, 영재아동 표본에서도 타당성이 입증되었다. 실제로 이 연구에서 실시한 문헌 연구는 창의적 영재성에 관한 후속 연구를 위해 구체적인 방향을 제시해 줄 것이다.

참고문헌

Albert, R. S., & Runco, M. A. (1986). The achievement of eminence: A model of exceptionally gifted boys and their families. In R. J. Sternberg & J. E. Davidson (Eds.), *Conceptions of giftedness* (pp. 332-357). New York: Cambridge University Press.

Albert, R. S., & Runco, M. A. (1989). Independence and cognitive ability in gifted and exceptionally gifted boys. *Journal of Youth and Adolescence, 18*, 221-230.

Amabile, T. M. (1990). Within you, without you: A social psychology of creativity and beyond. In M. A. Runco & R. S. Albert (Eds.), *Theories of creativity* (pp. 61-91). Newbury Park, CA: Sage.

Bachelor, P. A., & Michael, W. B. (in press). The structure of intellect model revisited. In M. A. Runco (Ed.), *Creativity research handbook*. Cresskill, NJ: Hampton.

Baer, J. M. (1988). Long-term effects of creativity training with middle school students. *Journal of Early Adolescence, 8*, 183-193.

Chand, I., & Runco, M. A. (in press). Problem finding skills as components in the creative process. *Personality and Individual Differences.*

Cropley, A. J. (1992). *More ways than one: Fostering creativity.* Norwood, NJ: Ablex.

Csikszentmihalyi, M. (1990). The domain of creativity. In M. A. Runco & R. S. Albert (Eds.), *Theories of creativity* (pp. 190-212). Newbury Park, CA: Sage.

Davidson, J. E., & Sternberg, R. J. (1984). The role of insight in intellectual giftedness. *Gifted Child Quarterly, 28*, 58-64.

Dudek, S. Z., & Verreault, R. (1989). The creative thinking and ego functioning of children. *Creativity Research Journal, 2,* 64-86.

Elkind, D. (1980). *Children and adolescents.* New York: Oxford University Press.

Feldhusen, J. F., Bahlke, S. J., & Treffinger, D. J. (1969). Teaching creative thinking. *Elementary School Journal,* 70, 48-53.

Feldhusen, J., & Treffinger, D. (1990). *Creative thinking and problem solving in gifted education* (3rd ed.), Dubuque, IA: Kendall-Hunt.

Gardner, H. (1982). *Art, mind, and brain: A cognitive approach to creativity.* New York: Basic Books.

Getzels, J. W., & Jackson, P. W. (1962). *Creativity and intelligence Exploration with gifted students.* New York: Wiley.

Goble, C., Moran, J. D., & Bomba, A. K. (1991). Maternal teaching techniques and preschool children's ideational fluency. *Creativity Research Journal, 4,* 278-280.

Gruber, H. E. (1985). Giftedness and moral responsibility: Creative thinking and human survival. In F. D. Horowitz & M. O'Brien (Eds.), *The gifted and talented: Developmental perspectives* (pp. 301-330). Washington, DC: American Psychological Association.

Harrington, D. M. (1975). Effects of explicit instructions to "be creative" on the psychological meaning of divergent thinking test scores. *Journal of Personality, 43,* 434-454.

Hennessey, B. (1989). The effect of extrinsic constraint on children's creativity while using a computer. *Creativity Research Journal, 2,* 151-108.

Hocevar, D. (1979). Ideational fluency as a confounding factor in the measurement of originality. *Journal of Educational Psychology, 71,* 191-196.

Hong, E., & Milgram, R. M. (1991). Original thinking in preschool children: A validation of ideational fluency measures. *Creativity Research Journal, 5,* 253-260.

Jenkins, J. E., Hedlund, D. E., & Ripple, R. E. (1988). Parental separation effects on children's divergent thinking abilities and creative potential. *Child Study Journal, 18,* 149-159.

Kagan, D. N. (1988). Measurements of divergent and complex thinking. *Educational and Psychological Measurement, 48,* 873-884.

Khire, U. (in press). Guilford's SOI model and behavioral intelligence with special reference to creative behavioral abilities. In S. G. Isaksen, M. C. Murdock, R. I. Firestien, & D. J. Treffinger (Eds.), *Understanding and recognizing creativity.* Norwood, NJ: Ablex.

MacKinnon, D. W. (1983). The highly effective individual. In R. S. Albert (Ed.), *Genius and eminence: The social psychology of creativity and exceptional achievement* (pp. 114-127). Oxford: Pergamon. (Original work published 1960.)

Michael, W. B., & Bachelor, P. A. (1990). Higher order structure-of-intellect creativity factors in divergent production tests: Reanalysis of a Guilford data base. *Creativity Research Journal, 3,* 58-74.

Milgram, R. M. (1990). Creativity: An idea whose time has come and gone? In M. A. Runco & R. S. Albert (Eds.), *Theories of creativity* (pp. 215-233). Newbury Park, CA: Sage.

Milgram, R. M., & Milgram, N. A. (1976). Group versus individual administration in the measurement of creative thinking in gifted and nongifted children. *Child Development, 47,* 563-565.

Moran, J. D., & Lion, E. Y. Y. (1982). Effects of reward on creativity in college students of two levels of ability. *Perceptual and Motor Skills, 54,* 43-48.

Nicholls, J. G. (1983). Creativity in the person who will never produce anything original or useful. In R. S. Albert (Ed.), *Genius and eminence: The social psychology of creativity and exceptional achievement* (pp. 265-279). Oxford: Pergamon.

Okuda, S. M., Runco, M. A., & Berger, D. E. (1991). Creativity and the finding and solving of real world problems. *Journal of psychoeducational Assessment, 9,* 45-53.

Radio Gaynor, J. I., & Runco, M. A. (1992). Family size, birth order, age-interval, and the creativity of children. *Journal of Creative Behavior, 26,* 108-118.

Renzulli, J. S. (1978). What makes giftedness? Re-examining a definition. *Phi*

Delta Kappan, 60, 180-184.

Renzulli, J. S. (1982). What makes a problem real: Stalking the illusive meaning of qualitative differences in gifted education. *Gifted Child Quarterly, 26,* 147-156.

Rosenblatt, E., & Winner, E. (1988). The art of children's drawing. In H. Gardner & D. Perkins (Eds.), *Art, mind, And education* (pp. 3-16). Urbana, IL: University of Chicago Press.

Rossman, B. B., & Gollob, H. F. (1975). Comparison of social judgements of creativity and intelligence. *Journal of Personality and Social Psychology, 31,* 271-281.

Runco, M. A. (1985). Reliability and convergent validity of ideational flexibility as a function of academic achievement. *Perceptual and Motor Skills, 61,* 1075-1081.

Runco, M. A. (1986). Maximal performance on divergent thinking tests by gifted, talented, and nongifted children. *Psychology in the Schools, 23,* 308-315.

Runco, M. A. (1987). The generality of creative performance in gifted and nongifted children. *Gifted Child Quarterly, 31,* 121-125.

Runco, M. A. (1989). The creativity of children's art. *Child Study Journal, 19,* 177-189.

Runco, M. A. (1991a). Comment on investment and economic theories of creativity: A reply to Sternberg and Lubart. *Creativity Research Journal, 4,* 202-205.

Runco, M. A. (1991b). *Divergent thinking.* Norwood, NJ: Ablex.

Runco, M. A. (1992a). Children's divergent thinking and creative ideation. *Development Review, 12,* 223-264.

Runco, M. A. (1992b). The evaluative, valuative, and divergent thinking of children. *Journal of Creative Behavior, 25,* 311-319.

Runco, M. A. (in press-a). Creativity, cognition, and their educational implications. In J. C. Houtz (Ed.), *The educational psychology of creativity.* New York: Fordham University Press.

Runco, M. A. (Ed.). (in press-b). *Problem finding, problem solving, and creativity*. Norwood. NJ: Ablex.

Runco, M. A., & Albert, R. S. (1985). The reliability and validity of ideational originality in the divergent thinking of academically gifted and nongifted children. *Educational and Psychological Measurement, 45,* 483-501.

Runco, M. A., & Albert, R. S. (1986). Exceptional giftedness in early adolescence and intrafamilial divergent thinking. *Journal of Youth and Adolescence, 15,* 333-342.

Runco, M. A., & Basadur, M. (1990). *Assessing ideational and evaluative skills and creative styles and attitudes.* Paper presented at the International Engineering Management Conference. San Jose, CA.

Runco, M. A., Ebersole, P., & Mraz, W. (1991). Self-actualization and creativity. *Journal of Social Behavior and Personality, 6,* 161-167.

Runco, M. A., & Mraz, W. (1992). Scoring divergent thinking tests using total ideational output and a creativity index. *Educational and Psychological Measurement, 52,* 213-221.

Runco, M. A., Noble, E. P., & Luptak, Y. (1990). Agreement between mothers and sons on ratings of creative activity. *Educational and Psychological Measurement, 50,* 673-680.

Runco, M. A., & Okuda, S. M. (1988). Problem discovery, divergent thinking, and the creative process. *Journal of Youth and Adolescence, 17,* 211-220.

Runco, M. A., & Okuda, S. M. (in press). Reaching creatively gifted children through their learning styles. In R. M. Milgram & R. Dunn (Eds.), *Teaching the gifted and talented through their learning styles.* New York Praeger.

Runco, M. A., & Smith W. R. (1991). Interpersonal and intrapersonal evaluations of ideas *Personality and Individual Difference, 13,* 295-302.

Runco, M. A., & Vega, L. (1990). Evaluating the creativity of children's ideas. *Journal of Social Behavior and Personality, 5,* 439-452.

Sawyers, J. K., & Canestaro, N. C. (1989). Creativity and achievement in design coursework. *Creativity Research Journal, 2,* 126-133.

Schotte, D. E., & Clum, G. A. (1987). Problem-solving skills in suicidal psychiatric patients. *Journal of Consulting and Clinical Psychology, 55,* 49-54.

Shaw, M., & Runco, M. A. (Eds.). (in press). Creativity and affect. Norwood, NJ: Ablex.

Simonton, D. K. (1988). *Scientific genius: A psychology of science.* New York: Cambridge University Press.

Sternberg, R. J., & Lubart, T. I. (1991). Short selling the investment theory of creativity: A reply to Runco. *Creativity Research Journal, 4,* 200-202.

Torrance, E. P. (1968). A longitudinal examination of the fourth-grade slump in creativity. *Gifted Child Quarterly, 12,* 195-199.

Tegano, D. W., & Moran, J. D. (1989). Sex differences in the originality of preschool and elementary school children. *Creativity Research Journal, 2,* 102-110.

Urban, K. K. (1991). On the development of creativity in children. *Creativity Research Journal, 4,* 177-191.

Wallach, M. A., & Kogan, N. (1965). *Modes of thinking in children.* New York: Holt, Rinehart & Winston.

Wallach, M. A., & Wing, C. (1969). *The talented student.* New York: Holt, Rinehart & Winston.

Weisberg, R. W. (1986). *Creativity, genius, and other myths.* New York: Freeman.

16

창의성과 영재성:
측정도구의 사용과 오용[1]

Scott L. Hunsaker(University of Georgia)
Carolyn M. Callahan(University of Virginia)

이 논문은 영재교육 프로그램을 받으려는 아동을 판별하는 절차의 일환으로 학교에서 사용하는 창의성 평가도구에 대한 연구다. 이를 위해 미국의 각 학군에 창의성을 평가하기 위해 사용하는 출판된 검사에 관한 정보를 요청하였다. 많은 학군들이 평가의 일부분으로 창의성을 포함시키고 있었지만 창의성의 조작적 정의와 복잡한 개념 때문에 여전히 곤란을 겪고 있었는데, 종종 창의성이라는 구성개념의 정의에 주의를 기울이지 않은 상태에서 창의성 평가도구를 선택하고 있었다. 연구자들은 각 학군에서 나온 정보를 토대로 전문가들이 학교에서 사용할 수 있는 타당성, 신뢰성, 유용성이 높은 평가도구의 개발을 촉진하기 위해 이 연구를 실시하였다.

오늘날 대부분의 연구자들은 창의성이 영재성의 한 부분이라는 사실을 인정하고 있다. 지난 10년 동안 Treffinger(1980)는 다음과 같은 말을 하곤 하였다.

---

1) 편저자 주: Hunsaker, S. L., & Callahan, C. M. (1995). Creativity and giftedness: Published instrument uses and abuses. *Gifted Child Quarterly, 39*(2), 110-114. ⓒ 1995 National Association for Gifted Children. 필자 승인 후 재인쇄.

영재교육에 다차원적으로 접근하려 한다면 창의성을 고려하는 것은 당연한 일처럼 보인다(p. 22).

그러나 학교에서 영재 판별 절차를 만들 때 학교가 창의성을 다루기에는 많은 개념적 · 조작적인 문제점이 뒤따른다. 이 책에서도 영재교육 프로그램을 받으려는 아동을 판별하기 위해 창의성을 평가할 때 고려해야 할 몇 가지 쟁점을 논의하였다. 여기서는 개념적 · 조작적 쟁점을 간단하게 논의한다.

복잡한 창의성

개념적인 문제 중에서도 첫 번째 고려해야 할 문제는 창의성 자체가 복잡하다는 것이다. 그동안 이론가들은 다양한 관점에서 창의성을 연구해 왔으며, 그 결과 창의성에 대한 정의도 다양해졌다(Callahan, 1991; Davis, 1989). Treffinger, Renzulli 및 Feldhusen(1971)에 따르면, 이러한 이론들 중 어떠한 것도 평가도구 개발의 토대가 될 정도로 충분한 인정을 받지 못했다고 한다. 이렇게 된 이유는 연구자들 간에 합의점이 부족했기 때문이다(Treffinger, 1986). 더욱이 Treffinger와 Poggio(1972)는 창의성의 조작적 정의가 창의성에 대한 적절한 개념적 정의에 따라 좌우된다고 지적하였다.

창의성과 영재성의 관계

개념적으로 복잡한 창의성을 이해하기 위해서 창의성과 영재성의 관계를 이해해야 한다. 이 쟁점에 대한 몇 가지 관점이 있는데, 그중 세 가지를 여기에서 살펴볼 것이다. 우리의 관점에서 영재성과 재능은 지적 능력과 별개의 것이다. 영재성은 높은 지능과 동의어 같지만 창의성은 신기한 사고, 혹은 확산적 사고로 정의된다(Getzels & Jackson, 1961). 이러한 것들을 살펴보기 위해 이러한 관점들을 정확하게 정리할 필요는 없다. 예를 들어, Amabile(1989)은 영재성과 창의성을 조심스럽게 구분하였다. Albert와

창의성과 영재성

Runco(1986)는 영재성과 창의성을 서로 별개의 구성개념으로 보았지만 높은 수준의 능력에서 이 차이는 중요하지 않다고 생각했다.

또 다른 관점은 창의성이 영재성이라는 구성개념의 토대가 되는 개념으로 보인다는 것이다. 예를 들어, Piirto(1992)는 창의성을 영재성이 구현되기 위한 토대라고 불렀다(p. 24). 이 관점은 평균 이상의 능력, 그리고 과제집착력과 상호작용하는 창의성이 영재적 행동의 토대라고 한 Renzulli(1978)의 정의에 잘 표현되어 있다.

창의성과 영재성의 상호작용에 대한 세 번째 관점은 Cropley(1993)가 말했듯이 창의성을 독립적인 범주, 혹은 영재성의 한 유형으로 보는 관점이다. 이것은 미국 교육부(USOE)가 공식적으로 선포한 창의성에 대한 정의다(Marland, 1971). 이것은 학군이 지적인 영재, 혹은 다른 범주의 영재와 함께 창의적 영재를 판별하려는 노력을 암시한다(Callahan, 1991).

요약하면, 많은 연구자들(예, Calahan, 1991; Khatena, 1982; Rhodes, 1961; Torrance & Gaff, 1989; Wakefield, 1991)은 창의성에 대한 측정이 창의성에 대한 정의 혹은 이론을 통해 뒷받침되어야 한다고 주장하였다. 그렇다면 이를 위해 연구자들은 지금까지 우리가 논의한 광범위한 개념적 쟁점을 세심하게 고려해야 한다.

창의성의 구성개념에 대한 조작적 정의

학군이 안고 있는 두 번째 문제는 창의성을 개념적으로 정의하는 문제다. 꾸준히 개발되어 온 새로운 창의성 검사와 체크리스트(Davis, 1989; Treffinger, 1986), 그리고 다양한 창의성 검사(Hocevar, 1981; Torrance & Gaff, 1989)를 이용할 수 있다면 창의성을 개념적으로 정의하는 문제는 본질적으로 복잡한 과제다. 학교에서 영재교육 프로그램의 대상이 되는 학생을 효율적으로 판별하기 위해 단 하나의 점수로 표현되는 단 하나의 검사를 사용하려고 한다면 문제는 더욱 복잡해진다(Treffinger, 1986).

이 연구는 영재아동 판별에 필요한, 출판된 창의성 측정도구가 어떻게 사용되고 있는지 조사하였다. 많은 학군에서 영재성에 창의성이 포함되어 있다는 정의를 채택하였지만,[2] 교육자들은 종종 타당성과 신뢰성이 떨어지는 방식으로 창의성을 평가하고 있다. 학교에서 영재 프로그램에 들어올 아동을 판별할 때, 창의성을 측정하기 전에 창의성에 대해 어떤 정의를 사용할 것인지 주의 깊게 검토해야 한다. 이를 위해 영재를 판별하는 사람은 창의성의 의미에 대해 다른 교육자와 토론해야 하고 창의성을 복잡한 개념으로 인식해야 한다. 둘째, 영재를 판별하는 사람은 창의성의 다양한 측면을 측정하는 다양한 도구와 방법을 연구하고 선택해야 한다. 셋째, 영재를 판별하는 사람은 판별 과정에서 사용된 측정도구와 방법이 확실한 것임을 입증해야 한다. 무엇보다도 확실한 절차란 단 한 번의 신속한 검사로 학생의 창의성을 평가하지 않는 것을 의미한다.

창의성 검사의 기술적인 적절성과 관련된 또 다른 문제를 논의하겠지만, 여기에서 논의하려는 문제는 특히 학교에서 영재를 판별할 때 많이 발생하는 문제다. 본 연구에서는 다음과 같이 이와 관련된 두 가지 질문을 제기할 것이다. (a) 학교는 창의성과 영재성을 어떻게 개념화하는가? (b) 학교는 영재 판별 과정에서 창의성을 어떻게 조작적으로 정의하는가?

연구방법

이 문제를 조사하기 위해 전국의 학교에서 영재 판별에 사용하는 영재의 정의와 절차를 검토해 보았다. 각 주의 영재교육 담당자, 국립영재연구소와 협력 관계에 있는 학군, 그리고 영재교육 담당자가 배치되어 있는 5,000개 이상의 학군에 서신을 발송하였다. 이 서신에는 해당 학군에서 사용하는 영재

---

2) 역자 주: 영재교육 전문가들과 역자들은 오히려 창의성을 영재성의 하위 구성요인, 즉 포섭개념으로 인식하고 있다.

의 정의, 판별도구와 판별 절차에 대한 정보를 요청하는 내용이 담겨 있었다.

표 본

508개의 학군에서 답변이 왔다. 그중 이 연구에서 분석에 사용한 자료는 418개였다. 이 연구에 포함되지 않은 학군은 응답 내용에 영재의 정의와 판별 절차에 관한 정보가 없었고, 추후 다시 요청했어도 그런 정보를 구할 수 없었기 때문에 제외시킨 것이다.

창의성 정의의 분류

학군에서 보내온 내용은, 영재성과 창의성의 정의에 대한 문헌 연구를 통해 개발된 시스템을 사용하여 국립영재교육소의 연구진 2명이 부호화하였다. 연구자 간에 의견이 불일치하면 토론을 통하여 합의점을 찾았다.

원래 의도는 다음과 같이 Rhodes(1961)가 제안한 네 가지 차원에 따라 창의성의 정의를 범주화하는 것이었다. (a) 사람(persons)—창의성과 관련된 사람의 특성이 기술되어 있다. (b) 사고과정(processes)—창의성과 관련된 인지기술이 기술되어 있다. (c) 환경(press)—창의성을 유도하는 환경이 기술되어 있다. (d) 성과물(products)—창의적 성과물에 대해 기술되어 있다. 그러나 부호화를 진행하면서 이 4개 중 2개의 범주(사람과 사고과정)만을 사용할 수 있고, 사고과정의 종류가 두 가지임을 알 수 있었다. 한 가지 과정은 기본적으로 확산적 사고기능(즉, 유창성·융통성·독창성·정교성)과 같은 것이다. 다른 한 가지 과정은 완전한 문제해결 기술 혹은 결과물이라고 정의하였다. 그 밖에도 몇몇 학군에서 영재 정의에 창의성을 포함시켰으나 창의성에 대한 정의는 없었다. 따라서 창의성의 정의에 대한 최종적인 부호를 (a) 확산적 사고, (b) 문제해결, (c) 사람의 특성, (d) 정보 없음이라는 네 가지 범주로 구분하였다.

자료 분석

학군에서 사용하는 창의성 측정도구를 알아보기 위해 빈도수를 헤아려 보았다. 영재성 정의, 창의성 정의, 사용된 측정도구, 사용된 측정도구의 수에 따라 빈도 분포표를 만들었다. 셀의 독립성이 부족하고, 빈 셀이 많았고, 기본적으로 자료가 비모수적(nonparametric) 성격을 띠고 있었기 때문에 좀 더 정확한 통계 처리를 할 수 없었다.

결과 부분에 빈도 분포표를 해석할 때 주의할 점이 언급되어 있다. 이 논문에서 발견된 것은 학군을 무선적으로 표집한 것이 아니기 때문에 잠재적인 경향성의 지표로 해석하면 된다. 더욱이 학군에서 사용하는 검사는 출판된 검사만을 사용하였다. 많은 학군에서 자체적으로 창의성에 대한 측정도구를 개발하고 이를 복사하여 사용하고 있었다. 그러나 이런 것들은 분석에 포함시키지 않았다. 마지막으로 가장 중요한 사항은 각 학군에서 특정 도구를 자주 사용한다고 언급했지만, 우리가 추천하는 것은 아니라는 점이다.

연구결과

이 연구에서는 418개의 학군이 사용한 영재에 대한 정의를 일반적인 지적 능력, 특수한 학업적성, 창의적·생산적 사고력, 지도력, 시각예술 능력과 공연예술 능력(Marland, 1971)이라는 5개의 범주로 구분하였다. 418개의 학군에서 가장 많이 사용한 정의는 미국 교육부(235개 학군)가 채택한 정의였다. 418개의 학군에서 두 번째로 많이 사용한 정의는 주가 정한 기준(이 논문에서는 IQ 하한선을 이용한 정의로 언급되었음)을 넘어선 지능을 가진 아동을 영재로 보는 것이었다. 이 정의를 사용하는 학군은 89개였다. Renzulli(1978)의 영재성의 세 고리 개념(평균 이상의 지력, 창의성, 과제집착력)을 영재에 대한 정의로 사용한 학군은 56개였다. 38개 학군은 다양한 다

창의성과 영재성

른 정의를 사용하였다. 291개(69.6%) 학군은 어떤 식으로든 창의성이 포함된 정의를 채택하였다. 이와 대조적으로 단지 147개(35.2%)의 학군만이 창의성 측정을 위해 출판된 검사도구를 사용하고 있었다. 더욱이 창의성이 포함된 영재성 정의를 사용한다고 보고한 학군 중에서 34.7%만이 출판된 창의성 측정도구를 사용하고 있었다.

〈표 16-1〉과 〈표 16-2〉는 미국 교육부 정의와 Renzulli의 정의에 맞게 개발되어 출판된 측정도구를 사용한 학군에 관한 자료를 요약한 것이다. 기대한 대로, 선발 기준으로 IQ를 사용한 대부분의 학군은 창의성 측정도구를 사용하지 않았다. 이 연구에서 분석한 학군 중에서는 단 7개 학군만이 창의성 측정도구를 사용하였다. 영재에 대한 또 다른 다양한 정의에 대해서는 자료가 빈약(하나의 정의당 두 개 이하의 도구가 보고되었음)했기 때문에 본 연구는 이 결과를 보고하지 않을 것이다.

앞으로 기술하겠지만, 네 가지 정의에 네 가지 세트의 검사도구가 각각 사용되었다. 창의성 도구를 단독으로 사용한 학군과 여러 준거와 함께 사용

표 16-1 USOE 정의를 토대로 개발된 다양한 평가도구를 사용한 학군의 수

측정도구	창의성에 대한 정의			
	확산적 사고력	문제해결력	창의적 특성	정보 없음
SRBCSS	3	3	5	28
TTCT	1	4	6	22
CAP		1	2	4
GIFT/GIFFI		1	1	6
적성검사		1	1	6
다른 체크리스트		1		11
기타 다른 사고—기술 검사		1		4
단일 측정치를 사용한 학군	1	7		36
복수 측정치를 사용한 학군	1	4	7	26

n = 83

주: 산출을 토대로 창의성을 정의한 한 학군은 단일 측정치로 SRBCSS를 사용하였다.

측정도구	창의성에 대한 정의			
	확산적 사고력	문제해결력	창의적 특성	정보 없음
SRBCSS	1	1	1	10
TTCT			1	8
GIFT				1
CAP				1
다른 체크리스트				1
기타 다른 사고—기술 검사			1	2
단일 측정치를 사용한 학군	1	1		9
복수 측정치를 사용한 학군			2	6

표 16-2 Renzulli의 정의를 토대로 개발된 다양한 평가도구를 사용한 학군의 수

측정도구	창의성에 대한 정의			
	확산적 사고력	문제해결력	창의적 특성	정보 없음
SRBCSS	1	1	1	10
TTCT			1	8
GIFT				1
CAP				1
다른 체크리스트				1
기타 다른 사고—기술 검사			1	2
단일 측정치를 사용한 학군	1	1		9
복수 측정치를 사용한 학군			2	6

$n = 19$

한 학군을 비교하였다. 가장 많이 사용된 네 가지 도구는 다음과 같다. (a) 교사용 영재학생 행동평가 척도(Scales for Rating the Behavioral Characteristics of Superior Students; SRBCSS)—3형 창의적 특성(III. Creativity Characteristics)(Renzulli, Smith, White, Callahan, & Hartman, 1976)—교사용 학생 특성평가 척도, (b) Torrance 창의적 사고력 검사(TTCT)—창의적 관점이라고 일컬어지는 특성에 대한 목록뿐만 아니라 확산적 사고 능력을 평가하는 검사(Torrance, 1966), (c) 창의성 평가도구(The Creativity Assessment Pack: CAP)—확산적 사고력과 특성을 평가하는 검사도구(Williams, 1980), (d) 집단용 창의적 재능 발견 검사(Group Inventory for Finding Creative Talent; GIFT)(Rimm, 1980), 그리고 집단용 흥미도 발견 검사(Group Inventory for Finding Interests; GIFFI)—자기보고 형식의 특성 검사도구(Rimm & Davis, 1979) 등이다.

두 개의 표를 비교해 보면, 대부분의 학군은 창의성에 대한 특정한 정의를 채택하려고 의도한 것은 아닌 듯하다. 창의성에 대한 특정한 정의를 채택한 곳이 있다면, 가장 많이 선택한 것은 문제해결력이었고 다음이 창의적 특

성을 토대로 한 정의였다. 그러나 가장 놀라운 사실은 가장 잘 알려진 정의가 가장 무시되고 있다는 점이다. 심지어 영재를 선발하기 위해 창의성을 측정하는 학군에서도 출판된 창의성 측정도구를 무시하였다.

본 연구에 포함된 학군에서 가장 인기 있는 도구는 SRBCSS였다. 그러나 영재성을 창의적인 특성으로 정의한 52개 학군 중 단 6개만이, 정의한 대로 일차적으로 창의적 특성을 측정하는 이 도구를 선택하였다.

확산적 사고와 창의적 특성을 측정하는 TTCT를 채택한 학군은 42개 학군이었고, 그중에서 단 8개만이 창의성을 측정하기 위해 이 도구를 사용하였다. GIFT, GIFFI, CAP에서도 같은 패턴이 발견되었다. 8개 학군에서 창의성을 측정하기 위해 적성검사(예, 인지적 능력 검사)를 사용한 것은 주목할 만하다.

마지막으로 USOE 정의와 Renzulli의 정의를 사용하는 학군의 많은 프로그램들이 단일한 측정치로 창의성을 측정하고 있었다($f = 55$). 그럼에도 불구하고 상당히 많은 학군에서 영재성 혹은 창의성을 어떻게 정의하든 상관없이 창의성을 평가하기 위해 여러 측정치를 사용하고 있었다($f = 44$). 특성 정의를 채택한 9개 학군 모두 창의성을 평가하기 위해 복수 측정치를 사용하고 있었다.

논 의

우리는 개념적 문제, 조작적 문제, 창의성 측정과 관련된 도전이 서로 긴밀하게 연결되어 있음을 발견하였다. 그러나 우리는 결과로부터 도출된 중요한 쟁점을 강조하기 위해 이 문제를 따로 논의할 것이다.

개념적 쟁점

이 연구결과를 통해 학교가 영재를 판별하는 과정에 복잡한 창의성을 측정하고 있으며 학교는 다음과 같은 세 가지 개념적 문제점을 안고 있음을 알 수 있었다. 첫째, 대부분의 학군이 창의성이 포함된 영재 정의를 채택하고 있을지라도, 많은 학군이 창의성이 무엇인지 상세하게 정의하지 않았다. 창의성이 포함된 영재 정의를 잘 알고 있고 이를 채택한 학군 중에는 창의성과 같은 영재성 요소를 좀 더 상세하게 정의해야 할 필요성을 인식하지 못하고 있는 곳도 있었다. 핵심을 말하자면, 도구의 선택은 사고과정에 대한 조작적 정의를 잘못 선택하는 결과를 가져왔다. 창의성의 개념에는 알려지지 않은 암묵적인 측면이 있는 것일까? 도구 선택에서 특별한 패턴을 발견하지 못했기 때문에 이와 같은 결론을 내렸다.

둘째, 창의성을 정의한 학군 중의 상당수는 창의성의 단일한 차원에 초점을 맞추었다. 이 연구의 자료에 따르면, 단 몇 곳만이 창의성을 정의했다는 사실에 비추어 볼 때 어떤 측면이 특히 중요하다고 말하기는 어렵다. 이 연구에서 가장 우세한 측면은 문제해결력이었다. 결과는 확산적 사고력이 가장 우세하다는 이전의 주장과 상반된다(Hocevar, 1981; Treffinger et al., 1971). 이것은 창의성이라는 복잡한 과정에 대한 연구가 영재 판별이라는 새로운 방향으로 이동하고 있다는 잠재적인 신호다(Treffinger, Sortore, & Cross, 1993). 어떤 경우이든지 창의적 능력에 영향을 주는 복잡한 속성 중 일부만을 고려하는 것은 단일한 차원에 초점을 맞추는 것이기 때문에 타당성이 부족하다(Treffinger & Poggio, 1972). 이러한 학군의 자료를 검토하면서 우리는 교육 현장에서 영재성에 대한 복잡한 정의를 받아들이는 동시에, 창의성이 복잡한 구성개념이라는 점이 계속해서 무시되고 있음을 발견하였다.

이것은 세 번째 개념적인 문제, 즉 영재교육자들이 창의성의 결과와 환경 차원을 간과하는 문제로 이어진다. Besemer와 Treffinger(1981)는 창의적 산물을 위한 개념적 토대를 마련하기 위해 광범위한 연구를 실시하였다. 이들은 창의적 산출에 영향을 주는 11가지 요소를 확인하였고, 이들의 연구는 창의적 산출물 측정도구를 개발한 Besemer와 O'Quinn(1986)의 연구로 이어졌다. Amabile(1983)과 Renzulli(1991)는 창의적 산출의 측정에 관한 연구를 확장하여 많은 성과를 거두었다. 또한 Amabile(1983)은 창의적 환경을 이해하고 이러한 환경을 측정하는 방식을 연구하였다. 그러나 이러한 연구 결과 중 어느 것도 영재를 판별하는 데 이용되지 않았다.

조작적 쟁점

각 학군이 개념적 쟁점에 직면하고 있다면 다음의 세 가지 조작적 쟁점은 이들에게 고통스러운 것이다. 첫째, 학군이 채택한 정의와 측정도구가 불일치한다. Callahan(1991)은 창의성 평가를 위해 측정도구를 선정할 때 창의성에 대한 저자의 개념과 학군에서 채택한 개념이 일치해야 한다고 충고하였다. 이런 충고는 물론 학군이 창의성의 개념을 채택한다는 가정 하에서 나온 것이다.

둘째, 창의성 평가는 단 하나의 도구로 이루어지는 경향이 있다. 이 점은 단일한 도구가 창의성의 특정한 측면만을 측정하고 어떠한 도구도 창의성 전체를 측정할 수 없다는 전문가의 충고에 역행하는 것이다(Callahan, 1991; Torrance, 1984; Treffinger, 1980). 더욱이 학군에서 사용한 단일한 도구는, 이 도구가 측정하고 있다고 주장하는 창의성의 다양한 측면을 측정하기에 불충분하다. 영재 판별 담당자는 학생을 판별하기 위해 선택한 검사의 심리측정학적 측면을 세심하게 검토해야 한다. 예를 들어, Williams(1980)에 따르면 교육현장에서 자주 사용하는 CAP가 신뢰도와 타당도가 낮다고 한다. CAP의 설명서에도 그렇게 설명되어 있다. 비교적 최근에 Callahan, Lundberg 및 Hunsaker(1993)는 영재 판별에 사용할 도구의 심리측정학적 속성을 조사하고 있는 교육관계자에게 도움이 되는 척도를 개발하였다. 어떤 학군은 다차원 척도를 사용하더라도 창의성의 필수적인 요소조차 해 보지 않고 사용하는 경향이 있었다. 더욱이 이 연구의 자료를 통해 학군에서 사용하는 다차원적 평가가 정교한 것인지 판단할 수 없었다. 이러한 측정치 중 어떤 것은, 영재교육 프로그램의 적격자를 전체적으로 요약해 주는 다른 검사가 측정하고 있는 것—반드시 창의성에 대한 평가라고 할 수 없는—을 측정한 것일 수 있다. 많은 학군들은 특정 아동의 교육에 관한 전반적인 계획에 유용한, 아동에 관한 풍부한 프로파일을 내놓는 다차원적 측정치를 사용하기 바란다.

셋째, 그 지역에서 자체적으로 개발한 도구를 사용하는 곳에서는 출판된 도구를 이용한 자료를 구할 수 없었다. 출판된 창의력 검사가 완전한 것은 아닐지라도 그중 많은 것들이 신뢰도와 타당도의 검증을 받았고 창의력 평가에 관련된 중요한 정보를 제공한다. 지역에서 자체적으로 개발한 도구를 가지고 교사가 실시하는 비공식적인 평가는 신뢰도와 타당도가 떨어진다. Treffinger(1980)는 다음과 같이 말했다.

> 출판된 검사를 비과학적으로 수정하여 사용하거나, 지역에서 자체적으로 개발한 검사를 사용하거나, 출판된 도구의 일부만을 사용하는 것은 수년 동안 연구하고 개발하고 타당화 과정을 거친 검사결과의 어떤 측면을 질적으로 떨어뜨릴 가능성이 있다(p. 29).

결 론

Callahan(1991)은 창의성 검사의 사용자들이 이 연구에서 제기한 문제들을 만나면 당황하고 좌절감을 느낄 것이라고 말했다. 개념적 합의점이 부족하거나 이용 가능한 창의성 검사가 너무 많을 때 평가는 어려운 일일 것이다. 그럼에도 불구하고 Callahan은 어렵다는 이유 때문에 창의성을 확인하는 일을 포기하지 말라고 독자를 격려하였다. 중요한 첫 번째 과제는 창의성

창의성과 영재성

이 무엇인지 결정하는 것이다. 그 다음에 창의성을 측정하기 위해 어떤 도구를 선택할지를 결정해야 한다.

창의성 평가에 관심을 갖고 있는 연구자들은 혼돈과 좌절을 경감시키는 역할에 적극적으로 동참해야 한다. 가장 시급한 일은 창의성의 개념적 정의를 좀 더 명료하게 현장의 전문가에게 전달하는 것이다. 바로 앞에서 언급했듯이, 교육자들이 창의성이 무엇인지 알고 창의성이라는 구성개념을 토대로 창의성을 측정하길 바란다면, 연구자들은 포괄적이지만 이해하기 좋은 용어로 창의성을 기술해야 한다.

Treffinger(1986)가 지적하듯이 대다수 연구자들은 완벽해 보이는 창의성 검사를 만들려는 경향이 있다(p. 15). 그는 앞으로 유망한 방향은 기존 도구들의 적합도(즉, 신뢰도와 타당도)와 개념적 토대(즉, 검사의 성격과 타당성)를 집중적·비판적으로 조사하는 것이라고 하였다. 더 나아가 다음에 예시한 두 조건이 갖추어지면 새로운 도구에 대한 좋은 연구가 될 것이라고 제안하였다. (a) 이미 충분히 연구된 영역 내에서 더 나은 측정치를 개발하는 것보다는 새로운 방향에서 개념을 찾아보려고 노력해야 한다. (b) 검사의 발전을 위해 수년간 소중한 시간과 자원을 투자하려는 의지력이다.

어떤 도구가 개발되었고 이것이 창의성의 어떤 차원을 측정하기 위해 성공적으로 사용되고 있다면 우리는 창의성 측정이라는 수수께끼를 풀지 못할 것이다. 이제는 창의성이 다면체로 된 복잡한 특성이라는 사실을 인식할 때다. 즉, 창의성은 여러 관점에서 사람을 들여다보아야 하고, 창의적 잠재력과 성취를 제대로 기술하려면 여러 평가 전략을 사용해야 한다. 우리는 프로파일을 만들고 사례를 연구함으로써 여러 관점(즉, 사람의 특성, 산출, 사고 과정, 환경)에서 자료를 해석하는 다양한 방식을 연구해 왔다. 그 다음 단계 연구에서는 창의성에 대한 이해가 필수적이다. 이 분야가 의미 있게 발전하려면, 30분 정도 소요되는 한 장으로 된 간편한 도구 혹은 잘 정리된 매트릭스를 만들어 학교에 제공할 수 있다는 생각을 포기해야 할 것이다.

요약하면, 창의성 평가에 대해 지난 10여 년간 제기된 많은 쟁점들은 오랫동안 연구자가 노력을 기울여 왔지만 여전히 문제로 남아 있다. 평가가 영재 판별과 연결되어 있듯이 창의성 평가 분야에서 조화로운 노력을 기울인다면 이러한 문제를 성공적으로 해결할 수 있을 것이다. 또한 측정도구의 기준에 적합하고 창의성이라는 복잡한 구성개념을 충분히 반영할 수 있는 사용 가능한 평가도구와 해석 전략을 학교에 제공하기 위해서 연구자들의 공동 연구가 필요하다. 애석하게도 이 연구에서 나온 자료를 통하여 우리는 이런 목표를 달성하기 위해 교육자와 연구자가 가야 할 길이 멀다는 것을 실감할 수 있었다.

참고문헌

Albert, R. S., & Runco, M. A. (1986). The achievement of eminence: a model based on a longitudinal study of exceptionally gifted boys and their families. In R. J. Sternberg & J. E. Davidson (Eds.), *Conceptions of giftedness* (pp. 332-357). New York: Cambridge University Press.

Amabile, T. M. (1983). *The social psychology of creativity*. New York: Springer.

Amabile, T. M. (1989). *Growing up creative: Nurturing a lifetime of creativity*. New York: Crown.

Besemer, S., & O'Quinn, K. (1986). Analyzing creative products: Refinement and test of a judging instrument. *Journal of Creative Behavior, 20*, 115-126.

Besemer, S. P., & Treffinger, D. J. (1981). Analysis of creative products: Review and synthesis. *Journal of Creative Behavior, 15*, 158-178.

Callahan, C. M. (1991). The assessment of creativity. In N. Colangelo & G. A. Davis (Eds.), *Handbook of gifted education* (pp. 219-235.) Boston: Allyn and Bacon.

Callahan, C. M., Lundberg, A. C., & Hunsaker, S. L. (1993). The development of the scale for the evaluation of gifted identification instruments (SEG II). *Gifted Child Quarterly, 37*, 133-140.

창의성과 영재성

Cropley, A. J. (1993). Creativity as an element of giftedness. *International Journal of Educational Research, 19*, 17-30.

Davis, G. A. (1989). Testing for creative potential. *Contemporary Educational Psychology, 14*, 257-274.

Getzels, J. W., & Jackson, P. W. (1961). Family environment and cognitive style: A study of the sources of highly intelligent and of highly creative adolescents. *American Sociological Review, 26*, 351-359.

Hocevar, D. (1981). Measurement of creativity: Review and critique. *Journal of Personality Assessment, 45*, 450-464.

Khatena, J. (1982). Myth: Creativity is too difficult to measure! *Gifted Child Quarterly, 26*, 21-23.

Marland, S. P. (1971). *Education of the gifted and talented: Vol. 1. Report to the Congress of the United States by the U. S. Commissioner of Education.* Washington, DC: Department of Health, Education, and Welfare.

Piirto, J. (1992). *Understanding those who create.* Dayton, OH: Ohio Psychology Press.

Reis, S. M., & Renzulli, J. S. (1991). The assessment of creative products in programs for gifted and talented students. *Gifted Child Quarterly, 35*, 128-134.

Renzulli, J. S. (1978). What makes giftedness? Reexamining a definition. *Phi Delta Kappan, 60*, 180-184, 261.

Renzulli, J. S., Smith, L. H., White, A. J., Callahan, C. M., & Hartman, R. K. (1976). *Scales for rating the behavioral characteristics of superior students.* Mansfield Center, CT: Creative Learning Press.

Rhodes, M. (1961). An analysis of creativity. *Phi Delta Kappan, 42*, 305-310.

Rimm, S. B. (1980). *Group inventory for finding creative talent (GIFT).* Waterton, WI: Educational Assessment Service.

Rimm, S. B., & Davis, G. A. (1979). *Group inventory for finding interests.* Waterton, WI: Educational Assessment Service.

Torrance, E. P. (1966). *Torrance tests of creative thinking: Norms-technical manual.* Princeton, NJ: Personnel.

Torrance, E. P. (1984). The role of creativity in identification of the gifted and talented. *Gifted Child Quarterly, 28*, 153-156.

Torrance, E. P., & Gaff, K. (1989). A quiet revolution. *Journal of Creative Behavior, 23*, 136-145.

Treffinger, D. J. (1980). The progress and peril of identifying creative talent among gifted and talented students. *Journal of Creative Behavior, 14*, 20-34.

Treffinger, D. J. (1986). Research on creativity. *Gifted Child Quarterly, 30*, 15-19.

Treffinger, D. J., & Poggio, J. P. (1972). Needed research on the measurement of creativeity. *Journal of Creative Behavior, 6*, 253-267.

Treffinger, D. J., Renzulli, J. S., & Feldhusen, J. F. (1971). Problems in the assessment of creative thinking. *Journal of Creative Behavior, 5*, 104-112.

Treffinger, D. J., Sortore, M. R., & Cross, J. A. (1993). Programs and strategies for nurturing creativity. In K. A. Heller, F. J. Monks, & A. H. Passow (Eds.), *International handbook of research and development of giftedness and talent* (pp. 555-567.) Oxford, UK: Pergamon.

Wakefield, J. F. (1991). The outlook for creativity tests. *Journal of Creative Behavior, 25*, 184-193.

Williams, F. E. (1980). *Creativity assessment packet.* East Aurora, NY: DOK.

Oden, M. H. 250

Ohira, M. 69

Okuda, S. M. 286

Orkin, N. 161

Osborn, A. F. 38, 45, 124, 254

Parnes, S. J. 38, 229

Phillips, D. A. 262

Piaget, J. 80, 81, 82, 84, 91

Piirto, J. 303

Poggio, J. P. 141, 302, 310

Poze, T. 42, 45, 51, 53, 55, 56, 60, 63, 190

Proctor, S. D. 148

Reis, S. M. 199, 228, 268

Renzulli, J. S. 141, 226, 228, 250, 251, 260, 264, 268, 270, 302, 303, 306, 307, 308, 309, 311

Rhodes, M. 142, 303, 305

Rimm, S. B. 174, 308

Roberts, N. M. 212

Robinson, R. E. 266, 268

Roe, A. 132

Roeder, C. 200

Rogers, C. R. 187

Rose, L. H. 229

Rosenman, M. F. 257

Rothenberg, A. 256

Roweton, W. E. 172

Rubenson, D. L. 252

Runco, M. A. 40, 41, 252, 269, 280, 284, 303

Rutherford, F. J. 255

Sacks, D. 41, 42, 131

Sato, S. 71

Schack, G. D. 42, 45, 200, 231, 244

Schaefer, C. E. 143

Selby, E. C. 41, 42

Seward, J. 66

Shallcross, D. J. 123

Shockley, W. 135

Siegler, R. S. 251

Simon, H. A. 254, 261

Simonton, D. K. 258, 266

Simpson, J. 86

Smith, W. 308

Sosniak, L. A. 256

Spence, J. T. 265

Stanish, B. 190

Stanley, J. C. 260

Starko, A. J. 200, 231, 244

Stein, M. I. 123

Sternberg, R. J. 40, 44, 153, 198, 249, 250, 252, 253, 255, 257, 258, 268

Subotnik, R. F. 153

Suchman, J. B. 91

Tan, C. A. 113

Tannenbaum, A. J. 153, 270

Taylor, C. W. 40, 41, 42, 131, 132, 134, 135, 136, 143, 147, 172

Terman, L. M. 250

Torrance, E. P. 38, 40, 41, 43, 44, 68, 71, 90, 99, 91, 113, 115, 123, 140, 141, 142, 143, 160, 164, 174, 190, 198, 208, 229, 250, 253, 254, 267, 289, 303, 311

Toynbee, A. 137, 147, 152, 156

Treffinger, D. J. 37, 41, 42, 45, 123, 141, 229, 251, 301, 302, 303, 310, 311, 312, 313

Verreault, R. 291

Vidmar, N. J. 270

Vogel, E. F. 66, 73, 75

Vygotsky, L. 86

Wakefield, J. F. 303

Walberg, H. J. 197, 252

Wallach, M. A. 115, 140

Wallas, G. 92, 189

Washton, N. S. 94

Watson, F. G. 255

Webb, R. A. 85

Weinstein, J. 84

White, A. J. 308

Wigdor, A. K. 250

Williams, F. E. 308, 311

Williams, R. 93

Wing, C. W. 115

Young, G. C. 41

내 용

Sally M. Reis

Sally M. Reis는 코네티컷(Connecticut) 대학교의 교육심리학과 학과장이며, 국립영재연구소의 책임 연구원으로 활동하고 있다. 15년 동안의 교사 재직 기간 중에서 11년을 초ㆍ중ㆍ고등학교에서 영재를 가르쳤다. 130여 편의 논문, 9권의 책, 그리고 수많은 연구 보고서를 집필하였다.

그녀의 연구대상은 학습장애 학생, 여성 영재, 재능 있는 학생 등 영재와 재능을 지닌 학생이다. 특히, 영재를 위한 학교전체 심화학습모형의 확장뿐 아니라, 이전에 영재로 판별되지 않은 학생의 잠재력과 재능을 확인하기 위해 일반적인 강화를 제공하고 강의를 늘리는 데도 노력을 기울이고 있다.

또한 워크숍을 운영하며, 학교의 영재교육, 심화 프로그램, 재능발달 프로그램의 전문성 개발을 위해 여러 곳을 다니며 힘쓰고 있다. 『The Schoolwide Enrichment Model』 『The Secondary Triad Model』 『Dilemmas in Talent Development in the Middle Years』의 공동 저자이며, 1998년에는 여성의 재능 발달을 다룬 『Work Left Undone: Choices and compromises of Talented Females』를 출판하였다. 그리고 『Gifted child Quarterly』를 포함한 여러 저널 위원회의 편집 위원으로 활동하면서, 미국영재학회 회장을 역임하였다.

Dornald J. Treffinger

Dornald J. Treffinger는 플로리다 주의 새러소타에 있는 창의성 학습 센터의 연구소장이며, 부모를 위한 미국영재학회(NAGC)의 계간지인 『Parenting for High Potential』의 책임편집장이다. Treffinger 박사는 버펄로 주립대학교, 캔자스 대학교, 퍼듀 대학교의 교수로 재직하기도 하였다. 수년간 미국영재학회에서 활발히 활동하였으며, 『Gifted Child Quarterly』(1980~1984) 저널의 편집위원이었다.

Treffinger 박사의 관심 분야는 창의성, 창의적 문제해결, 재능 계발 프로그램의 수준별 접근, 문제해결 양식이며 공동 저술을 포함하여 350여 권이 넘는 저서를 집필하였다. 최근 연구는 『Talent Development: The Levels of Service Approach』, 3권으로 된 시리즈인 『Thinking with Standards: Preparing for Tomorrow』 『Creative Problem Solving: An Introduction』이 있다.

역자 소개

김 정 휘

중앙대학교 문리과대학 심리학과 졸업
서울대학교 학생지도연구소 연구생과정 수학(상담심리학 전공)
서울대학교 교육대학원 석사
한국교원총연합회 재직
중앙대학교 대학원 박사
국민대학교 대학원 박사과정 수료(교육심리학)
강원대, 서울여대, 덕성여대, 한림전문대, 한림대학교 출강
이화여자대학교 객원교수
현) 춘천교육대학교 명예교수

〈주요 저·역서〉
교사의 전문성(공역, 교육신서 72, 배영사 1979)
학교·학생·교사·교육(교육신서 148, 배영사, 1990)
노인심리학(역, 성원사, 1992)
영재학생, 그들은 누구인가(교육과학사, 1993)
교사의 직무 스트레스 연구(공저, 교육신서 202, 1994)
정서와 행동문제 및 학습장애를 갖고 있는 아동과 청소년의 이해(김정휘, 김인석 편저,
　　원미사, 1996)
영재학생의 발달에 영향을 끼치는 필요·충분조건들: 가정, 영재 자신, 학교의 영향(편
　　저, 원미사, 1996)
영재학생 식별 편람(원미사, 1998)
교육심리학 탐구(공저, 형설출판사, 1998)
대학 교수의 자화상(역, 교육과학사, 2000)
영재성 발달에 영향을 기치는 가족의 역할(교육과학사, 2001)
위기에 처한 청소년 지도의 이론과 실제(민지사, 2001)

교육심리학 입문(공저, 원미사, 2001)

남성의 폭력성에 관하여(공역, 이화여자대학교출판부, 2002)

화폐심리학(공역, 학지사, 2003)

영재학생을 위한 교육(공저, 전정판, 박학사, 2004)

영재교육: 심리학과 교육학에서의 조망(공역, 이화여자대학교출판부, 2004)

아동과 청소년의 발달정신병리학(공저, 시그마프레스, 2004)

교사의 직무스트레스와 탈진: 교육의 위기(공저, 박학사, 2006)

지능심리학: 다양한 관점에서 지능 연구하기(역, 시그마프레스, 2006)

천재인가, 광인인가: 저명 인사들의 창의성과 광기의 연관성 논쟁에 대한 연구(역, 이화
여자대학교출판부, 2007)

이 정 규

일본 쓰쿠바대학교 심리학 석박사통합과정 수료(정부장학생)

성균관대학교 대학원 교육학박사(교육심리학 전공)

현) 한국과학창의재단 책임연구원

교육부, 한국학술진흥재단 연구프로젝트 수행

• 우리나라의 영재교육: 영재성의 정의와 판별과 선발(2004)

• 영재교육 담당교원의 양성과 임용, 연수(2005)

• 동서양 창의성 연구(2006)

• 한국과학영재학교 성과평가 및 과학영재학교 발전 방안(2007)

〈주요 저서 및 논문〉

창의성의 이해(박학사, 2006)

다중지능과 교수학습(시그마프레스, 2006)

학업성취도에 대한 창의성의 상대적 예측력(교육학연구, 2004)

영재의 인지적 특성 연구(교육심리연구, 2005)

영재교육 담당 교원의 양성과 임용에 대한 연구(교육심리연구, 2006) 외

이 민 희

중앙대학교 대학원 석사 및 박사(심리학 전공)

상담심리전문가, 청소년상담사 1급, 중독상담심리전문가, 인간관계훈련지도자의 자격
증 소지

현) 메종프로그레스 발달상담심리센터 수석 연구원
한국EAP협회 및 한국가족상담센터 프리랜서 상담사

〈주요 저·역서 및 논문〉

성인발달과 노화(공역, 시그마프레스, 2000)

발달심리학거장들의 핵심이론 연구(공역, 학지사, 2005)

애착이론과 심리치료(시그마프레스, 2006)

애착장애의 이해와 치료(시그마프레스, 2011)

과학적인 리더십 코칭(시그마프레스, 2012)

뇌 기반 상담심리학의 이론과 실제(시그마프레스, 출판 중)

라깡적 관점에서 여성에 대한 이론적 고찰(공저, 한국심리학회: 여성, 2005)

청소년용 학습동기 척도의 개발 및 타당화(공저, 한국청소년 연구, 2007)

학습장면에서 자기결정론의 동기화 경로모형 검증(공저, 한국심리학회: 사회문제,
2008)

욕구만족척도의 개발 및 타당화(공저, 한국자료분석학회, 2009)

자기결정이론을 토대로 한 학업수행 경로 모형 검증(한국심리학회: 상담 및 심리치료,
2009) 외

영재교육필독시리즈 제10권

창의성과 영재성
Creativity and Giftedness

2008년 1월 15일 1판 1쇄 발행
2012년 6월 30일 1판 2쇄 발행

엮은이 • Donald J. Treffinger
옮긴이 • 김정휘 · 이정규 · 이민희
펴낸이 • 김진환
펴낸곳 • (주) 학지사
　　　　　121-837 서울특별시 마포구 서교동 352-29 마인드월드빌딩 5층
대표전화 • 02)330-5114　　　팩스 • 02)324-2345
등록번호 • 제313-2006-000265호

홈페이지 • http://www.hakjisa.co.kr
커뮤니티 • http://cafe.naver.com/hakjisa

ISBN 978-89-5891-550-8　94370
　　　　978-89-5891-540-9　(전13권)

정가 15,000원

인터넷 학술논문 원문 서비스 **뉴논문** www.newnonmun.com